スポーツツーリズム入門

SPORT TOURISM DEVELOPMENT

ジェームス・ハイアム　トム・ヒンチ [著]
JAMES HIGHAM　　　　TOM HINCH

伊藤 央二　山口 志郎 [訳]
EIJI ITO　SHIRO YAMAGUCHI

晃洋書房

SPORT TOURISM DEVELOPMENT

by

James Higham and Tom Hinch

日本語版への序文

　Sport Tourism Development の第3版の日本語への翻訳は，非常に良いタイミングで行われた．日本は現在，スポーツ，スポーツイベントマネジメント，観光開発の面で世界的な注目を集めている．2019年に日本にてラグビーワールドカップがアジアで初めて開催され，この世界的なスポーツイベントは成功のうちに幕を閉じた．本イベントは日本のスポーツ，日本文化，日本でのユニークな旅行経験，そして日本のおもてなしを世界に示すことに成功した．しかし，ラグビーワールドカップは，現在および今後日本で開催される一連の主要なスポーツイベントの1つ目に過ぎない．ISA ワールドサーフィンゲームス（2019），東京オリンピック・パラリンピック競技大会（2020），ワールドマスターズゲームズ関西（2021）も，スポーツと観光の発展への多様な道をもたらすことが期待されている．このチャンスを最大限に活かすためには，スポーツイベントに求められる幅広い利害関係者の関与が必要となる．

　ご存知の通り，現在の特別な状況下で，これらのイベントはスポーツと観光のマネジメントにおける適応力とレジリエンスの大きな重要性を提示している．令和元年台風19号がもたらした大災害にもかかわらず，ラグビーワールドカップ2019は大成功を収め，東京オリンピック・パラリンピック2020は，旅行，観光，スポーツ，イベントの世界的ロックダウンを引き起こした前例のない新型コロナウイルス感染症（COVID-19）により，中断を余儀なくされた．現代では，オリンピックは3回の中止を経験してきたが，夏季オリンピックが延期となったのは今回が初めての事例である．2021年に東京オリンピック・パラリンピック競技大会が開催されれば，新型コロナウイルスの世界的バイオショックに続く，全く異なる世界経済においてスポーツと観光を再構築するという文脈で，このスポーツイベントは非常に重要な意味を持つことになるだろう．

　本書の日本語版は，和歌山大学観光学部の理念と支援の賜物である．本プロジェクトは，和歌山大学観光学部でスポーツツーリズムの研究と教育を担当する伊藤央二准教授が主導したものである．本プロジェクトに対して財政的支援を行った和歌山大学観光学部，英語から日本語へと翻訳を行った伊藤央二准教授（和歌山大学）と山口志郎准教授（流通科学大学）の多大なる貢献に感謝する次第である．言うまでもなく，この翻訳作業は膨大な時間とスキルのコミットメントを表して

おり，それなしには本書の出版プロジェクトは不可能であった．また，出版社の晃洋書房，特に阪口幸祐氏の制作プロセスやカバーデザインなどの助言や提案に対し謝意を表する．

　この翻訳は，多くの友人や同僚からの絶え間ない励ましと支援により実現したものである．Sarah Williams と Elinor Robertson（Channel View Publications），Aspects of Tourism の編集者である Chris Cooper（オックスフォード・ブルックス大学），Michael Hall（カンタベリー大学），Dallen Timothy（アリゾナ州立大学）の支援に感謝する．また，私たちの所属大学であるオタゴ大学（ニュージーランド）およびアルバータ大学（カナダ）の支援に感謝の意を示す．James は，スタヴァンゲル大学，クイーンズランド大学の Jim Whyte Fellowship，和歌山大学国際観光学研究センターの客員研究員プログラムの支援に謝意を表する．Tom は，和歌山大学国際観光学研究センターの特別主幹教授としての 4 年間の役職に特に感謝する次第である．また，私たちはオタゴ大学観光学部およびアルバータ大学運動・スポーツ・レクリエーション学部の同僚にも感謝したい．

　最後に，私たちの最も身近な家族である Linda, Alexandra, Kate, George, そして Lorraine, Lindsay, Gillian からの支援は，私たちの共同研究とこの日本語訳の出版に不可欠なものであったことを伝えたい．

James Higham   Thomas Hinch
（ダニーデン，ニュージーランド）   （エドモントン，カナダ）

本書を Hawea と Laclu に捧げる．

訳者はじめに

　本書は *Sport Tourism Development* 第 3 版の全訳である．ただし，原著で取り上げられた Case Study および Focus Point は諸事情により割愛させていただいた．本書には，Case Study および Focus Point の関連箇所を示したので，興味のある読者はぜひ原著をご参照いただきたい．

　2003年の初版から短期間で第 3 版（2018年）が出版されていることからわかるように，本書は国際的なスポーツツーリズムの入門書である．日本では，2019年にラグビーワールドカップが開催され，2021年にはワールドマスターズゲームズ関西と新型コロナウイルス感染症（COVID-19）の影響により延期となった東京オリンピック・パラリンピック競技大会が開催予定である．3 年間という短期間でのこれらの国際的スポーツイベントの開催を受け，日本ではスポーツツーリズムに対する注目度が高まってきている．しかしながら，国内においてスポーツツーリズムを学問として体系的にまとめた書籍は，ほとんど見当たらない．これらのメガイベント後のスポーツツーリズムの持続的発展には，日本語の体系的な入門書が必要不可欠である．この想いが本書の出発点である．

　原著者である Hinch 教授は訳者（伊藤）の博士後期課程の副指導教官であり，10年来の知り合いである．また，彼は2016年度から2019年度に和歌山大学で特別主幹教授として，スポーツツーリズムの集中講義や研究活動を主導しただけではなく，国内でのセミナー発表や学会基調講演を行い，学問としてのスポーツツーリズムを日本に紹介してくださった．加えて，もう一人の原著者である Higham 教授は2019年の夏に和歌山大学を訪問し，スポーツツーリズムを含むさまざまなトピックのセミナーを行ってくださった．私たちは，彼らの集中講義やセミナーに参加するだけではなく，プライベートな時間においてもスポーツツーリズムに関する議論を重ね，彼らのスポーツツーリズムの考え方・捉え方を理解するよう心掛けた．その土台を基に，原文の意味を忠実に反映させながらも，自然な日本語として成り立つよう翻訳，時には意訳することに努めた．翻訳作業中には，原文の意味を確認するために，原著者らに電子メールでの問い合わせも行った．このような過程を経て出版された本書が，国内のスポーツツーリズム研究の発展，スポーツツーリズム研究者・大学院生の啓発，ならびにスポーツツーリズムの実務家の方々の一助となれば，この上ない喜びである．

　本書の出版には，さまざまな方々からご支援をいただいた．まずは，和歌山大学観光学部からの出版助成がなければ本書の出版は不可能であった．そして，長野慎一氏および智原あゆみ氏は，自らの仕事の合間を縫って，本書の草案を丁寧に確認・修正してくださった．伊藤ナディア氏は，意味をとることが難しかった原文を丁寧に説明してくださった．さらに，晃洋書房の阪口幸祐氏，Channel View Publications の Laura Longworth 氏は，この翻訳プロジェクトを最初から最後までサポートしてくださった．加えて，校正者の岩崎智子氏とカバーデザイナーの高石瑞希氏は，度重なる修正依頼に快く応じてくださった．最後に，原著者の Higham 教授と Hinch 教授は，どんな時も十分すぎるほどの支援をしてくださった．

　上記の方々に感謝の意を表したい．

伊藤　央二　　　　　　　　　　　　　　　　　　　　　山口　志郎
（和歌山大学）　　　　　　　　　　　　　　　　　　（流通科学大学）

スポーツツーリズム入門

目　　次

PART 4　スポーツツーリズムの発展と時間

PART 5　結　論

PART 1

序　論

chapter
1

スポーツツーリズムのこれまで

> 多くの人による関与および実践のいくつかの側面において，（スポーツと観光）には
> 密接な関連があり，……それらの関連性が強く結びつくには正当な理由がある．
> [Glyptis, 1989 : 165]

▶はじめに

　紀元前336年6月，マケドニア王フィリッポス2世（紀元前382～336）はエピロス王アレクサンドロスに嫁ぐ娘クレオパトラの結婚式のために準備をしていた．Green [1992] によると，フィリッポス2世はギリシャ人を感心させることで，暴君や独裁者ではなく，「教養のある寛大な指導者」という新たなイメージを植えつけるため，結婚式を豪華で仰々しいほどのプロパガンダとして活用しようとしていた．フィリッポス2世はマケドニアの貴族を集め，あらゆる種類のギリシャの著名人を客として招待した．豪華な食事や音楽家の演奏，神への極端な捧げものなどの，客人への余興の出費は惜しまなかった [Green, 1992]．興味深いことに，本書に関わる点として，参加型の遊びや競技スポーツの卓越性の披露はフィリッポス2世の戦略の重要な要素であった．しかしながら，この祝宴は彼の暗殺によって中断してしまった．

　それから2年後の紀元前334年，フィリッポス2世の息子で後継者であったアレクサンドロス3世（紀元前365～323）は，いわゆる「古代オリンピック」，アイガイやディオンでのゼウスおよびミューゼス（女神）に捧げる9日間の祭典を開催した [Green, 1992 : 163]．彼の狙いは，オリュンポス山を背に特設したテントで開催してきた豪華な宴会によるマケドニアの財政破綻の噂を一掃するとともに，ペルシャへの軍事行動直前に彼の高官とギリシャ大使を感心させ，機嫌をとるためでもあった．しかし何よりも，アレクサンドロス3世は，すべての観衆に自身が死ぬべき運命にある人間を超越したヘレニズムの半神であるというイメージを植えつけるため，「古代オリンピック」開催を求めた．王族，政治家，大使，高官は，スポーツ競技の主催はもちろん，スポーツイベントとの何らかの関係性を求めており，この傾向は，歴史的にも長年にわたり見られるものである [Green,

1992；Keller, 2001].

　スポーツ，特に古代オリンピックに遡るメガスポーツイベントは，長く旅行に影響を与えてきた [Keller, 2001]．しかしながら，スポーツと旅行が持つ多様でダイナミックな本質および異なる社会において時間とともに変化する機能を十分に捉えたスポーツの定義は限られている．スポーツは文明と同じくらいの歴史を持ち [Coakley, 2017]，スポーツの特質に関わる定義は確立されている一方で，社会の中で場所の移動を伴うスポーツを捉えたスポーツの定義は限られている．Andrews [2006：1] は，「身体活動に基づく競技は実質的にすべての人類における文明の特徴であるが，スポーツの固定的で不変的なカテゴリーという一般的な認識は，説得力ある人を惹きつけるフィクションにすぎない」と述べる．代わりにAndrews [2006] は，スポーツを理解するために，社会史的文脈の理解を基にスポーツ研究とスポーツ経験をしっかりとつなげた解釈的アプローチを推奨している．そのため，スポーツはその歴史的および社会的状況を反映していると考えられる．この点は，地方新聞のスポーツ欄に日々取り上げられているものがスポーツであるという Bale [1989] の簡潔で有用な考えに根ざしている．日々の新聞の内容は，その歴史的および社会的背景を反映している．地域の声といった新聞の機能は空間的に縛られないオンラインニュース，ブログ，ソーシャルメディアの成長によって希薄化されてはいるが，少なくとも地方新聞のスポーツ欄を精査することで，場所と時間の状況に関連したスポーツの多様性を確認することができる [Higham & Hinch, 2009].

　アレクサンドロス 3 世の「古代オリンピック」の個人的信心深さの誇示としての使用は，1896年以降の近代オリンピックでの多くの政治的および商業的な類似点にも見て取れる．また，スポーツツーリズムの規模，複雑さ，可能性，およびその結果として発展したスポーツ産業と観光産業の相互利益の拡大は，重要な学術的注目を必要とすることも明らかである [United Nations, 2017].本書はスポーツツーリズムおよび空間と時間に現れるその特徴に関するものである．本テーマは観光への特有な貢献を明らかにするスポーツの定義的な特質を明確にすることができる．さらに，その特質を観光開発の概念とテーマとしてスポーツツーリズムの研究に応用する．本書では，次の 3 つの質問がスポーツツーリズムの発展に関する議論を構築している：「何がスポーツを観光アトラクションや観光活動として特有なものにするのか？」，「スポーツツーリズムは私たちの空間にどのように現れるのか？」，「これらの特徴は時間の経過とともにどのように変化するのか？」

　本書を構成する章は 5 つのパートに分類される．本章（パート 1：第 1 章）では，本書の目的と構成を紹介する．ここでは，スポーツツーリズムの発展と成長につ

いて概観し，本テーマの重要性を明らかにしたうえで，読者が本テーマについて抱えているかもしれない前提に異議を唱える質問を提起する．パート2（第2章から第4章）は，「スポーツツーリズムの発展の基礎」というタイトルである．このパートは，スポーツツーリズム研究の基礎，スポーツツーリズム市場と発展過程，およびスポーツツーリズムに関連する諸問題を読者に理解してもらうことが狙いである．近年，スポーツと観光の研究領域では大きな進展が見られている [Fyall & Jago, 2009; Gammon, 2015; Gammon et al., 2013; Gibson, 2005; Hallmann et al., 2015; Higham & Hinch, 2009; Lamont, 2014; Preuss, 2015; Taks, 2013; Taks et al., 2015; Weed, 2007; Weed & Bull, 2012; Weed et al., 2014 など]．第2章から第4章では，これらの章に続く議論の基礎として，スポーツツーリズムに関する現在の知見について検討を行う．

　パート3（第5章から第7章）では，スポーツツーリズムの発展における空間的要素に焦点を当てる．これらの章では，空間，場所，環境に関連したスポーツツーリズムの発展について検討する．これらのトピックは，スポーツと観光開発において重要な地理学的側面を示している．パート4（第8章から第10章）では，時間との関連からスポーツツーリズムの発展を検証する．短期的，中期的，および長期的視野は，スポーツツーリズムと季節性や長期的発展の枠組み内でのスポーツと観光のダイナミックな相互関係といった，直接的なスポーツツーリズム経験に関する考察に必要な時間的枠組みをもたらす．パート5（第11章）は，スポーツと観光およびスポーツツーリズム研究の今後を検討するための基盤整備に向け，それまでの議論をまとめ，本書を締めくくる．本書の構成は，空間と時間に基づくスポーツツーリズムの発展に関わる問題を提起し，関連する理論の適用を通じてこれらの問題に取り組むための枠組みをもたらすことを狙いとしている．

▶スポーツツーリズムのこれまで

　近年，ドイツ（2006年），南アフリカ（2010年），ブラジル（2014年）で開催されたサッカーワールドカップは，世界的メガスポーツイベントの1つである．このイベントは1カ月にわたるサッカーの技術を競う祭典であり，その舞台では集団的アイデンティティが築かれ，ナショナリズムが表明される [Giulianotti, 1995a, 1995b, 1996]．実際に，個々の選手と代表チームだけではなく，政治家，市民の指導者，多国籍企業，メディア企業，観戦者，観光者，の誰もが分かち合う舞台である [Cornelissen, 2010]．サッカーワールドカップやオリンピックなどのイベントは，エリート競技スポーツの頂点を表している．しかし，それらはスポーツやレクリエーション活動への参加が拡大し多様化するといった上部構造に存在し，発

展し続けるグローバルな観光産業の一部となっている．かつてスポーツに関連する国際旅行は，国際大会で国を代表するエリート選手によるものがほとんどであった．先進社会における人々の移動性の高まりによって，すべての空間的規模，競技レベル，関与の競技型／参加型，シリアス／カジュアルおよび能動的／受動的といった次元にわたるスポーツツーリズムが見られるようになった［Higham & Hinch, 2009］．そのため，サッカーワールドカップやメガスポーツイベントは，より一般的に，スポーツツーリズムの多様な形態の１つとして認識される必要がある．

　以前は制限されていた機会へのアクセスを開放する過程である民主化は，ここ数十年のスポーツと観光の発展に適用されてきた［Standeven & De Knop, 1999］．一部のスポーツへの参加は，社会階層などの要因によって定義されたままである．「文化や時代に関係なく，人々はスポーツを用い，自分自身を際立たせ，自分の地位と名声を反映してきた」［Booth & Loy, 1999：1］．スポーツにおけるポストクラス社会の平等な消費者文化の存在は，類似した地位集団がライフスタイルと消費動向を共有しているという事実によってバランスがとられている［Booth & Loy, 1999］．スポーツと観光における社会的属性，ライフスタイル，消費動向の間に存在する関連性は，実際問題として，スポーツツーリズム市場を定義することの価値と有用性を高めている．

　そうは言っても，グローバル化［Bernstein, 2000; Milne & Ateljevic 2004; Thibault, 2009］と民主化［Standeven & De Knop, 1999］の力は，スポーツの消費とスポーツツーリズムの発展過程に大きな影響をもたらしてきた（第4章）．スポーツツーリズムの近年の発展は，スポーツ参加と観光開発における幅広い現代の動向の代表例と言える（表1.1）．

　これらのプロセスは，新自由主義の経済的かつ世界的な政治的勢力［Collins, 1991; Cooper et al., 1993; Gibson, 1998; Nauright, 1996］および社会的態度と価値の変化［Jackson et al., 2001; Redmond, 1991］によって推進されてきた．また，「社会のスポーツ化」に影響を与えた衛星放送やインターネットライブストリーミングなどの技術的進歩［Halberstam, 1999; Standeven & De Knop, 1999］や，個人的および集団的アイデンティティの（再）形成に対して影響を与えたグローバル化の力［Higham & Hinch, 2009］も，これらのプロセスを後押しした．イギリスの欧州連合離脱投票（2016年6月23日）およびアメリカ大統領選挙（2016年11月8日）を含む2016年の政治的な出来事は，経済的保護主義の新たな方向性と，観光者と移民に対する国境管理の強化を示唆し，今後のスポーツツーリズムと移動性，特にスポーツ労働者の移住について大きな影響を与えることになると考えられる．グローバル化の流れへの抵抗やグローバル化後退の見解が示されているように，グローバル

表1.1　スポーツ参加と観光開発における現代の動向

スポーツ参加：

（1）スポーツ参加者の個人属性に関する統計データの拡大 [Glyptis, 1989]
（2）1970年代以降の西洋社会における健康とフィットネスへの関心の高まり [Collins, 1991]
（3）1980年代以降の休暇中におけるレクリエーション活動への積極的関与に対する需要増加 [Priestley, 1995; Standeven & De Knop, 1999]
（4）パワースポーツとパフォーマンススポーツのプロ化 [Coakley, 2017]
（5）参加型スポーツと娯楽型スポーツの急速な成長 [Coakley, 2017]
（6）個人的および集団的アイデンティティ形成に関連するライフスタイルスポーツ参加の拡大 [Gilchrist & Wheaton, 2011; Wheaton, 2004]
（7）セミプロ選手やシリアスレジャーとしてアマチュアスポーツに取り組む選手を含むエリートプロスポーツ選手の枠を超えたパフォーマンススポーツ参加の拡大 [Kennelly et al., 2013; Lamont et al., 2014]
（8）あらゆる形態のスポーツ参与に関連する空間的移動性の拡大 [Higham & Hinch, 2009]

スポーツと観光開発：

（1）特定のスポーツと特有な観光地との関連性の認識 [Hinch & Higham, 2004]
（2）スポーツイベントに付随する旅行パターンに関する重要な知見 [Gratton et al., 2006; Preuss, 2005; Weed, 2007]
（3）都市再生 [Gratton et al., 2005] および観光地開発 [Mason & Duquette, 2008] におけるスポーツの役割
（4）目的地イメージ，訪問意欲 [Chalip et al., 2003; Kaplanidou & Vogt, 2007]，目的地選択 [Humphreys, 2011] におけるスポーツの潜在的な貢献
（5）ブランディング [Chalip & Costa, 2005]，レバレッジ [O'Brien & Chalip, 2007]，およびパッケージ化 [Chalip & McGuirty, 2004] を通じて，スポーツが観光地マーケティングの相乗効果を引き出す可能性 [Harrison-Hill & Chalip, 2005]

スポーツの舞台でもグローバル化が後退するかもしれない [Bale & Maguire, 2013].

それにもかかわらず，「スポーツツーリズムの地理的範囲と量が飛躍的に増加した」という報告がある [Faulkner et al., 1998 : 3]．Glyptis [1989] はこれらの傾向を示した初期の研究者の1人である．彼女は西ヨーロッパ諸国の研究において，すべての国が1980年代にレクリエーションスポーツへの関心の急成長を経験したことを指摘している．さらに，スポーツ参加はすべての社会階層で増加し，多くのスポーツは拡大する社会階層から参加者を受け入れ，すべての国は若者の休暇，短期休暇，および年次休暇の大幅な増加を記録している．その後の25年間ではこの傾向がさらに顕著になっている [Hall, 1992a, 1992b; International Olympic Committee & World Tourism Organization, 2001; United Nations, 2017]．スポーツと観光の研究では，多くのことが変化し続けている．エリートスポーツの商業需要の高まり，ハイブリッドスポーツの発展とニュースポーツの革新，ライフスタイルスポーツの成長 [Gilchrist & Wheaton, 2016; Wheaton 2004] などは，スポーツと環境，スポーツと場所，スポーツファンとそのチーム，そしてスポーツ参加者とそのアイデンティティの構築との関連性に変化をもたらした [Higham & Hinch, 2009]．

▶ スポーツツーリズムの発展の基礎

　スポーツツーリズムの成長は，発展に関連する諸問題に対する検討の必要性を示している．そこには，スポーツと観光に対する関心の多様性を曖昧にせず明らかにすることで，スポーツツーリズムを定義し，概念化する必要性がうかがえる．本分野には多くの定義が存在し，さまざまな観点からスポーツツーリズムを研究する機会をもたらしている．本書の目的のため，スポーツを1つの観光アトラクションとして捉え，観光に特有な貢献をもたらすスポーツの特質を全体的に強調することで，スポーツツーリズムを概念化することにする（第2章：スポーツツーリズムの研究）．このアプローチは，スポーツと観光の多様な，ダイナミックな，そして複雑な性質を際立たせることを目的としており，それにより本書の限界と目的の範囲が明確となる．

　スポーツツーリズム市場の多様性は，第3章（スポーツツーリズム市場）で検討し，動機に見られる豊かな多様性，そしてスポーツツーリズムに存在する市場細分化へのさまざまなアプローチを明らかにしている．Bale［1989：9］は，「労働／遊び，自由／束縛，競争／レクリエーション，過程／成果は，スポーツが位置づけられる連続体の一部分にすぎない」と述べている．したがって，スポーツツーリストの経験は，旅行者が選択したスポーツに対する動機によって大きく異なる可能性がある．スポーツツーリズムの隙間市場に関連する動機は，スポーツイベントの主催者と興行主，スポーツ協会，スポーツイベント会場の担当者，観光地の実務家，観光マーケティング担当者に，興味深い疑問を抱かせる［Higham & Hinch, 2009］．例えば，非常に競技性の高いプロ選手は，スポーツ大会開催地での観光経験にどの程度関心があるのか？　また，どのようにしたらこの市場の可能性を十分に引き出せるのだろうか？　著名な選手と特定の観光地との関係から生まれるプロモーションの機会は，このような可能性の一部分である［Chalip, 2004］．プロスポーツに基づく観光は，レクリエーションスポーツに基づく観光の発展とどのように異なるのか？　スポーツに関連する観光経験は，隙間市場の区分の内外で異なるため，スポーツおよび旅行嗜好の変化への対応を求められているスポーツおよび観光関連担当者に対して，これらの市場をどのように理解すればいいのか疑問を抱かせることになると考えられる．

　この市場分析の論理的拡張は，発展過程，持続可能性，および計画介入の考慮へとつながる．発展に関する問題は，スポーツと観光の実務家にとって特に興味深いものである．これは，国連世界観光機関［United Nations, 2017］の *Global Report on Sport Tourism*（Focus Point 1.1）の発刊からも明らかである．このレポートは，インフラと施設の計画，スポーツと観光機関の協力，スポーツツーリ

ムにおける官民パートナーシップ，スポーツと観光における新しい傾向（および新興市場）などの問題に関するタイムリーで実用的な知見をもたらすことを目的に作成された．スポーツツーリズムにおけるその他の重要な発展に関する問題は，商品化／真正性およびグローバル化／ローカル化の過程に関連している．これまで，スポーツ競技の変更（ルール変更，競技シーズンの期間と時期，ライブスポーツのテレビ放送／ストリーミングなど），またはニュースポーツやハイブリッドスポーツの発展，特に観光地の潜在的発展の機会については，ほとんど考慮されてこなかった [Higham & Hinch, 2002a, 2002b]．観光地との関連としては，新たな訪問者市場の出現，季節ごとの旅行パターンの変化，場所に対する認識の向上や変化，地域社会の利益との綿密な整合，スポーツに関連する目的地イメージの新たな要素が挙げられる．これらの過程と問題の関連性は，第 4 章（発展過程と問題）で取り上げる．これらの導入部分の章は，後に続く章（第 5 章〜第10章）を構築する基礎を提供するものである．

▶スポーツツーリズムの発展と空間

　第 5 章〜第 8 章では，スポーツツーリズムが空間においてどのように顕在化し，どのように影響を受けてきたのかを検討する．第 5 章（空間：場所と旅行パターン）では，スポーツツーリズムの発生地と観光地を結びつける相互関係，およびスポーツツーリズム市場に関連する旅行パターンについて検討する．この章の基本概念とテーマは，経済地理学に基づいている．これらの概念はスポーツ地理学の研究とスポーツの空間分析 [Bale, 1989, 1993] から得られたものであり，例えば，スポーツリーグでのプロスポーツチームフランチャイズの割当や，どこにスポーツ資源や施設を建設，開発，強化するかを決定するのに役立っている．スポーツが 1 次的，2 次的，または 3 次的（偶発的）アトラクションとして機能するかどうかに関わらず，スポーツが，観光地までおよび観光地内を旅行する訪問者の空間的な旅行パターンや旅程に影響を与える仕組みについても検討する．スポーツ経験における e スポーツと仮想現実といった急速に拡大する世界は，スポーツと空間の関連性に関する興味深い疑問を提起している．

　地域で行われるスポーツは，空間に紐付けされた意味に影響を及ぼす．場所，文化，地域プロモーションの概念については，第 6 章（場所，スポーツ，文化）で概説する．いろいろな意味で，スポーツは真正的なアトラクションの 1 つとして観光空間を活気づかせる．文化とスポーツの結びつきはさまざまな形をとる．第 6 章では，「スポーツと文化」，「文化としてのスポーツ」，「スポーツサブカルチャー」の概念を検討する．これらのすべてのバリエーションは，スポーツツーリズ

ムの場所に付随する意味に貢献し（Focus Point 1.2），これらの文化的多様性を取り入れた戦略を用いて，さまざまな市場に地域を宣伝することができる．しかし，スポーツにおける文化の商品化に関しては重要な課題があるのも事実である[Jackson et al., 2001]．

　環境は，3番目の空間次元のテーマである（第7章，環境：景観，資源，影響）．この章では，スポーツおよび観光施設とインフラの資源基盤について検討する．スポーツツーリズムにおいて，自然資源と建造物はまったく異なる事柄である．例えば，スキーやスノーボードなどのアウトドアスポーツは，特定の種類の地形に依存する傾向があり，環境に影響を与える可能性がある．他の種類のスポーツはより可搬性が高く，市場のアクセスを最大化するように考えられた場所に標準的な施設が建設できることを特徴とする．スポーツのための建設資源の開発，および人工的，閉鎖的，規制的スポーツ環境への移行は，過去20年間の主要な動向となっている．問題は，どれだけスポーツから自然を，自然からスポーツを除去できるか，そして反動があるのか，といった点である．自然環境と人間の関係をよりよく理解するための，スポーツと自然の相互作用がスポーツ参加者に与える影響等の学問的関心が見られるのは，興味深いことである [Krein, 2008]．

▶スポーツツーリズムの発展と時間

　パート4（第8章〜第10章）では，時間軸におけるスポーツツーリズムの顕在化について検討する．第8章（スポーツと観光経験）では，スポーツツーリズムの短期的な知見を探る．訪問者の経験は，訪問の時期と期間，スポーツへの関与，そして目的地での観光およびレジャー活動に関係する．スポーツツーリズムのさまざまな形態は，対照的な観光経験に現れる．観戦型イベント，参加型イベント，レクリエーションスポーツ参加，スポーツヘリテージ（文化遺産）とノスタルジア（郷愁）に由来するスポーツ経験は，第8章での議論の枠組みとなる．この枠組みは観光地でのスポーツ経験の共創の検討に役立ち [Morgan, 2007]，Weed [2005]の活動，人，場所といった相互作用におけるスポーツツーリズム経験の位置づけを明確にする．第8章では，観光地でのスポーツツーリスト経験を介在するスポーツおよび観光システムの関連性についても検討する．このアプローチは，スポーツツーリスト経験への影響および向上を考える戦略に関する知見を提供することを目的としている．

　第9章（季節性，スポーツ，観光）のテーマは，スポーツツーリズムの中期的または季節的側面である．観光現象における規則的な季節変動の影響を受けない観光地はほとんどない．気候変動がどのように季節ごとの天気傾向の予測を難しくし

ているかについてはあまり知られておらず，季節ごとのスポーツ資源の利用可能性の拡大または縮小という点で，地域の脆弱性に結びついている [Hopkins et al., 2013]．繁忙期と閑散期の間のショルダーシーズンを延長したり，オールシーズンの観光地を開発したりする戦略は一般的となっている [Hudson & Cross, 2005]．したがって，スポーツと観光に関する気候変動の不確実性を考慮すれば [Hopkins, 2014]，スポーツを使って季節ごとの訪問パターンを調整する，もしくは操作する仕組みは，今まで以上に重要となる [Higham & Hinch, 2002a, 2002b]．その逆も当てはまり，観光はスポーツの季節的な参加傾向に影響を及ぼす．スポーツと観光の季節的パターンを知るだけでは十分ではないが，それらのパターンの原因を理解することは重要である．レジャーの阻害要因理論は，このようなパターンに対する見解をもたらす [Hinch & Jackson, 2000]．スポーツや観光の季節性のパターンを緩和または変更する可能性のある設備設計，価格設定とプロモーション，イベント企画などの戦略についても考察する（Focus Point 1.3）．

　第10章（スポーツツーリズムの発展の傾向）では，発展的または長期的文脈内でのスポーツと観光の相互関係を検証する．ライフサイクルを通じた観光地の発展で概念化された観光開発過程 [Butler, 1980] は，スポーツの強力な原動力の影響を受ける可能性がある．例えば，スポーツが発展する空間パターンは，観光開発に直接関係している可能性がある．観光は目的地で行われるスポーツの種類に影響を与える可能性があるため，逆もまた真実である．地元地域および外部（観光者）の需要に応え，ハワイという心の故郷から世界中の新しい地域へ普及したサーフィンは，この発展過程のよい例である．ヘリテージスポーツツーリズムは独特な形態の観光であり，過去の時代に関するスポーツ経験をたどる観光開発の機会をもたらす可能性がある [Gammon & Ramshaw, 2007]．

　過去10年間で，スポーツヘリテージに対する需要の急増が見て取れる [Ramshaw & Gammon, 2016]．おそらくこれは，スポーツに対する商業的関心の高まりへの反応であり，ファンと参加者の関心を握っている [Laidlaw, 2010]．明らかにスポーツは，空間と時間におけるスポーツの顕在化とスポーツと観光の相互作用という点で，ダイナミックな研究分野と言える．例えば，商品化に関連する課題（発展と伝統のバランスを見つけること）およびスポーツにおけるローカルとグローバルの関心の対照を，観光研究に直接言及して体系的に精査する必要がある．

　図1.1は，以降の章の構造について考える際に有用な枠組みを示している．これらの空間的（空間，場所，環境）および時間的（経験，季節，進化）なテーマは，それぞれ第5章〜第7章（パート3）および第8章〜第10章（パート4）の構造を形成している．本書の基礎は，空間，場所，環境の地理学的原理に基づいている．これらのテーマをスポーツツーリズムに応用するには，学際的アプローチが必要で

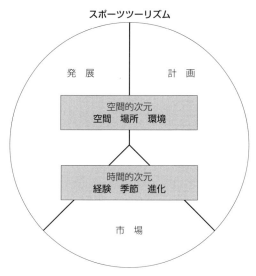

図1.1　本書の構造を示す概念的枠組み

ある．本書は，スポーツマネジメント，スポーツ社会学，消費者行動，スポーツ
マーケティング，経済学，都市・スポーツ地理学，および観光学の分野から，空
間と時間におけるスポーツツーリズムの発展の顕在化を議論する．本書の論点を
説明するため，第 2 章から第10章には，さまざまな分野のスポーツおよび観光研
究で著名な新進気鋭の研究者によって提供された「Case Studies」が含まれて
いる．現実世界の例を基に重要な論点を説明するために，「Focus Points」も各
章に組み込まれている（本訳書では，紙幅の都合上「Case Studies」および「Focus Points」
を省いている）．本書の重要な目標は，スポーツツーリズムの発展のテーマに関す
る理論的思考を，そしてスポーツおよび観光開発におけるローカルかつグローバ
ルな力の相互作用に関する批判的思考を高めることである．

PART 2

スポーツツーリズムの発展の基礎

chapter

スポーツツーリズム研究

> 理論の観点から，スポーツツーリズムが他の観光活動と共有する点と，他の観光活動
> とは異なる点を理解する必要がある．[Green & Chalip, 1998 : 276]

▶はじめに

　スポーツツーリズムの現象とこれらの活動が人々や場所に与える影響は，スポーツツーリズムの学術的注目を正当化している．理論的および実証的研究は，未検証の仮定を精査し，複雑な関連性とプロセスの理解を深めながら，スポーツと観光の相互作用から生じる結果に影響を与える機会をもたらしてくれる．スポーツツーリズムを研究するための焦点を絞ったアプローチは，そうでなければ現れないこの現象への新しい洞察につながる相乗効果をとらえることができる．本章は，この議論を明確にするものである．スポーツと観光研究の概念的基礎を検証しながら，学術的注目についての議論を通して観光アトラクションの枠組みにおけるスポーツの考察を行う．なお，Richard Shipway のボーンマス大学における確立・成功したスポーツツーリズムプログラムの事例研究は，スポーツツーリズムに特化した第 3 次教育の発展と成功を強調している（Case Study 2.1）．

▶概念的基礎

　スポーツと観光の接点を理解するための論理的な出発点は，それぞれの親学問の本質を明確にすることである．各領域には複数の見解があるように，これは簡単な作業ではない [Hinch & Higham, 2001]．スポーツと観光のさまざまな定義は，異なる文脈で正当化することができてしまう．スポーツの概念を再検討する際，Hsu [2005] はスポーツを狭義的（閉じられた）または広義的（開かれた）に定義する分類を用いている．まず，スポーツは非スポーツ活動と一線を画するものと見なされるが，狭義的定義はこの区別が常に可能ではないことを示唆している．Andrews [2006] などの解説者は，社会構造が時代と空間によって異なり，社会的に構築された現象を描写しようとする定義は意味をなさないといった理由から，

広義的定義の見解を支持している．たった1つの普遍的定義に関しての合意は得られそうにもなく，（そして）おそらく望ましくないかもしれないが，読者が本書で用いられる視点を理解することには役立つはずである．以下の基本的特徴は，他の視点を否定やないがしろにするためのものではなく，本書の議論の立ち位置を明確にするためのものである．

スポーツ領域

　Oxford English Dictionary［2017］で明確にされているスポーツの一般的な認識は，「身体的運動と技術を伴い，特に（現代における使用では）個人またはチームが他者と競合する際にルールまたは慣習によって規制された活動」である．一般的見解を反映しながらも，この定義はスポーツ社会学で見られる学術的定義の重要な要素と一致している．例えば，Woods［2016］も競争，身体活動，ルールなどの特徴を指摘している．このような要素は，スポーツを「構造化された，目標指向で，競争的な，勝敗に基づく，遊戯的な身体活動」と明示したこれまでの定義と合致するものである［McPherson et al., 1989 : 15］．しかし，スポーツの定義には，スポーツの意味が時代と場所によって異なるということが指摘されている．

　この観点から浮かび上がる基本的な特徴には，ルール，競争，遊び，身体活動が含まれる．一般的に，ルールは空間と時間に関連している．それらは，競技エリアの大きさや試合・大会の期間と流れなどのさまざまな視点から観察することができる．特に，競技レベルが高くなるにつれ，正式な変更を通して，スポーツのルールはより具体的になる傾向がある．厳格で時には複雑なルールは，エリートレベルにおいて国際的に競技を規定するが，ルールは非公式な活動に対しては非常に柔軟で大まかなものである．後者の例には，サーフィンでの暗黙の了解［Usher & Gomez, 2016］や，学校の休み時間での自発的なサッカーの試合で取り決めた簡単なルールが含まれる．

　また，スポーツは目標指向，競技性，勝敗によって特徴づけられる．3つのすべての特性は密接に関連している．一般的にスポーツの状況は，能力，力量，努力，難易度，技術，および熟練度やパフォーマンスに関する達成目標を含むという意味で，スポーツは目標指向と言える．多くの場合，この目標志向は競争のある次元に拡張される．極端な例として，競争は勝ち負けの視点から表される．あるいは，競争は標準的な記録，無生物の物体，自然の力，または自分自身と競争するという点では，それほど厳格には規定されない．スポーツツーリズムの文脈では，後者の競争の解釈は，一般的に野外活動に関連するようなレクリエーションスポーツ（を）も対象とする非常に包括的なアプローチである．また，レジャースポーツ［Spracklen, 2013］やスケートボード／カイトサーフィンなどのモダン

スポーツ [Wheaton, 2013] も含まれる．競争は，レクリエーションからエリートまでの連続体として概念化することが最適である．競争と密接に関連しているのは，勝敗に基づいたスポーツの性質であり，その結果は身体能力，試合の戦略，および多かれ少なかれ運の組み合わせによって決定される．

　McPherson et al. [1989] の定義に基づいたスポーツの 3 番目の特徴は，「遊戯的」または遊びの性質であり，ラテン語の *ludus* から派生した用語である．この定義の要素は，このことだけにとどまらないが，スポーツは遊びの概念に根づいていることを指摘している．純粋な労働と見なされる活動は一般的にスポーツとは見なされないが，ある程度の労働において，そして労働自体に，スポーツとしての活動がまったく含まれないわけではない．したがって，プロスポーツはレクリエーションスポーツと同様にこの定義に当てはまると言える．スポーツにおける遊びの存在は，不確実な結果と承認された露出につながる．不確実な結果は，スポーツへの関与を通じたスリルを維持することに役立ち，そうすることで観光の真正性という点において独自の利点をもたらすことになる（第 4 章）．承認された露出では，競技力の誇示を強調する傾向があり，参加選手だけではなく観戦者にも関与の範囲を広げることになる．

　最後に，スポーツのこれらすべての特徴の根底にあるのは，その身体的および運動感覚的な性質である．スポーツごとにさまざまな組み合わせの微細運動と粗大運動が必要となるが，身体の動きは最も広く認知されているスポーツの特徴である．身体的能力は，身体的な速さ，持久力，強さ，正確さ，柔軟性，平衡感覚，調整力から成り立ち，具現化されたスポーツの主要部分を形成している [Wellard, 2016]．そして，これらの性質を超えて，スポーツは旅行によって特徴づけられるのである．エリートスポーツにつながる競技層だけではなく，スノーボードやサーフィンなどの多くのレクリエーションスポーツにも旅行は必要である．競技者がスポーツキャリアの初期段階を超えると，彼らには定期的な旅行者になる傾向がある．

観光領域

　通常，観光の定義には，観光の一般的用法に関連する定義 [Simpson & Weiner, 1989など]，統計測定を推進するために使用される定義 [World Tourism Organization, 1981など]，その概念領域を明確にするために使用される定義 [Netto, 2009など] が挙げられる．これらすべての観点に基づく定義には，3 つの重要な側面を共有する傾向がある．これらの中で最も一般的なものは空間的次元である [Dietvorst & Ashworth, 1995]．観光者と見なされるには，個人が出発し，最終的に自宅に戻る必要がある．個人の旅行自体は観光を規定するものではないが，必要条件の 1 つ

である．最小移動距離の範囲を含むさまざまな観光の規定要因がこの次元に分類されるが，旅行の基本概念は普遍的である．

　2番目の一般的側面は，観光の時間的性質である．観光旅行の特徴は，「最低でも一晩は生活圏から離れる一時的な滞在」[Leiper, 1981 : 74] である．統計目的のために示された定義は，旅行期間に関してより具体的であり，United Nations [2008] では1年未満かつ24時間または1泊を超える目的地への訪問者と定義している．24時間未満または1泊未満の訪問者は，エクスカーショニスト（周遊者）に分類される．しかし，この見解は批判される可能性がある．モビリティ分野の研究者は，これらの時間的特徴を批判し，多くの社会ではこれらの特徴があまりにも制限的になっていると主張している．例えば，今日の交通技術により，人々は24時間の範囲内で広範囲に旅行することが可能になり，また多くの人々が1年以上旅行している [Hall, 2004]．

　観光の定義の3番目の共通の次元は，旅行中の目的または活動に関するものであり，観光研究の多くの副領域がこの次元で生まれている（エコツーリズム，アドベンチャーツーリズムなど）．3つの次元のうち，これはおそらく最も広い範囲の見解によって特徴づけられるものである．例えば，一般的辞書における観光者の解釈では，主な旅行活動としてレジャーに焦点を当てる傾向にあるが [Simpson & Weiner, 1989など]，統計および学術目的のための定義にはビジネス活動が含まれる傾向がある [United Nations, 2008]．人々が旅行する理由の1つとして，それが町の反対側であろうと世界の反対側であろうと，スポーツを行うことが挙げられる．

スポーツツーリズムの概念化

　スポーツツーリズムの研究は，スポーツと観光領域の広範囲にわたる共通部分に焦点を当てている．そのため，スポーツツーリズムの定義は，多様性と重複範囲といった点で非常に困難である．スポーツが旅行の1次的もしくは2次的な動機であるかという問題は，これらの課題の1つの例を示している．この問題に対処するために，Gammon and Robinson [2003] は，スポーツツーリスト（スポーツが1次的動機）とツーリズムスポーツ（2次的，時には偶発的な旅行活動としてのスポーツ）を区別している．これらの異なるレベルのスポーツ関与は，本書のスポーツツーリズムという用語にも含まれている．多くの定義は，観戦者，選手，レクリエーションおよびエリート競技者を網羅している [Gibson, 1998; Standeven & De Knop, 1999; Weed, 2009]．また，これらの定義は生活圏からの旅行といった明示的な要件とともに，少なくとも旅行が一時的であり，旅行者が決められた時間内に帰宅することを示唆する黙示的な時間的側面を含める傾向がある．しかし，Higham and Hinch [2009] は，一時的スポーツ移民を特徴とするような典型的な

短期旅行のバリエーションを指摘している．意外なことに，多くの定義の主な欠点はスポーツの構成要素が明確でないことである．これは世界中のスポーツの社会構造が異なることを考慮すると理解できるが，スポーツツーリズムの発展に関する範囲を理解するためには問題となってしまう．

Weed and Bull［2003, 2009］は，スポーツツーリズムは特有の現象という論拠とともに，スポーツまたは観光の既存の特徴に基づき「スポーツツーリズム」を概念化するといったパターンを意識的に取り崩した．彼らは，スポーツツーリズムを別個の存在であるスポーツと観光の総和以上のものと見なしている．それよりむしろ，彼らはスポーツツーリズムを「活動，人々，場所の特有な相互作用から生じる社会的，経済的，文化的現象」と定義している［Weed & Bull, 2003 : 258］．スポーツツーリズムはスポーツと観光の総和以上のものであることには同意するが［Higham & Hinch, 2009で使用されている基本的枠組みなどを参照］，本書におけるスポーツツーリズムの概念化は，スポーツと観光の主要な特徴を意識的に組み合わせている．このアプローチは，観光の背景とスポーツの理解を明確にするための意識的な試みを反映した筆者ら自身のスポーツツーリズムの「社会構造」の一部である．同様に，sports tourism ではなく sport tourism という用語を本書では用いる．これは，個々のスポーツの特徴を評価していないわけではなく，他の観光活動と区別する特性を伴った社会慣習としてのスポーツの共通要素に重点を置いているためである［Gibson, 2002を参照］．

したがって，本書の目的に合わせ，スポーツツーリズムを「一定の期間生活圏から離れ，独自のルール，優れた身体能力に基づく競争，遊び戯れるといった特徴を持つスポーツの要素を含む旅行」として概念化する［Hinch & Higham, 2001］．スポーツは，旅行の 1 次的，2 次的，さらには 3 次的（偶発的）な要素であっても，重要な旅行活動として認識される．スポーツは旅行に関する多くの決定において重要な要素であると考えられており，旅行経験および経験評価において極めて重要な特徴となる可能性がある．この観点に基づき，スポーツを観光アトラクションと見なすアプローチを用いることが可能になる．

▶観光アトラクションとしてのスポーツの概念化

Green and Chalip［1998 : 276］は，「理論の観点から，スポーツツーリズムが他の観光活動と共有する点と，他の観光活動とは異なる点を理解する必要がある」と述べている．スポーツツーリズムのアトラクションは特有であるというのが筆者らの主張である．そのため，スポーツツーリズムの特有な側面についての見解を得るための有用な枠組みとして，観光アトラクション理論を援用した．スポー

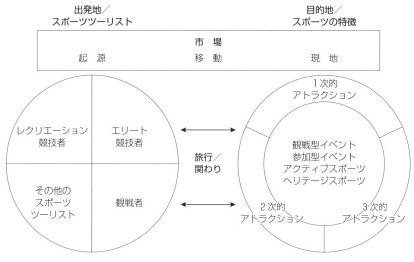

図2.1　スポーツツーリズムアトラクションシステム

ツを観光アトラクションとして捉える考え方は新しいものではないが［Rooney, 1988など］，この主張の理論的根拠はより最近のものである［Gibson, 2006; Higham & Hinch, 2009; Hinch & Higham, 2004; Weed & Bull, 2009］．Leiper［1990］の観光アトラクションへのシステムアプローチと彼の古典的な観光の枠組み［Leiper 1979］は，図2.1に示された有用な基盤をもたらしてくれる．Leiper［1990］のもともとの観光アトラクションシステムには，①観光者，②中心的要素，③情報的要素，の3つのパートが含まれ，観光アトラクションシステムはこれらの3つの要素が結びついた時に現れるとされている．図2.1で，これら3つの要素に相当するものは，①出発地のスポーツツーリスト，②目的地のスポーツ要素，③出発地，移動，目的地の範囲で旅行者にとって魅力的なスポーツ経験を際立たせる指標，である．

　まず，スポーツツーリストとは，自分の行動がスポーツ経験に動機づけられているか結果的にスポーツ経験につながる範囲で，生活圏から離れて旅行する人のことである．Leiper［1990：371-372］は，一般的な旅行者の行動の性質について5つの主張をしている．これらは，スポーツツーリストの動機と行動がスポーツ経験に焦点を当てていることを除いては，スポーツツーリストにも当てはまる．

　第1に，観光行動の本質は，生活圏から離れ，満足のいくレジャー（スポーツ）を探すことである．第2に，観光レジャー（スポーツ）は，相応しいアトラクションの探索，またはより正確には，アトラクションシステムの核となる要素の個人的（その場の）経験の探索を意味する．第3に，プロセスは最終

的には，旅行の欲求や能力などの各個人の心理的および非心理的な特性に依存する．第4に，指標または情報的要素は，個々の観光者と個人的な経験に必要な核となる要素との結びつきにおいて重要な役割を果たす．第5に，（スポーツ）観光者の欲求は常に満たされているわけではないため，プロセスは自動的に生産されるわけではない（これらのシステムは，さまざまな程度で機能的または機能不全的である可能性がある）．

　スポーツツーリストは，1度に1つを追求するか，より一般的に，さまざまな組み合わせを選択するかというように，さまざまな関心によって特徴づけられる．主要な区分として，レクリエーション競技者，エリート競技者，スポーツ観戦者，および注目度の高いスポーツイベントに関係するコーチ，関係者，メディアスタッフなどの，さまざまなスポーツツーリストが含まれる（第3章参照）．

　スポーツツーリズムアトラクションシステムの2番目の要素は，目的地で関心を持つスポーツ活動の種類である．これらのスポーツの顕在化は，スポーツ経験が生み出され消費される場所と，地元住民や他の訪問者を含む他者との交流と結びついている．より具体的には，スポーツアトラクションの文脈では，一般的に，以下の現地での活動といった観点から分類できる：① 観戦型スポーツイベント，② 参加型スポーツイベント，③ アクティブスポーツ，④ スポーツヘリテージ活動．このスポーツツーリズム活動の類型は，イベントとアクティブスポーツツーリズムの混成物として見ることができる参加型スポーツイベントを区別し，Gibson［1998a］の類型を発展させたものである．観戦型イベントは比較的少数のエリート競技者と多数の観戦者（プロスポーツなど）を特徴とするが，参加型イベントはさまざまな技術レベルにわたる多数の競技者と少数の観戦者（トライアスロンやマラソンなど）を特徴とする．参加型イベントのカテゴリーは，組織化のレベルでアクティブスポーツツーリズムのカテゴリーと異なる．アクティブスポーツツーリズムは，サイクリングやテニスなどのスポーツ活動への直接的な関与を特徴とし，レクリエーション的およびシリアス的な関与の両方を含む．参加型イベント（Gran Fondo group bike ride など）のスポーツツーリストはイベント主催者に依存するが，アクティブスポーツツーリストはそのような組織構造にほとんど依存しない．しかし，アクティブスポーツツーリストは，トレイルシステムや施設などの目的地特有の資源（個人の自転車ツアーなど）を利用する．最後に，ヘリテージスポーツツーリズムの特徴は，スポーツ殿堂などのアトラクションに代表されるが，スポーツ青春時代のノスタルジアなどの不可視的資源が含まれる．これらのカテゴリーはスポーツツーリズムの研究と実践に役立つが，排他的ではない．実際に，ツール・ド・フランスなどの主要な観戦型イベントには，個々のスポーツ

ツーリストの興味と行動に応じて，観戦・参加型イベント，アクティブでヘリテージな活動の組み合わせが含まれている．

　1次的アトラクションとは，旅行者にそのアトラクションのみに基づき目的地を選択させるものである．2次的アトラクションとは，旅行者は事前にそのアトラクションを知ってはいるが，旅程決定においてそれ自体はあまり影響を与えないものである．3次的（偶発的）アトラクションとは，旅行者は事前にそのアトラクションを知らないが，目的地に到着すると，娯楽，活動，または経験の中心として機能する可能性を持つものである．この階層的区分は，特定のスポーツの機会（オリンピック観戦など）を主な動機とする多くの旅行者，スポーツとスポーツ以外のアトラクションの組み合わせ（オリンピック観戦，ゴルフ休暇など，一般的な観光の組み合わせ）に基づいた旅行者，および本来の旅行動機は目的地でのスポーツ機会によるものではないが，彼らの訪問の少なくとも一部がスポーツに基づく観光地経験となっている旅行者（休暇中における史跡へのサイクリングツアーの1日など）において，明らかである．したがって，スポーツツーリズムアトラクションシステムは，スポーツが多くの人々にとって，さまざまな方法で観光アトラクションとして機能する可能性があることを示している．さまざまな観光市場の区分に関連するため，目的地の核となる要素の組み合わせやアトラクションの階層区分に基づきスポーツの立ち位置を評価することは，マネジメント的に重要な意味を持つ（出席，参加，旅行パターン，訪問者の行動，訪問のタイミングなど）．

　スポーツツーリズムアトラクションシステムの3番目の要素は，観光アトラクションの潜在的な核要素である現象に関する情報の指標である [Leiper, 1990]．指標は，中心地，隣接地，または現場から引き離されたり除外されたりする場合がある．いずれの場合も，指標はアトラクションシステムの一部として機能するように，意識的または無意識的に配置される．スポーツを特徴とする意識的なアトラクション指標の例は特別ではない．通常，それらの指標は広告の形をとり，目的地において特有のスポーツ活動やイベントに関与する訪問者に示される．これには，開催都市のデスティネーションマーケティング組織（DMO: Destination Marketing Organization）や，多額の投資を通し企業の商品とイベントブランドを結びつけるイベントスポンサー（リオデジャネイロオリンピックでのVisa，コカ・コーラ，マクドナルドなど）による，オリンピックなどでの観戦型イベントにおける広告が含まれている．多くの潜在的観光客はビーチでの日焼けに多くの時間を費やす可能性が高いが，スキューバダイバーやカイトサーファーに焦点を当てたリゾート広告に代表されるように，スポーツのイメージは他の旅行広告でも非常に一般的である．無意識に引き離された標識はさらに広範である．これらの代表例として，エリートスポーツイベントのテレビ放送と有名観光地でのスポーツを特集した広

告が挙げられる（第6章）．この情報を受け取った人は，その場所をスポーツツーリズムアトラクションとして認識し，それが将来の旅行選択に影響を与えることが考えられる．

　本書で使用しているスポーツツーリズムの概念化は，スポーツをそのような人気あるアトラクションにすることを示している．第1に，それぞれのスポーツには，競技場の大きさや試合時間などの空間的および時間的構造を規定する独自のルールがある [Bale, 1989]．第2に，身体的能力に基づいた競争は，スポーツの目標志向，競争，および勝敗的側面を包含する [McPherson et al., 1989]．第3に，スポーツには遊びの性質がある．この最後の要素には，結果の不確実性と承認された露出の概念が含まれている．

　ルール，身体能力に基づいた競争，およびスポーツ固有の遊戯的特徴は，スポーツを特有な種類の観光アトラクションにする．サッカー，スキー，ベースジャンプなどの特定の種類のスポーツは，観光アトラクションとして独自の特徴を持っており，他の幅広いカテゴリーの観光アトラクションとは全体的に異なる．観光産業は，商品や商品としての経験よりも実際の経験をますます重視しているため [Tolkach et al., 2016]，スポーツツーリズムは最もダイナミックな要素の1つとして認識されている．これら3要素の文脈でスポーツを分析することにより，スポーツが観光アトラクションとして機能する方法について洞察を得ることが可能となる．そして，スポーツアトラクションに対する変化の影響は，スポーツツーリズムの発展における空間的および時間的側面のより広い文脈で考察することができる．

▶スポーツツーリズムにおける学術活動

　スポーツ研究と観光研究は，同じ学術的特徴を数多く共有している．どちらも比較的新しい学問分野であり，研究者は理論的，方法論的，実証的な威厳ある学問分野として確立するために取り組んできた．それぞれの学問領域は，著書 [Gibson, 2006; Higham & Hinch, 2009; Standeven & De Knop, 1999; Weed & Bull, 2009]，総説 [Gibson, 1998a; Hinch et al., 2014, 2016; Weed, 2006, 2009b]，頻繁に引用される論文 [Chalip, 2006; Kaplanidou & Vogt, 2007; Preuss, 2007] といった蓄積されてきた文献に現れているように，スポーツツーリズムへの体系的な関心を発展させてきた．

　おそらく，スポーツツーリズム分野に焦点を当てた研究において最も頻繁に行われる議論は，その経済的重要性である．例えば，カナダ統計局の旅行データの分析では，2015年のスポーツツーリズム関連支出が65億カナダドルを超え，前年から13%増加したことが報告されている [Canadian Sport Tourism Alliance, 2017].

カナダ国内を旅行するカナダ人の支出は72％を占め，アメリカからの旅行者の支出は9％，海外からの旅行者の支出は18％となっている [Canadian Sport Tourism Alliance, n. d.]．さらに大きな経済規模を持つアメリカでは，アマチュアスポーツだけの観光支出でも，2015年に94億5000万アメリカドルと推定され，前年より5.4％増加したと報告されている [National Association of Sports Commissions, 2017]．ただし，スポーツイベント関連の収益は非常に目覚ましいかもしれないが，コストも高まる可能性を認識することが重要である．これは，オリンピックなどのメガイベントの文脈で特に顕著である [Zimbalist, 2016]．同様に，地域の誇りなどの社会的利益は，スポーツツーリズムの文脈において意識的に活用できることが指摘されてきた [Chalip, 2006]．このような利点があるにもかかわらず，スポーツツーリズムには潜在的なネガティブな側面もある [Weed, 1999]．例えば，地方での「迷惑行為」，特にトレイルバイク，ジェットスキー，スノーモービルなどのモータースポーツの導入は，ネガティブな社会的および環境的影響を引き起こす可能性がある．ノルウェーのリーセフィヨルドやトロールヴェッゲン地域などで行われているベースジャンプなどのアドベンチャースポーツやエクストリームスポーツは，安全性と法的な責任問題に関連している [Mykletun & Vedø, 2002]．このような場合，スポーツツーリズムのダイナミクス性の理解を深めることにより，発展過程でのこれらの影響を認識，理解，管理できるようになるのである．

学術的な関連性

　観光の研究とスポーツの研究は，ハイフンでつなげられた多くの副次領域によって特徴づけられている．学術機関の研究費競争の時代において，既存の研究分野を引き裂く危険性は現実的かつ予測される脅威である．そのため，批判する関係者は新しい副次領域を妨げようとしている．しかし，スポーツと観光の接点についての知見は，観光研究とスポーツ研究のそれぞれの領域内から組織的に現れるといった付随的な想定には問題がある．知見はそれぞれの研究分野で独立して生み出され，今後も生み出され続けるが，分野の交わりに意識的に焦点を当てることは重要である．学際的および他領域からのアプローチが，その場しのぎ以外で用いられると想定するのは甘い考えである．この状況は，観光とスポーツ機関の連携がうまく機能しないといった，よくある実際の状況と類似した障害である [Weed, 2003]．より焦点を絞ったアプローチの成功は，*Journal of Sport & Tourism*（Focus Point 2.1）などの学術誌に報告されている知見によって示されている．スポーツツーリズム研究の理論的基盤が発展するにつれ [Gibson, 2006]，専門分野としてスポーツツーリズムを懐疑的に捉える主張は，その説得力を失いつつある．

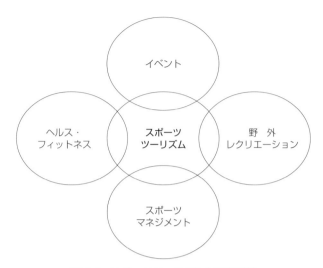

図2.2　スポーツツーリズムと関連領域

　スポーツと観光の親学問領域に加え，スポーツツーリズムと重要な関連性を持ち，重なり合うような多くの他の学問領域が存在する（図2.2）．これらの多くの関連分野を示す例として，イベント，野外レクリエーション，スポーツマネジメント，ヘルス・フィットネスの4領域が挙げられる．イベント研究には，スポーツイベントに加え，他のさまざまな種類の催し物，会議，学会，展示会の調査が含まれる［Getz & Page, 2016］．スポーツイベントはこの分野において頻繁に取り上げられるトピックであるが，イベント研究者は他の種類のイベントとの比較を通したスポーツイベントの際立った特徴を考察することはあまりない．たとえ彼らが考察したとしても，イベントはスポーツツーリズムの重要な側面ではあるものの，1つの側面を示すのみであるという認識が重要である（図2.1の現地での活動を参照）．実際，Weighill［2002］はカナダにおけるスポーツツーリズムの分析を通して，アクティブスポーツツーリズムへの参加旅行は，スポーツイベント観戦に関連する旅行をはるかに上回っていることを報告している．そのため，スポーツツーリズムの研究領域は，注目を集める観戦型イベントの枠を超えて発展することが求められている．

　野外レクリエーション領域の本質は，カヌー，スキー，サーフィンなどの比較的制度化されていない自然環境下で行われる活動である．ハイキングなどの高い人気を誇る活動に加え，特有な自然資源を使用するために相当な移動を必要とするアドベンチャースポーツやエクストリームスポーツが含まれる．Kane and Zink［2004］のパッケージ化されたアドベンチャーツアーの研究は，アクティブ

スポーツツーリズムの観点を明確に位置づけているわけではないが，この分野について興味深い知見を提供している．繰り返しになるが，野外レクリエーションとスポーツツーリズムの間には，概念的にも研究活動の観点からも明らかな重複が認められるものの，これらの領域は同義ではない．多くのスポーツ活動は自然環境以外で行われるが，対照的に自然環境下で行われる多くの観光活動（キャンプ，ピクニックなど）は本書でのスポーツの概念とは一致していない．

　スポーツマネジメントは，高度に制度化されたスポーツに焦点を当てる傾向にある．この領域の研究者は通常，制度化されたスポーツのパフォーマンスや発展の度合いを取り扱っている．オリンピックや FIFA ワールドカップなどのスポーツイベントのマネジメントは，スポーツツーリズム研究と直接的に重なり合う人気のトピックである［Sant & Mason, 2015など］．野外レクリエーション領域と同様に，スポーツツーリズムとは大きく共通する関心があるが，スポーツマネジメント研究者は制度化されていないスポーツツーリストを等閑視し，スポーツツーリズムのマネジメント面のみに焦点を当てる傾向がある．

　ヘルス・フィットネス活動は，図2.2で示した関連性の4番目の領域を表している．この領域の本質は，歴史的および現代的観点の両方に基づいている．前者は，ローマ時代の東ヨーロッパおよび地中海ヨーロッパのセラピューティック・スパに関連する観光活動によって最も一般的に認知されている［Hall, 1992a］．Panchal［2014］などの研究者が健康とポジティブ心理学の視点からアジアでのスパ観光客を調査しているように，現代の文脈でもセラピューティック・スパへの参加旅行は続けられている．多くの観光地スパには，テニスコートやゴルフコースなどのスポーツ施設が整備されている．ヘルス・フィットネス領域は遍在する用語で定義することができるが，関連文献では非常に狭義的に扱われるのが一般的である［Nahrstedt, 2004］．

　これら4分野すべての研究はスポーツツーリズムの理解に貢献しているが，スポーツの本質はこれら関連領域の集合的特徴を超えている．スポーツの定義の特徴と観光との関連性は，イベント，野外レクリエーション，スポーツマネジメント，またはヘルスツーリズムに関する研究の中心的な関心事ではない．したがって，スポーツツーリズムに焦点を当てた研究は，これらの関連分野において通常取り扱わない新しい挑戦的な知見をもたらすことができるのである．

スポーツツーリズム領域の誕生

　市場がスポーツツーリズム関連商品とサービスに対する消費者の需要に応えたように，学術界もスポーツツーリズム領域の学術的隔たりに対応するようになった．当初，この反応は比較的孤立しており，その場しのぎのものであった

[Garmise, 1987] が，過去30年にわたって，科学的出版物の増加が研究領域としての成熟に貢献してきた．Gibson [1998] は20年前に，スポーツツーリズムに関する文献の詳細なレビューを行った．彼女の批判的分析は，スポーツツーリズムが政策レベルでの組織間のより良い連携，学際的研究アプローチ，および観光学とスポーツ科学のより密接な協働が，依然として求められている研究領域であることを示唆していた．その 7 年後には，Weed [2005] がこの分野の研究発表の発展を認めているが，新しい発表が先行研究を基にした「体系」として意識的に構築されているのではなく，むしろ無作為にグループ化されて積み上げられた「れんが工場」といった比喩を用いている．Weed [2006, 2009] と Gibson [2005] の両者は学問領域としてのスポーツツーリズムの発展を追い続けており，目覚ましい進歩を認めながらも，記述的視点よりも説明的視点の必要を喚起している．スポーツツーリズム研究のメタ分析を通して，Weed [2009] は，① 経済効果，② 望ましいレガシーのためのイベント活用，③ 効果を研究するための全体的アプローチ，④ 行動研究，⑤ 観光地マーケティングとイメージの調査，⑥ スポーツツーリズムイベントに関する住民認識のより深い知見，という 6 つの重要な発展領域を特定している．

　Weed [2009：625] は，この分野は次のような成熟度の向上の兆候を示していると結論づけている．

　　信頼できる学術雑誌と幅広い知識によってもたらされた，研究領域の説得力ある概念化；適切な理論に基づいた実証的研究の基礎；方法論および調査法の厳格で適切かつ透明性を持つ活用；本分野に継続的に関心を持つ研究者コミュニティ．

　2007年から2011年までの 5 つの主要な観光学およびスポーツ科学の学術雑誌に掲載されたスポーツツーリズム論文の分析において，Hinch et al. [2014] はスポーツツーリズム研究が，これまで通り観戦型イベントに焦点が当てられているものの，アクティブおよびイベントの混成タイプ，つまり参加型イベントに関連した研究が増加傾向にあることを報告している．彼らがレビューした実証的研究の 6 割弱が，定量的手法によるアプローチを用いており，その中でも質問紙調査法（46％）が最も一般的であった．より顕著な結果の 1 つは，レビュー対象論文の68％の地理的焦点が北米，ヨーロッパ，オーストラリア・オセアニアであり，13％が特定の地理的文脈を持たないことであった．2008年の北京オリンピック，2010年の南アフリカ FIFA ワールドカップ，2014年のブラジル FIFA ワールドカップ，2016年のリオデジャネイロオリンピックが開催されたにもかかわらず，わずか19

％がアフリカ，アジア，南アメリカでの研究であった．アジアではスポーツツーリズム領域が発展していることも明らかになってきたが，この文献の多くはアジアの言語で書かれているため，論文を読むための言語力を持たない西洋の学者にとっては隠れたものになってしまっている（Focus Point 2.2）．

　スポーツツーリズム分野での雇用機会の増加と学術領域の発展の組み合わせにより，中等教育後の教育機関としてのスポーツツーリズムカリキュラム開発の充実した基盤が整備されてきた（Case Study 2.1）．多くの場合，このようなカリキュラムは観光やスポーツの既存の課程に組み込まれるが，興味深いことに，独立した課程や教育プログラムが注目を集めるようになってきている．そのような教育プログラムは，応用知識と理論のバランスを求めている．スポーツツーリズムの発展する理論的基礎における知識は，学生や実践分野に役立つだけではなく，卒業生にとっても，スポーツツーリズムの発展がどのように，そしてなぜ起こるのかをよりよく理解することにつながる，というのが筆者らの主張である．

▶ おわりに

　スポーツと観光は，実践の観点から密接に関連している．観光者は旅行中にスポーツに参加し，観戦者や競技者は試合もしくはスポーツへの情熱に取り組む機会を求めて旅行する．スポーツと観光の明らかな重なり合いがあるにもかかわらず，この関係のダイナミクス性についてはほとんど知られていない．この分野における体系的な進歩は，2000年以前の比較的その場的扱いの研究対象としてではなく，スポーツツーリズム分野に焦点を当てた研究によって大きくもたらされてきた．スポーツツーリズム研究は比較的まだ新しいが，過去25年間を通して厳格な学問領域として成熟してきた．一貫性および洞察力のある研究領域として認められてきたが，一貫性とは単一の視点を意味するものではない．実際，成熟した研究分野は，基本的な前提に挑戦するさまざまな見解を包含している．また，これらの見解によって引き起こされる緊張関係を受け入れ，称賛さえするのである．これは，本章で議論したさまざまな観点の明瞭さと明確さに大きく依存する．特に重要なのは，一定の期間生活圏から離れ，独自のルール，優れた身体能力に基づく競争，遊び戯れるという特徴を持つスポーツの要素を含む旅行といった，筆者らのスポーツツーリズムの概念化である [Hinch & Higham, 2001]．同様に，筆者らはスポーツを特有な種類の観光アトラクションとして位置づけている．そうすることで，①観戦型イベント，②参加型イベント，③アクティブスポーツ，④スポーツヘリテージ，といった4種類に拡大したスポーツツーリズムの類型を提示した．この類型は，イベントとアクティブスポーツ間の重複で見落とされてい

た参加型イベントの独特の性質を認識している．本章で紹介したスポーツツーリズムアトラクションシステムは，旅行者の経験に関連するスポーツの特徴的な側面を検討する際に役立つはずである．このアトラクションの枠組みとスポーツツーリズムの概念化を使用することにより，「スポーツツーリズムが他の観光活動と共有する点と，他の観光活動とは異なる点」[Green & Chalip, 1998 : 276] を示すことができる．スポーツツーリズム研究のこれらの特有な側面は，以降の章で批判的に検討する．

chapter 3

スポーツツーリズム市場

> 誰がスポーツツーリストであるか，そしてなぜスポーツツーリストがそのような観光を行うようになったかを明らかにすることは，当初の様相よりも複雑であることを示すかもしれない．[Gibson, 1998：57]

▶ はじめに

　Delpy［1997：4］が「スポーツへの参加または観戦に焦点を当てた旅行市場は，独特で興奮するコンセプトである」と述べてから20年が経過したが，この立場は今も変わっていない．スポーツツーリズムは，現在のところ観光産業のダイナミックで多様な隙間分野として認識されており［Higham & Hinch, 2009］，目的地に惹きつけられる一連の観光産業を拡大することを目的としている［Bull & Weed, 1999］．スポーツツーリズムは，専門的で競争力のあるスポーツ市場の観点から具体的にアプローチできる市場であり［Hagen & Boyes, 2016; Moularde & Weaver, 2016など］，主要な観戦イベントの観光振興によってもたらされている．しかし現実には，スポーツツーリズムは多様な隙間市場で構成されているため［Collins & Jackson, 2001; Maier & Weber, 1993］，ターゲットを絞りながら実証研究を行い，理解する必要がある［Hinch et al., 2017］．

　スポーツツーリズムの多様な現象を認識し，さまざまな空間にわたるスポーツツーリズムの独自の兆候を批判的に理解する必要があることは，十分に認識されている［Higham, 1999］．しかしながら，現在注目を集める大規模な国際スポーツイベントにおける観光の兆候は，スポーツにおける特有で専門的な地域の取り組みよりも，公共または政府の気づきの方がはるかに顕著であるという事実が示されている．1999年に，Bull and Weed［1999：143］が「スポーツツーリズムは隙間市場で構成されているが，観光はメガスポーツイベントと関連づけられており，主要都市においては，観光市場としてのスポーツの潜在性はあまり評価されていない」と述べているように，観光地の管理者が大規模なスポーツイベントにおいて観光の利点を期待することはもっともではあるが，一般的にこれまであまり注目されていないスポーツをターゲットとすることへの理解は進んでいない．

　スポーツツーリズム市場を理解することは，スポーツツーリズムの基盤におい
て重要な側面である．これまでさまざまな研究者によって取り組まれてきた問い
は，「誰がスポーツツーリストなのか？」，「何がスポーツツーリストを動機づける
要因なのか？」，「異なるスポーツツーリストグループの間で動機は異なるの
か？」，「スポーツツーリストはスポーツ活動に関連してどのような旅行経験を求
めているのか？」といった内容であった．これらの問いに対し厳密に対処するこ
とが必要であり，こうした見識は，スポーツ資源と観光目的地の持続可能な管理
に関連する目的地の計画，開発，資源管理，そして観光マーケティングに役立つ
はずである [Hinch & Holt, 2017]．市場の分析は，地域または国の観光地の文脈内
でのスポーツツーリズムの効果的な発展にとって重要である．本章の最初の部分
では，スポーツツーリストのタイプを分類するための概念的なアプローチについ
て説明する．続いて，スポーツツーリスト市場とこれらの市場を効果的に理解す
る手段の検討，ならびにスポーツツーリズムへのさまざまな取り組みの見識から
生じる課題と機会の検討を行う．

▶スポーツツーリズム需要の概念化

　スポーツツーリズムを概念化することは，スポーツツーリズム市場の研究にお
いて有用な出発点となる．例えば，スポーツとの関わりは進化し続けているが，
参加者と観戦者を区別することは重要である [Lamont et al., 2014]．Glyptis [1989,
1991] は，参加型と観戦型スポーツにおける観光者の関与レベルを「遊び半分の
素人」と「専門家」といった用語を使用し説明している．Hall [1992b] は，2種
類のアクティブスポーツツーリストを特定しており，自己表現の手段として参加
する「アクティブな参加者」と，スポーツへの関与において競争を目的とする
「プレイヤー」に分類している．これらの用語は，スポーツへの関わりのさまざ
まな要因に対する見識を提供しているが，そのような関わりは，さまざまな阻害
要因と折り合いをつけながらシリアスレジャーに参加する人々（アマチュアのスポ
ーツ選手など）を含み拡大している [Kennelly et al., 2013]．「スポーツ志向の休日」
と「スポーツ志向の低い休日」の区別は，観光者の重要な動機づけとしてスポー
ツ活動研究の概念的基礎となっている [World Tourism Organization & International
Olympic Committee, 2001]．これまでさまざまな類型において，時間の経過ととも
にスポーツと観光における幅広い取り組みを説明することが試みられてきた
[Gammon & Robinson, 1997; Maier & Weber, 1993; Reeves, 2000; Standeven & De Knop,
1999]．

　目的地においてスポーツに関わる観光者は，コミットメント，競争力，活動的

表3.1　スポーツツーリスト需要グループと必要な観光施設

需要グループ	訪問者の需要と必要な施設
トップパフォーマンス競技者	効率が優先事項である．試合へのアクセス，適切なトレーニング状況や施設がトップアスリートにとって最優先である．この優先事項を満たす場合，ツアー主催者や目的地の管理者は，特定の宿泊施設と食事の要件（必要栄養量など）に加えて，医師，怪我のリハビリテーション施設，その他パフォーマンス関連サービスへのアクセスを考慮する必要がある．
大衆スポーツ	健康を維持し，フィットネスを維持することがこの需要グループの目的である．パフォーマンス目標は個別に決められている．休暇地域へのアクセスのしやすさやスポーツ施設の質は，この市場区分の重要な検討事項である．
偶発的なスポーツ（男女）	報酬と名声は，偶発的なスポーツの追求においてスポーツの野心よりも重要な役割を果たす．この需要グループは，レクリエーションスキーやボウリングなどの要求の少ないスポーツを優先する．スポーツ活動は，この市場グループ内の文化観光やその他の関心事よりも優先されることはない．
アクティブスポーツツーリスト	個々のスポーツ活動は行われない．このグループは，メガスポーツイベントや有名なスポーツの場所が重要である．コーチ，ハイパフォーマンス競技者の付添人，メディアレポーターが含まれている．スポーツイベントにおける多くの観戦者のニーズに応えるため，インフラの整備が必要である．

出典：Maier and Weber［1993：38］.

／積極的関わり合いの程度が異なることが明らかになっている［Gibson, 1998］．スポーツツーリズム市場は，これらの理由により，「隙間市場」と「需要グループ」に分類されるため，訪問者における経験の多くの側面が異なっている（第8章）．Maier and Weber［1993］は，目的地において追求されるスポーツ活動の強度に基づき4つの需要グループを特定している（表3.1）．彼らは，これらの需要グループを用い，それぞれ固有の資源開発の要件を有用的に説明している．例えば，観光目的地においてトップパフォーマンス競技者が必要とする資源は，スポーツにおけるパフォーマンスの向上（トレーニング，スポーツ科学，スポーツ医学施設など）が関連している．

　トップパフォーマンス競技者が「ツアーバランス」を達成するための，トレーニングまたは大会が開催される場所において彼らの興味に関連するレジャーや特有な観光経験の重要性については，あまり理解が進んでいない［Higham & Hinch, 2009; Hodge et al., 2008］．「ツアーバランス」は，エリートアスリートがルーティン（トレーニングスケジュールなど）やパフォーマンスへの高いプレッシャーから時折逃避が必要といわれている．新しく，そして特有な場所での刺激を経験する機会は，競争のプレッシャーから定期的に解放されるという点で，スポーツパフォーマンスの重要な側面として認識されている［Hodge & Hermansson, 2007］．Hodge et al.［2008］によると，プロスポーツにおける「ツアーバランス」は，競技会で最適なパフォーマンスを達成するためだけでなく，長いキャリアを考えるうえで

表3.2　スポーツツーリストのタイプと訪問者のプロフィール

タイプ	意思決定	参　加	非参加	グループプロフィール	ライフスタイル	支　出
偶発的	重要ではない	仕事外	ゆっくりできない休暇	家　族	スポーツは重要	最小限
散発的	相対的に重要	好都合の場合	簡単に諦め／延期する	友人と家族	非本質的	1回限りを除く必要最小限
臨時的	時々決定する	観光経験への嬉しい追加	その他のコミットメントによる	個人，特にビジネスツーリスト	顕著な消費	時折高額
日常的	重要ではない	多くの楽しみ	お金や時間の制限による	グループや個人	重　要	非常に高額
献身的	とても重要	経験の中心	予期せぬ障害による	個人と気の合うグループ	特徴づける要素	非常に高額で，一貫性がある
精力的	とても重要であるが，自発性に欠ける	唯一の理由	怪我や怪我の恐れによる	エリートグループまたは単独	プロフェッショナル	非常に高額だが，援助されている

の「燃え尽き（症候群）」への対策も重要である．"偶発的な男女のスポーツ"と"アクティブスポーツツーリスト"の立場は，目的地が提供する場所の経験や観光経験において優先順位が異なる．これらの訪問者は，「スポーツの文化」と「スポーツの魅力」に関連するかもしれないヘリテージ（文化遺産）の価値に動機づけられる可能性が高い [Gammon & Ramshaw, 2013]．

　同様に，Maier and Weber [1993] の貢献に基づき，Reeves [2000] はスポーツツーリストの6つの「タイプ」を特定し，意思決定，動機，ライフスタイル，および支出プロファイルの観点から，それらの違いについて説明している（表3.2）．近年，一般的なスポーツツーリズム市場に存在する多様性が再び強調されている．しかしながら，Reeves [2000] の類型は，決定的な答えというよりも，説明的なものである．例えば，訪問者の支出に関する一般化には，厳密な研究が必要である．目的地選択における自立性は，特にチームスポーツの場合，競技以前に体系的なトレーニングプログラムやスケジュールが課せられる可能性がある「精力的な」競技者（すなわち，プロスポーツ組織）には，制限されるかもしれない．しかしながら，多くの場合，「精力的」な競技者の好みには，休暇の期間や旅行中の自由度，トレーニング，および競技スケジュールといったものが十分に調整されている（一般的に，マネジメント代理人，マネージャー，または法律顧問によって調整される）かどうかといった点が含まれている．

　Robinson and Gammon [2004] は，スポーツへの参加に対する旅行者の動機づけに基づき，スポーツツーリストの概念化を行っている（表3.3）．彼らの貢献

表3.3　スポーツと旅行動機に基づくスポーツツーリストの概念化

スポーツツーリズム	個人とグループの人々は旅行中，競技またはレクリエーションスポーツに，能動的または受動的に参加する．観光の要素は全体的な経験を強化するが，スポーツが旅行の主要な動機である．
ハードな定義	競争的スポーツイベントへの能動的または受動的な参加．スポーツは，旅行の主要な動機である（オリンピック，ウィンブルドン，ロンドンマラソンなど）．
ソフトな定義	スポーツ／レジャーへの興味に対する能動的なレクリエーション参加（スキー，ウォーキング，ハイキング，カヤックなど）．
ツーリズムスポーツ	2次的活動としての競技またはレクリエーションスポーツへの，能動的または受動的な参加．スポーツではなく，休暇や訪問が旅行の主要な動機である．
ハードな定義	競技または非競技スポーツは，旅行経験を豊かにする重要な2次的な動機である（スポーツクルーズ，ヘルス＆フィットネスクラブなど）．
ソフトな定義	休暇経験の偶発的な要素としての，競争または非競争のスポーツまたはレジャー（ミニゴルフ，屋内ボウル，アイススケーティング，スカッシュなど）．

出典：Gammon and Robinson [1997：10-11].

は，観光者の動機の優位性に基づき，スポーツツーリズムを2つの形態に区別した点にある．彼らは「スポーツツーリズム」の用語を使用し，スポーツが他の観光活動の主な旅行動機であり，観光経験は2次的な要素であると説明している．あるいは，「ツーリズムスポーツ」の場合は，スポーツは観光経験の2次的または3次的な要素として機能している．Gammon and Robinson [1997] は，競技スポーツと非競技スポーツにおける能動的関与と受動的関与に分類している．よって，「スポーツツーリズム」と「ツーリズムスポーツ」の両方とも，ハードとソフト参加の観点から定義される場合がある．この2つの明確な違いは，観光者が選択したスポーツに対してどの程度真剣に取り組んでいるかである．この概念的枠組みは，スポーツツーリズムの旅行市場の多様性を捉えており，参加と競争力の規模に応じて変化し，スポーツが1次的，2次的，または3次的な旅行の動機として機能する場合がある．また，観光アトラクションの階層の概念を補完している（第2章参照）．

　したがって，Gammon and Robinson [1997] は，スポーツツーリズムの需要側に存在する変動を強調する3つの側面を確認している．彼らはそこに，観光者の動機づけプロファイルにおけるスポーツ活動のステータス（1次的，2次的，または3次的），スポーツ活動への関与のタイプ（能動的または受動的），ならびにスポーツ活動の競争的または非競争的性質を含めている．そうすることで，彼らはスポーツツーリズムの消費者市場のより良い理解に貢献し，それぞれが必要とする明確なスポーツと観光関連のサービスと経験への見識を提供している．Standeven and De Knop [1999] の概念的分類の基礎となるのは，観光者がスポーツへの関与を追求する程度である（表3.4）．Standeven and De Knop [1999] のスポ

表3.4　スポーツツーリスト活動の分類化

分　類	例
スポーツ活動に基づく休暇	
・休暇のスポーツ活動（1種目）	スキー，サイクリング，トレッキング
・休暇のスポーツ活動（多種目）	スポーツキャンプ，休暇クラブ（クラブメッドなど）
休暇のスポーツ活動	
・組織化された休暇のスポーツ活動	ゴルフ，ラフティング，クルーズシップスポーツ活動
・自主的な休暇のスポーツ活動	アドベンチャー活動（バンジージャンプなど）
休暇における受動的スポーツ	
・専門的な見学者	オリンピック，マスターズゴルフ，ウィンブルドンテニス，ケンタッキーダービー，ミュージアム，殿堂博物館，スタジアムツアー
・カジュアルな見学者	ハーリング（アイルランド），タイボクシング（タイ王国），闘牛（スペイン）
休暇中ではない能動的スポーツ	トレーニングキャンプ，ビジネスや会議参加旅行中のレクリエーションスポーツ
休暇中ではない受動的スポーツ	香港でのビジネス中のドラゴンボートレース観戦

出典：Standeven and De Knop［1999：88］.

ーツ活動に基づく休暇の分類は，スポーツツーリズム市場の多様性を示している．休暇のスポーツ活動（1種目）は，ダウンヒルスキー，クロスカントリースキー，スノーボードなどの特定のスポーツを行おうとする観光者に対応している．目的地のより広い観光要素は，これらの場合の旅行決定プロセスにほとんど影響を与えない可能性がある．この市場は，スポーツ活動を実行する機会が幅広く，カジュアルで，訪問者の活動の唯一の目的ではない可能性がある複数のスポーツ活動に基づく休暇市場とは対照的である．

　この分類のその他の区分は，明確な市場特性に関連づけられている．能動的と受動的といった用語が，スポーツへの参加と非参加に関連して使用されているが，この境界線はますます曖昧になっている．これらは，競技にプロとして従事する人々のチームマネジメントやサポートスタッフなど，スポーツツーリズムへの活動的な関わりである他の形態と混同すべきではない．さらに，一部のスポーツでは，スタジアムや他のスポーツ会場において雰囲気を作り出す手段として，観戦者は競技者またはチームの支援に積極的に参加することが促されている（バナー競技やセッション間の観戦者競技など）．その他の事例では，観戦者は現代文化を表現することにそのような後押しは必要とせず，スポーツ観戦をファンの帰属意識に関する2次的な重要性に追いやってしまっているかもしれない．

　1993年から2000年にかけて発展および発表されたこれらの類型論は，スポーツ

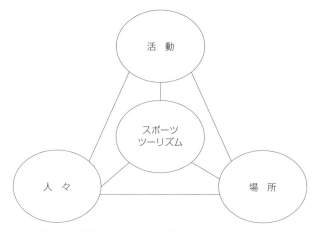

図3.1　活動，人々，および場所の相互作用としての
　　　　スポーツツーリズム
出典：Weed［2005］.

ツーリズム分野の学術的発展において重要な役割を果たしている．これらは，産業，政府，研究者に，スポーツツーリズム市場において代表されるさまざまな種類の観光者に関する重要な知見を提供している．また，スポーツツーリストの種類の範囲を明確に概念化することにより，マーケティング関連の専門家にスポーツツーリズムの明確な現れに対する見識を提供している．しかしながら，この学問分野の発展に重要な貢献を提供している一方で，これらの類型論は，複雑な現象を単純化しすぎている可能性があるといった批判がなされている［Weed, 2005］.類型論的アプローチは，説明を行う点では有益であるが，スポーツツーリズムの現象の理解を進めるためには不十分であると主張されている［Weed, 2005］.

　したがって，2005年以降スポーツツーリズムの学術分野では，記述的説明から批判的な理解へと移行している［Gibson, 2006; Higham & Hinch, 2009; Weed, 2005］.Weed［2005：619］は，スポーツまたは観光の優位性を確立する必要性に批判的であり，「多くのスポーツツーリズム経験におけるスポーツまたは観光要素の優位性を確立することはできておらず，実際に，多くの経験に対して区別可能なスポーツと観光要素が存在しない場合がある」と主張している．むしろ，スポーツと観光は異なる場所の特有な文化であり，その相違は類型化を困難にするスポーツツーリズム研究の複雑さに貢献するスポーツの文化――価値，信念，行動（遊びのスタイルやルールの解釈を含む），伝統――にまで及ぶのである［Hinch & Higham, 2004］.Weed［2005］は，その代わりに，すべてのスポーツツーリズムの現象は複雑で，活動（スポーツにおける多様な関与），人々（ホストとゲスト），場所（スポーツが発生する特有の場所）の特有な相互作用を表すことを指摘している（図3.1）.この

概念化は，活動，人々，場所の複雑な相互作用に関連したスポーツツーリズムに特有な現象の理解に向けて，この研究分野の発展に寄与している [Evans & Norcliffe, 2016 ; Morgan, 2007 など].

　スポーツツーリズム市場の体系的な扱いは，スポーツの休暇，マルチスポーツフェスティバル，世界選手権，スポーツの殿堂や博物館といった Redmond [1990] の 3 つのスポーツツーリズムの分類によって十分に機能している．Gibson [1998] の文献に基づくスポーツツーリズムの分析は，Redmond の分類を変化させている．彼女の分類には，アクティブ，イベント，ノスタルジアスポーツツーリズムが含まれている．ここで，筆者らはスポーツツーリズムの 4 つの分類を提案することにより，Redmond [1990] と Gibson [1998] のこれまでの貢献に基づき新たな枠組みを構築する．

(1) 観戦型イベント
(2) 参加型イベント
(3) レクリエーションスポーツへのアクティブな関与
(4) スポーツヘリテージとノスタルジア

この構想は，次の説明の枠組みとして用いられている．

▶観戦型イベント

　最も顕著な形態であるイベントスポーツツーリズムは，スポーツイベントを経験するための旅行であり，大部分のイベントにおいて，観戦者数が少数のエリート競技者を上回る [Hinch & Higham, 2004]．観戦型イベントにおいて最も広く研究されているのは，オリンピック，FIFA ワールドカップ，ラグビーワールドカップ，F1 グランプリなどに代表されるメガイベントである [Burgan & Mules, 1992 ; Fourie & Santana-Gallego, 2011 ; Jones, 2001 ; Ritchie, 1984 ; Weed, 2007]．しかしながら，スポーツ競技大会はスポーツイベントの主な魅力である場合とそうでない場合がある．ウィンブルドンローンテニスチャンピオンシップなどの有名なスポーツイベントでは，文化遺産と伝統的な価値のために，またアメリカズカップやスーパーボウルは，商業またはビジネス目的で，参加する場合がある [O'Reilly et al., 2008]．そのため，大規模な観戦型スポーツイベントでは，スポーツ競技が偶発的または 2 次的な要因によって観光者を惹きつける可能性がある．これは，市場区分へのアプローチが観戦型イベント市場にも適用可能であり，今後実証的な研究が必要であることを示唆している．

　観光開発への多くの道は，観戦者主導のエリート選手が集まるスポーツイベントに関連している可能性がある．Faulkner et al. [1998] は，スポーツおよび観光当局がこの可能性を獲得するための一連の条件を確立する必要があることを強調している．2000年のオリンピック研究において，彼らは次のように述べている．

　　……実際に，大会開催およびネガティブな影響の埋め合わせから得られる観光の機会には両面があり，前者が強調され，後者が最終的に高められる度合は，産業界および関連する公的機関が用いるレバレッジ戦略が効果的に組み込まれる程度に依存するのである．

　2000年のシドニーオリンピック大会の開催には，連邦および州レベルのスポーツと観光の実務担当者が積極的に貢献することが求められたレバレッジプログラムが含まれていた．結果として，目的地のプロモーション，プレゲームトレーニングと事前合宿の成功，大会とインセンティブ旅行の刺激，試合前後の旅行のプロモーション，および関心がそれることや反感の最小化に，効果的であった [Faulkner et al., 1998; O'Brien, 2006]．エリート選手が集まるスポーツイベントを活用するためには，試合を目的とした旅行を超える観光開発の機会を明確に理解する必要がある．実際に，さまざまな現代のオリンピックが，試合に起因する旅行を予測および／または観測するために研究されている [Kang & Perdue, 1994; O'Brien, 2006; Pyo et al., 1991]．オリンピックツーリズムの範囲と規模は容易に過大評価され，期待され過ぎている可能性があることに注意する必要がある [Weed, 2007]．Faulkner et al. [1998：10] は，「ホスト都市への通常の移動レベルが考慮されると，試合によって引き起こされた移動の実際の効果は大幅に減少する」と述べている．

　分析の空間単位に出入りする訪問者の複雑な流れを理解することは，重要である（イベント目的地の定義された規模によって異なるが）[Preuss, 2007; Weed, 2007]．転用効果（実際または知覚）は，目的地における収容能力の制約にメディアが注意を払うことにより促進される場合があり（交通渋滞，宿泊施設の需要過剰，不便，コストの増大，セキュリティ問題など），イベントが開催されると，目的地への負担がかかる可能性がある．Pyo et al. [1991] は夏季オリンピックへの参加を妨げる可能性のあるさまざまな要因を特定しており，それには，政治的ボイコット，価格の調整，密集と混雑，安全保障上の懸念が含まれている．チケット販売は，オリンピックなどのイベントに参加するスポーツツーリストの傾向にも影響する場合がある [Thamnopoulos & Gargialianos, 2002]．Chalip et al. [1998] は，オリンピックへの旅行に興味を持つ要因の分析を提示している．このような分析は，旅行の意思決定

プロセスについて，イベント自体の相対的な重要性，またはイベントを開催する目的地に関する有用な知見を提供している．これらの研究は，スポーツイベントを活用するための重要な情報をもたらしてくれる．

　スポーツツーリズム市場は，イベントごとに異なる．しかしながら，有益な一般化は可能である．例えば，Faulkner et al.［1998］は「スポーツ中毒者」といった用語を使用し，スポーツイベントに参加するために目的地を訪れるが，イベント前後の旅行を実施する傾向がほとんどない観光者の存在を指摘している．この用語は，スポーツイベント自体に焦点を当てたスポーツツーリズム市場を説明している．Chalip［2001］は，2000年のオリンピック開催までの間に，多くのオーストラリアの都市が特定の市場区分をターゲットにしたことを報告している．これらの取り組みは，多くの場合，特定のナショナルオリンピックチームとそのチームを追いかけて旅行するファンを対象としていた．

　同様に，2006年ドイツ FIFA ワールドカップは，ワールドカップに出場するナショナルチームと，大会中にそれらのチームをホストした地方自治体との結びつきを強めた．この戦略は，特定のサッカーチーム，開催都市，および「サッカーチーム」の近くにいたいサッカーファンに関係した空間的流動性の結びつきを可能にした．移動中のファンの行動が，大会前と大会中の「彼らの」チームの場所（トレーニング拠点など）によって影響を受ける可能性があるといったエビデンスが提供されている．「Barmy Army」はその先進的な例であり，「世界中を旅しながら多くの時間とお金を費やす，イングランドのクリケットファンのグループ」である［Weed & Bull, 2012：127］．彼らの旅行の決定は，チームのツアー日程と密接に関係している．

　「スポーツ中毒者」とは対照的に，スポーツ観戦者は，スポーツに対しよりカジュアルな関係を築くことができる．これらの場合，「一般的な関心と試合観戦は，勝敗，スタジアムの状態，スター選手の出現，および天気の変化に応じて変わる可能性がある」［Stewart, 2001：17］．スポーツにおけるカジュアルな消費者は，スポーツツーリズム需要の要素へのアクセスに関連する特有な課題をスポーツ市場に提供している．これらの研究から，旅行動機とスポーツツーリストの大会前後の幅広い旅行日程を研究し，理解することの重要性が明らかとなっている．スポーツツーリズムイベントを活用するためには，目的地でのスポーツと観光商品，スポーツ施設とサービスの需要と供給，および大会前・大会中・大会後の観光経験を考慮する必要がある［Faulkner et al., 1998］．これまで，エリート選手の観光経験についてはあまり知られていない．彼らのスポーツパフォーマンスを観戦するために目的地へ旅行する人たちとは異なる理由ではあるが，エリート選手を，目的地に訪れる観光者と捉えるのは，興味深い視点である．現在，一部の目的地は，

エリート選手やスポーツチームを積極的に惹きつけ，そのニーズに応えようとしている［Chalip, 2004；Francis & Murphy, 2005］．

▶参加型イベント

　イベントツーリズム分野における多くの研究は，大規模な観戦型イベントに焦点が当てられている［Weed, 2007］．ただし，これはイベントスポーツツーリズムの部分的な描写にすぎない［Bull & Weed, 1999；Gratton et al., 2005］．イベントスポーツツーリズムには，競技者数の方が多い可能性のある，エリートではない競技者，アマチュア，およびレクリエーションスポーツの競技イベントが含まれており，観戦者の数は無視できるか，もしくは観戦者が存在しない場合が多い（図3.2）．エリート競技者が参加しないイベントが観戦者として多くの家族や友人を惹きつける場合，この一般的な規則の例外が存在することになる［Carmichael & Murphy, 1996］．場合によっては，エリートまたはノンエリート競技者が1つのイベントに集まり，幅広い集客を生み出す．ロンドン，ニューヨーク，ボストンなどのマラソンは，そのようなイベントの成功事例である．イベントスポーツツーリズムへの参加と観戦の関係は，学術的な注目に値する．イベントスポーツツーリズムのこれらの異なる形式は，市場，販売促進の可能性，インフラ要件，観光者の行動，旅行パターン，および関連する観光経験が，それぞれ対照的であるため，個別の分析を正当化している．

　Bale［1989：114］は，「非常に小さなスポーツイベントでさえ，その地域のコミュニティに多くの収入をもたらす可能性がある」と述べている．第1章において概説した傾向は，近年，参加型スポーツにおいてこのように成長を経験した理由を説明するのに役立っており，観光地の新たな機会を活用することに役立つ［Derom & Ramshaw, 2016］．収容能力の制約が原因で大規模なスポーツイベントを開催できない目的地は，サブエリートまたはノンエリートを対象とした参加型スポーツイベントを誘引するために競争する場合がある［Gratton et al., 2005；Higham, 1999］．例えば，Nogawa et al.［1996］は，日本スポーツマスターズについて報告している．この調査において，参加者は幅広いイベントに参加する傾向にあり，特にイベントの開催中と開催後に，観光地や温泉地を訪れる傾向があることを明らかにしている．この研究は，競争的な要素が少ないスポーツイベントに参加する人々が，目的地において観光活動を行う機会を活用する可能性が高いことを示唆している．これまで，イベントスポーツツーリズム市場における競技志向の低い要素を形成する参加者の旅行の好みについては，ほとんど明らかにされていない．この隙間市場は，競争力のあるイベント参加者とは異なる旅行の動機によっ

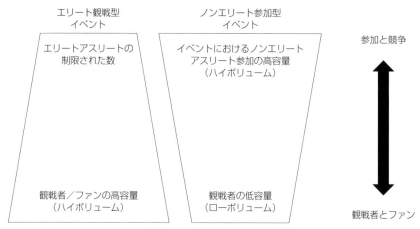

図3.2　エリートとノンエリートスポーツイベントにおける観戦者と参加者の関与の概念化

て特徴づけられている.

　エリートとノンエリートのイベントスポーツツーリズムの区別は重要である（図3.2）. Carmichael and Murphy［1996］は, イベントスポーツツーリストはスポーツ選手, 役員, コーチを含む参加者と観戦者に基づき, 差別化することを提案している. 彼らの研究は, 訪問者の居住地, 滞在期間, 支出傾向, 参加者に同伴する友人や親族の数, またはイベントを開催する町への再訪についての知見を提供している. これは, エリートスポーツイベントに参加する人々と, ノンエリートスポーツイベントに参加するために旅行する人々を区別するための, 観光者の動機づけを示している（第8章）.

　この点に対応し, "グローバルステージでの輝き"を追求する中堅都市または地方都市が追求している「第2層」（サブエリート）スポーツイベントにいくらかの注意が払われている［Whitson, 2004：1221］. Gratton et al.［2005］は第2層スポーツイベントに関連する観光の文脈が著しく対照的であることを強調している. これは, 観光の過剰な販売とそのようなイベントを開催することに対する経済的利益を防ぐための警告である. Black［2008：467］は,「第2層」スポーツイベントに関して,「彼らの利益は長期的に過大評価され, 機会費用（ある選択を行ったことにより, 得ることができなかった経済的価値）は最小化または見落とされ続けている」と述べている. 同様に, Whitson and MacIntosh［1996：288］は, 確立された観光の貿易が存在しない場合,「……そのようなイベントだけで実質的な観光経済を構築できると考えるのは, 夢物語である. イメージ効果がとても小さく, 競争が大きすぎる」と説明している. Higham［1999］は, 小規模なイベントが大規模なイベントと同様のポジティブな効果を生成する可能性を指摘しているが（地理

的分析の範囲内において), これらは, 小規模なコミュニティのインフラまたは「観光経済」の制限内において現実的に考慮されることが重要である.

これらの点はさておき, 本書の参加型スポーツイベントの個別の扱いにおいて重要な点の1つは, 近年競争の激しいサブエリートスポーツイベントへの参加が驚異的な成長を遂げている点である. これは, 2010年の本書前版の発行以来, スポーツツーリズムの進化の特徴となっている. こうした参加者の多くは, 彼らが目標とするイベントのために本格的なトレーニングスケジュールに取り組んでいるが, 結果志向ではなく自己参照志向が彼らの目標となっている [Falcous, 2017]. このようなイベントには, マウンテンバイク, トライアスロン, アイアンマンなどのスポーツが含まれており, 他の競技者に対してではなく, 自分自身に対してのパフォーマンスをトレーニング, 競技, 測定する, 多くの参加者が関与している.

▶ レクリエーションスポーツへのアクティブな関与

アクティブスポーツツーリズム市場は, 旅行中に競技的または非競技的スポーツへの身体的関与を追求する個人で構成されている. これらの関与は, 「緩やかに構造化された, 競争力のない, 社会的結合」であるといった表現で「反スポーツ化」と定義される場合がある [Falcous, 2017：1]. 多数の論文において, アクティブスポーツツーリズム市場が検証されている [Funk & Bruun, 2007; Getz & McConnell, 2011; Gillett & Kelly, 2006; Green & Chalip, 1998; Shipway & Jones, 2007; Yusof & Douvis, 2001]. しかしながら, Gibson [1998：53] は, アクティブスポーツツーリズム市場の調査において, 「記述的で, 典型的に理論的ではない」ことを指摘している. 1992年に, Yiannakis and Gibson は, 「スポーツ愛好者」といった用語を紹介し, ビジネスやレジャーにおいて旅行する間も, 身体的でアクティブであり続けたい個人によって代表される旅行市場を説明している. これには, スポーツ活動の休暇 (スキーやスノーボードなど) を追求する確立された旅行者の市場, または休暇中に楽しむためにスポーツ活動を行う人々の市場が含まれている [Standeven & De Knop, 1999]. 重要なことは, 特定の目的地に旅行し情熱的・能動的にスポーツに取り組む意欲を持つ人々に関連する観光現象の成長である. これらのアクティブな参加者は, 特定のスキルや能力を習得したり, 競争を求めたりするために, スポーツを行う場合があり, これらの訪問者は, 個人的または集団的アイデンティティの感覚を発達させるために, またはスポーツサブカルチャー内の自分の地位を高めるために, 特徴的で有名なスポーツの場所を直接経験することが増えている [Green & Chalip, 1998; Higham & Hinch, 2009]. アクティブスポーツツ

ーリズムの形態は，訪問者がエリートスポーツを行う（参加の）機会を提供している．

　アクティブスポーツツーリズム市場は，通常，身体的に活発で，大学教育を受け，比較的裕福な，18〜44歳の人々が行う，と報告されている [Delpy, 1998]．しかしながら，スポーツへのアクティブな参加者は，大きな分類において，あらゆる方法で多様性の拡大を一般化させることができる．幅広いアクティブスポーツツーリズム市場の多様性を認識し，把握できなければ，この分野は不利益となる [Green & Chalip, 1998; Lamont et al., 2014; Shipway & Jones, 2007]．実際に，スポーツ [Ross, 2007; Stewart et al., 2003; Taks & Scheerder, 2006] と観光 [Bieger & Laesser, 2002; Dolnicar, 2002] の両方を実施する人々は，市場区分に対するさまざまなアプローチの対象となる．同様に，セグメンテーションへのさまざまなアプローチが，アクティブスポーツツーリズム市場に適用されている [Gibson et al., 1998など]．

地理学的市場セグメンテーション

　訪問者の居住地や市場の場所に基づくアクティブスポーツツーリズム市場の地理的区分は，スポーツツーリズムの実践に対する一般的なアプローチである．スポーツの地理学は，居住地と特定の，構築されたまたは自然のスポーツ資源（季節など）との結びつき，そして，特定の場所において特定のスポーツを行う機会を確立している [Bale, 1989; Rooney & Pillbury, 1992]．自然（サーフィンビーチなど），建造物（スポーツスタジアムなど），または2つの組み合わせ（スキーリゾートなど）といったスポーツ資源への近さによって，競争相手，参加者，および／または観戦者として特定のスポーツを消費する傾向となる．また，スポーツと観光における容赦ないグローバル化の影響を受けているが [Higham & Hinch, 2009]，居住地はその場所のスポーツ文化に個人やコミュニティを触れさせ，さまざまな空間規模で存在し続けている（Focus Point 3.1を参照）．地域に特有なスポーツ文化の保護と演出は，スポーツのユニークさとスポーツツーリズムの持続可能性にとって重要であると主張されている [Hinch & Higham, 2005]．

　当然のことながら，スポーツ参加の国籍とパターンの間のつながりは十分に確立されている [Breuer et al., 2011; Wicker et al., 2013]．アクティブスポーツツーリズムへの参加パターンは，参加率，特定のスポーツへの関与，性別と参加の観点から，全国レベルで一般化することができる [Coakley, 2017]．例えばカナダでは，スポーツへの参加は比較的少数のスポーツに集中しており，ゴルフ，アイスホッケー，水泳，サッカー，バスケットボール，野球，スキーなどがある．また，これらのスポーツ参加率に著しい男性偏向といった性別の不均衡が見られる [Ifedi, 2008]．これらの研究は，スポーツと観光の仕事に従事する実務家に，スポーツ

への参加と旅行の好みのパターンが交錯または変化することに関連する豊富な情報を提供している．

社会経済学的市場セグメンテーション

　社会経済市場のセグメンテーションは，職業や収入などの変数に基づいている [Swarbrooke & Horner, 1999]．ストリートバスケットボールや野球のような安価でチームを基本としたコンタクトスポーツへの参加は，北米およびキューバの社会経済的な都市部の若者の象徴である [Thomson, 2000]．バスケットボール，ボクシング，総合格闘技（MMA）などの，制約が少なくまた低コストで行うことができる個人スポーツでも同様に，一部のアスリートが不利，虐待，貧困のサイクルを打破する道を切り開いている [Coakley, 2017]．対照的に，高価で，個人的で，接触を伴わないスポーツは，長い間，上流階級に支持されてきた [Yiannakis, 1975]．Booth and Loy [1999：10] は，「ゴルフ，テニス，セーリング，ショージャンプ，スキーなどのスポーツは，上流階級の特有な美的，倫理的側面，時間的／空間的方向，物質的および象徴的なステータスを反映している……」と主張している．これらのスポーツ消費者は，「……白昼，平日，または季節外れ（逆の半球に旅行することで）にスポーツを自由に行え，修道院，カントリークラブ，ロッジ，プライベートな動物保護区という，富裕層向けの人里離れた場所で遊ぶための資源を持っている」[Booth & Loy, 1999：11]．スポーツは，観光者の休暇の意思決定において距離が同じ効果をもたらすのとまったく同じ方法で，社会階級の区別を再現または定着させるために使用されている [Casey, 2010]．

　スポーツと社会経済的地位のつながりは，社会的および経済的なグローバル化の力にも左右されるが [Higham & Hinch, 2009；Maguire, 2000]，参加と観戦の両方の観点を避けることはできない．Laidlaw [2010：49] によると，イギリスのクロケット，ポロ，テニス，ラグビーユニオンといった多くのスポーツは，長い間階級ごとに区別されてきた．イギリスにおける公立学校の排他的な保護地域では，上流階級の人々の暮らしは想像できなかった．Laidlaw が指摘する大衆は，スポーツのシンプルさと手軽さに惹きつけられており，それがイギリスと世界におけるサッカー人気につながった．ラグビーユニオンは，観戦者の観点から見ると，世界中の国や大陸のフットボールクラブに関連する大勢の地元ファンとは対照的な部外者の領域である．民主化はここ数十年にわたり支配的な傾向であったが [Coakley, 2017；Standeven & De Knop, 1999]，これらのスポーツは，社会経済的地位を定着，再確認させることになった [Booth & Loy, 1999]．

人口統計学的市場セグメンテーション

　Swarbrooke and Horner [1999：95] は，「人口統計学的要因によって，人口の細分化に基づく区分は，観光において特に人気があること」を証明している．例えば，北米のスポーツツーリズム市場の人口統計学的プロファイリングは，スポーツへのアクティブな参加が基礎年齢によって異なることを示している [Ifedi, 2008；Loverseed, 2001]．アメリカで最も人気のある参加型スポーツには，レクリエーションスイミング（94%），レクリエーションウォーキング（83%），ボウリング（74%）がある．フィットネスウォーキング，トレッドミルエクササイズ，ストレッチなどのアクティビティ，ゴルフや釣りなどのスポーツは，高齢者市場（55歳以上）に人気があるが，一方，バスケットボール，サッカー，野球は，若者市場（6～17歳）に好まれている．ゴルフへの参加は，収入，高齢者，子育てを終えた夫婦などの人口統計学的変数の影響を受ける [Tassiopoulos & Haydam, 2008]．カナダでは，アイスホッケー，バレーボール，サッカーなどのスポーツ参加は，裕福な若い男性に人気があり，主に学生によって行われている [Ifedi, 2008]．Hudson et al. [2010] は，ダウンヒルスキーに参加する阻害要因の認識が，カナダの文化的または民族的背景（中国系カナダ人と白人系カナダ人の比較研究）に基づき異なることを示している．

　Gibson et al. [1998] は寿命の観点から，アクティブスポーツツーリズム市場のより詳細な人口統計分析の1つを提供している．彼女らは，成人期初期（17～39歳），成人期中期（40～59歳），成人期後期（60～91歳）におけるライフステージごとのアクティブスポーツツーリズム市場をプロファイルしている．アクティブスポーツツーリズムは，特に成人期初期に追求されることが証明されたが，「男性と女性の両方の多くが，成人および中期後半にスポーツ志向の休暇を選択する」と説明している [Gibson et al., 1998：52]．彼女らは，Harahousou [1999] やTokarski [1993] のように，成人期後半の人々の身体活動を増加傾向として特定している．アクティブスポーツツーリズム市場は，女性のスポーツ参加に関する社会的慣習の変化にも影響されている．Gibson et al. [1998：54] は「ジェンダーとスポーツの主題は，ジェンダータイプの社会的期待が女性のスポーツまたは身体活動への参加にどのように影響するかを示す例に溢れている」と述べている．この状況は，多くの活動での性別に対する社会的イデオロギーの変化，特にコンタクトスポーツにおける歴史的な男性の参加支配から生じている [Carle & Nauright, 1999；Wiley et al., 2000；Wright & Clarke, 1999]．また，女性のラグビーユニオンとサッカーは主要な成長市場になっており，性別に基づく差別化されたスポーツ参加経験の研究を促進している [Green & Chalip, 1998]．

心理学的市場セグメンテーション

　心理学的研究は，「人々のライフスタイル，態度，意見，性格が消費者としての行動を決定する」といった前提に基づいている [Swarbrooke & Horner, 1999：96]．例えば，すべてのスポーツ参加者の心理学的プロファイルは，スポーツへのアクティブな関与を通じて技術的な挑戦や競争を追求する人々とは異なる．例えば，スポーツ・フォー・オールの定義基準には，参加資格，優勝賞品，および参加者間の競争がないことが含まれている [Nogawa et al., 1996]．代わりにスポーツ・フォー・オールは，過度な競争を強調せず，スポーツへの参加と健康に関連するフィットネスの喜びを提供している．イベントのコンセプトは，すべての参加者が勝者である，というものである [Nogawa et al., 1996：47]．アクティブスポーツツーリズム市場は，すべてのスポーツ・フォー・オール参加者と，より競争的な参加者との違いに基づき，効果的に分類される．

　一部のスポーツへのアクティブな参加は，アイデンティティの表現である独特のサブカルチャーとも関連している可能性がある [Green & Chalip, 1998]．Wheaton [2000, 2004] は，ウィンドサーフィンに関するエスノグラフィー研究において，そのようなサブカルチャーの１つを調査している．彼女は，ウィンドサーフィン，スノーボード，マウンテンバイクなどの新しい個人的なレジャースポーツの出現は，「断続的なレクリエーション以上のものであり，参加者は多層のレジャーサブカルチャーに関与している」と述べている [Wheaton, 2000：256]．サブカルチャーは，キャリア，勤務時間，居住地，観光地の好みなど，人生の選択を含みながら，さまざまな方法で表現されている [Wheaton, 2013]．スノーボードの場合にも，同様の結論が導き出されている [Heino, 2000]．両方の研究では，個々のスポーツに関連する価値が，参加者の態度や性格を形づくるのに役立つ可能性があることを示唆している（第6章）．ビーチバレーボール，ストリートバスケットボール，マウンテンバイク，スケートボードなど，組織化および規制されていないスポーツは，「興奮，自発性，反抗，不適合，社交性，創造性などの価値を重視し，これらは若者文化の文脈において重要である」[Thomson, 2000：34]．

　スポーツツーリストの心理学的プロファイルも，文化によって形成されている．異文化間研究では，感情を経験する規範は文化によって異なっており，行動，ウェルビーイング，幸福に影響することが示されている [Eid & Diener, 2001]．このアプローチは，高覚醒の快感情の状態（能動的関与，興奮，アドレナリンなど）と低覚醒の快感情の状態（受動的関与，冷静，安らぎなど）に対する傾向の観点から，ヨーロッパ，アメリカ，東アジアの文化間の一般的な違いを分析するために効果的に使用されている [Tsai, 2007]（Case Study 3.1を参照）．もちろん，文化間にはばらつきがあり，スポーツへの関与は時間とともに進化する可能性がある．ニュージー

ランドへの日本人訪問者は，通常，自然観賞以外に，熱気球，ゴルフなどの比較的受動的な活動に結びついている．この市場は時間の経過とともに進化し，日本人訪問者は，スカイダイビング，急流ラフティング，ジェットボート，洞窟探検などの活動を行うようになっている [Pavolovich, 2003]．これらのダイナミックな傾向は，観光地の進化に貢献している [Higham, 2005]．

　同様に，キャリアステージはサブカルチャーにおけるアイデンティティの発展に関連しながら時間とともに変化していき，特定のイベントや場所への旅行がキャリア段階の一部として含まれる可能性がある [Getz & McConnell, 2014]．そのような研究は，「スポーツイベントを促進する際に，イベント消費者のアイデンティティをスポーツのサブカルチャーで活用することの有用性を強調している」[Green & Chalip, 1998：288]．実際に，Green and Chalip [1998] は，目的地でのスポーツへのアクティブな参加では，参加の競争的要素よりも彼らのアイデンティティの共有と確認を優先していることを明らかにしている．

行動学的市場セグメンテーション

　このセグメンテーションの方法は，商品との行動的関連に基づき消費者を分類しており [Swarbrooke & Horner, 1999]，訪問者の経験に関わっている（第 8 章）．例えば，Millington et al. [2001] は，ソフト（サイクリング，カヌー，乗馬など）とハード（ラフティング，カヤック，登山，洞窟探検など）に基づき市場を分類しながら，アドベンチャーツーリズムの参加者数の成長をプロファイルしている．これらのアドベンチャースポーツは，参加者の行動に基づいてさらに区分される．ダウンヒルマウンテンバイクレースと急流カヤックは，参加者の動機と行動に基づき分類されており，人口学的にプロファイリングされるスポーツの極端な例である [Millington et al., 2001]．動機づけと行動の結びつきは，スポーツとレクリエーションの文献 [Jackson, 1989] で十分に確立されており，スポーツツーリズムと強い関連性を持つ．目的地のマーケティング担当者にとって，スポーツツーリズム市場の区分の動機づけと行動のプロファイルを理解することは重要であり，彼らは，特定の観光市場の区分に関連づけられた，望まれる訪問経験と 2 次的活動を見極めている [Nogawa et al., 1996]．

　スキーは，観光市場内に存在するさまざまな動機と行動の実例を示している [Klenosky et al., 1993]．例えば，Richards [1996] はイギリスのスキーヤーが技術的な挑戦とスキー能力の向上によって動機づけられている程度を分析している．この調査により，挑戦的なスキー経験に動機づけられた市場区分が特定されている．スキーの状態とさまざまな地形の質は，この市場区分が求める経験の基本であった [Richards, 1996]．対照的に，経験の浅いスキーヤーの意思決定プロセスは，価

格と宿泊施設の影響を受けていた．スキューバダイビング［Tabata, 1992］とスポーツフィッシング［Roehl et al., 1993］の参加者は，スポーツ経験が増えるにつれて，訪問者の他の側面よりもスポーツ経験の質を優先している．これらの研究は，スポーツツーリズム市場の分析を行う際の動機と行動プロファイルの重要性を示している［Davies & Williment, 2008］．

▶ヘリテージスポーツツーリズム

　筆者らの4つの分類では，ヘリテージスポーツツーリズムが最も未開拓の研究領域であるが，これまでに出版されたいくつかの文献において重要な知見が導き出されている［Gammon & Ramshaw, 2013］．ヘリテージスポーツツーリズムには，スポーツ博物館，スポーツの殿堂，テーマ性を持ったバー，レストラン，文化遺産型イベント，スポーツへの再会に対する，観光者の訪問が含まれている（第10章参照）．ヘリテージ（文化遺産）は，スポーツツーリズムの急速に発展している側面である．Gammon［2002］は，観光における過去の商業化について議論し，これをスポーツツーリズムに関連づけている．彼は，北米の成熟したスポーツノスタルジア産業に関連づけられたヘリテージスポーツツーリズムの成長を報告している［Gibson, 2002; Redmond, 1990］．ヘリテージスポーツツーリズムの資源基盤は，特にスポーツの殿堂とスポーツ博物館に焦点が当てられている．前者は，有名な，才能のある，または並外れたものを崇拝しているが，後者は，スポーツ内の優秀な個人やチームだけではなく，スポーツを称賛する芸術品や記念品のコレクションも含んでいる［Gammon, 2002］．スポーツヘリテージの需要の成長は，スタジアムツアーや，その他さまざまな形態の文化遺産にまで及んでいる［Gammon & Fear, 2005; Ramshaw & Gammon, 2010］．ただし，この観光需要の成長は，現在のところ，公刊されたこのトピックに関する多くの研究には反映されてない．

　ノスタルジア（郷愁）は，スポーツツーリズムの方法であり，ヘリテージツーリズムと強い類似性がある［Redmond, 1990］．Bale［1989］は，スポーツの建造物は，それ自体が訪問者の注目の対象となるような神秘性を発展させる可能性があると指摘している．文化遺産としての大きな価値を持つスポーツ競技場の例には，ウェンブリースタジアムやウィンブルドンローンテニスクラブ（ロンドン），アテネ（1896），ベルリン（1936），オリンピックスタジアム，ホルメンコーレンスキージャンプ（オスロ）が含まれている［Bale, 1989］．スポーツヘリテージに関連する多くの疑問は未回答のままである．なぜ人々がこのような観光を行うのか，またノスタルジアが他のヘリテージツーリズムや目的地でのスポーツツーリズムにどのように関係するのか，を理解する必要がある．

　この分野での研究の焦点は変化し始めているが [Lamont & McKay, 2012; Morgan, 2007; Ramshaw & Gammon, 2010], これまでは，人々が，この形態のスポーツツーリズムにどのように，そしてなぜ関与するのかではなく，スポーツヘリテージの資源 [Redmond, 1990] について調査されてきた [Gammon, 2002]. しかし，スポーツヘリテージが活動およびイベントスポーツツーリズム経験の需要にいかに関係するかについては，あまり理解されていない. このヘリテージスポーツツーリズムは，観戦型イベント，参加型イベント，またはレクリエーションスポーツへのアクティブな関与といったカテゴリーと，明確な境界線があることが明らかになっている. 国際的なスポーツチームのツアーマッチをたどる旅行パッケージは，往年のスタープレイヤーが率いることが多く，観戦型イベントとスポーツヘリテージの重複を示している. 同様に，クルーズ旅行では乗客にスポーツを行う機会やスポーツの専門家による指導の機会を提供しており，それはアクティブな関与とノスタルジアの両方の要素を含んでいる [Gibson, 1998]. サイクリングイベントに関する最近の研究では，イベント参加，アクティブな参加や体現，ノスタルジアの要素の，複雑な相互作用に焦点を当てている [Derom & Ramshaw, 2016; Lamont & McKay, 2012] (Focus Point 3.2を参照). 実際に，過去10年間で明らかになっている傾向は，競争の要素（エリートとノンエリート），アクティブな参加，観戦者とヘリテージを取り入れた，隙間市場の可能な限り広い範囲を包含するスポーツイベントの開発である. Focus Point 3.2は，スポーツのさまざまな参与形態の不明瞭さを指摘し，現代のスポーツツーリズムの多様な形態における多面的な経験を報告している.

▶おわりに

　本章では，スポーツツーリズムはそれ自体が専門市場として概念化され，隙間市場の多様性によって特徴づけられることを確認している [Bull & Weed, 1999; Chalip, 2001; Higham & Hinch, 2009]. これらの隙間市場は，地理学的，社会経済学的，人口統計学的，心理学的，および行動学区分によって差別化することができ，それらは文化的根拠によって異なっている. スポーツツーリズム市場の関連性において重要な点は，スポーツツーリズム市場を集合的に構成する区分の多様性にある. これらの観光者が観光地にもたらす旅行プロファイル（滞在期間，交通手段，宿泊施設の好みなど）と 2 次的な観光動機（観光地や活動など）は，観光市場調査の対象である. さまざまな隙間市場に関連するスポーツと観光に取り組む学術研究は，スポーツツーリズム現象の理解と，目的地でのスポーツツーリズムの効果的かつ持続可能な発展にとって，非常に重要である [Hinch et al., 2016].

　スポーツツーリズム市場の研究は，学術研究に対して豊富でタイムリーな手段を提供している．個々のスポーツツーリズム市場の旅行動機と嗜好性，そしてそれらが提供する観光開発の機会は，学術文献の発展の主題となっている．Glyptis [1991：181] は，スポーツツーリズムの発展には「スポーツ当局と観光当局が互いに話し合い，真の協力関係を築く」必要があることを最初に提言した人物の1人である．観戦型および参加型イベントにまたがるスポーツツーリズム市場に関する詳細な知見は，レクリエーションスポーツやスポーツヘリテージへのアクティブな関与を通じて，パートナーシップの確立を促進するのに役立つはずである．

chapter 4

発展プロセスと課題

> 継続的プロセスおよび商品とサービスの再設計に関わるマネジメントは，スポーツと観光が貴重な経験を取り交わすことのできる分野である．[de Villiers, 2001：12]

▶はじめに

　変化は，現代社会における数少ない普遍的なものの１つである．発展の性質とプロセスを理解することにより，傾向を特定し，潜在的に影響を与えることができる．本章では，スポーツツーリズムに関連した発展の概念について説明する．スポーツツーリズムの発展が持続可能性のパラダイムに対応するためには，発展プロセスへの計画的かつ情報に基づいた介入が必要であると主張されている．本章の後半では，商品化／真正性，グローバル化，組織の断片化など，スポーツツーリズムの発展が直面する３つの重要な問題に焦点を当てる．これらの問題を理解しなければ，スポーツツーリズムの発展の可能性が損なわれることが考えられる．Bredon Knott の南アフリカにおけるスポーツツーリズム開発にかかわる Case Study は，スポーツツーリズムが発展の手段となりえる多くの機会と挑戦を示している（Case Study 4.1）．

▶発展のコンセプト

　発展は，異なる背景において異なる意味を持つ捉えどころのない用語である．幅広い分野と職業に関わる人々は，発展を，おそらく他者よりも自分自身にとって理にかなった方法で適切に解釈している．一般的な用法の文脈においてさえ，用語には根本的に異なる意味が存在する．一般的な解釈では，哲学，プロセス，計画，商品としての発展という意味が含まれる [Sharpley, 2014]．哲学の文脈において，発展は望ましい将来の状態を暗示している．プロセスとして，それは社会がある状態から別の状態に移行する方法を指す．この特定の条件または状態は，発展における商品の立場を反映するが，望ましい状態に到達するための活動の明確化は，計画としての発展の現れである．これらの２つの視点は注目に値するが，

本章の発展と最も関連する視点は，商品としての発展とプロセスとしての発展である．前者の場合，発展は状態として扱われる．このアプローチは，「発展レベル」を参照する際に使用される．これらのレベルは，従来から収入や雇用などの経済的手段の観点から評価されているが，社会的条件などの非経済的手段も含まれている．

　計画立案者と政策立案者は，ポジティブな影響とその意義に関わる変化を求める．目的地へのスポーツ関連の訪問者数，これらの訪問者が費やす金額，およびスポーツツーリズムの場所の物理的な発展など，さまざまな形態の成長が重要な目的である．それにもかかわらず，複数の利害関係者の利益を取り入れた長期的視点をとる場合，成長と発展を単純に同一視することは間違いである［Atkisson, 2000］．発展は成長という点での変化だけでなく，全体としてポジティブな影響を与える変化である．したがって，あらゆる利害関係者としばしば競合し，時には矛盾する目標を考慮しながら評価されるべきである．

　計画されたプロセスとしての発展は，時間の経過とともにプラスの変化を目指すべきであるという合意があるが，そのような変化を測定するために何を用いるべきかに関してはあまり合意が得られていない．通常，経済測定が指標として使用されている．これは先進国全体で機能している支配的な政治経済システムと一致しており，経済成長を揺るがない政策目標として重視している［Hall, 2008］．この確固たる見方があるにもかかわらず，発展の定義は「時間の経過とともに拡大する傾向があり，発展は状態の改善と発展の実現を伴う社会的および経済的プロセスであると，次第に見なされるようになった」［Wall, 1997 : 34］．例えば，国際連合機関は貧困削減を主要な開発目標として認識している［Hawkins & Mann, 2007; Rogerson, 2014］．これまで人々に理解されてきた発展（開発）方法に関する知識は，その焦点が狭い範囲から広い範囲へと，時間とともに変化してきたことは明らかであり，Sharpley［2014］は発展方法に関する知識を以下のように位置づけている．

(1) 経済：富の創造と公平な分配
(2) 社会：健康，教育，雇用，住居の進歩
(3) 政治：人権と政治的自由
(4) 文化：アイデンティティの保護と自尊心
(5) 人生全体におけるパラダイム：意味体系，記号，信念の強化
(6) エコロジー：環境の持続可能性

本書の目的のために，私たちは Sharpley［2014 : 22］による「……選択の自由の

原則と変化を支える環境許容力の制限によって導かれる，経済的，社会的，政治的，そして文化的な次元での人間の生活環境における継続的かつポジティブな変化」といった発展の定義を採用する．

▶持続可能なスポーツツーリズムの発展

　持続可能な発展は議論が盛んな概念である．持続可能な発展の原則を支持していないと主張する人々はほとんどいないが，この概念の意味は普遍的には共有されていない [Hopwood et al., 2005; Pesqueux, 2009]．ビジネス支持者は「発展」を強調する傾向があり，環境保護主義者は「持続可能性」に焦点を当てる傾向にある．その結果，持続可能な発展といった用語は矛盾しているように見える場合がある．しかしながら，その利点を議論するさまざまな利害関係者や研究者の説得力ある話の背後には，万人受けする概念がある．

　環境と発展に関する世界委員会（WCED）[1987：4] の持続可能な発展（開発）の定義は，「……未来世代のニーズを満たす能力を損なわないよう，現在のニーズを満たすこと」である．他にも多くの定義があるが，初期の定義のほとんどが自然の生態系の持続可能性に焦点を当てる傾向にあった．しかしながら，WCED の定義は文化を含む他の資源の持続可能性を含めるにあたって十分検討されており，また，Mowforth and Munt [2015] の研究において，観光ホストが文化的アイデンティティを維持できるか，といった観点から説明がなされている．スポーツツーリズムの場合，定義のこの側面は，文化の表現としてのスポーツ（第6章）とスポーツツーリズムが行われる物理的環境に対する影響（第7章）を含んでいる．

　持続可能な観光と持続可能な発展には違いがある [Liu, 2003; Saarinen, 2006; Zhu, 2009]．持続可能な観光とは，「……無期限にその地域で実行の可能性を維持できる形の観光」である [Butler, 1993：29]．対照的に，持続可能な発展の文脈における観光とは，無期限に実行可能であり，他の活動とプロセスの健全性や成功的発展を妨げてしまうまで環境（人間的および自然的）を劣化または変化させないような方法・規模で，地域（コミュニティ，環境）において発展・維持される観光である [Butler, 1993]．*Journal of Sustainable Tourism* の最初の25年間をまとめた略説において，Bramwell et al. [2017：1] は，持続可能な観光の概念が「持続的発展に向けて広く統合された道筋において社会システムと行動の変化を求める規範的な志向」として発展してきたと報告している．この進化の過程において，環境の側面に加えて，社会的，文化的，経済的，政治的な側面を受け入れるようになった．この広範囲な発展の背景を説明することは困難であるが，必要である．持続可能なスポーツツーリズムの達成には，バランスが重要であり，時にはこれら

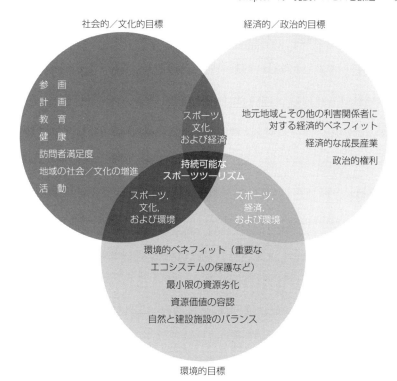

社会的／文化的目標　　　　　　　経済的／政治的目標

参　画
計　画
教　育
健　康
訪問者満足度
地域の社会／文化の増進
活　動

スポーツ，
文化，
および経済

地元地域とその他の利害関係者に
対する経済的ベネフィット

経済的な成長産業

政治的権利

持続可能な
スポーツツーリズム

スポーツ，
文化，
および環境

スポーツ，
経済，
および環境

環境的ベネフィット（重要な
エコシステムの保護など）
最小限の資源劣化
資源価値の容認
自然と建設施設のバランス

環境的目標

図 4.1　持続可能なスポーツツーリズム

出典：Hall［2007］.

の持続可能性のさまざまな領域における目標間のトレードオフも必要である．

　持続可能なスポーツツーリズムの枠組みについては図 4.1 を参照されたい．持続可能な発展の文脈におけるスポーツツーリズムのより広い概念は，中心に隣接する分野において具現化される．健全なスポーツツーリズムの経済的／政治的領域は，理想的にコミュニティの社会的／文化的側面を支援し，強化すべきである．また，多くの種類のスポーツツーリズム活動において際立っている自然環境の文脈においても同様の役割を果たす必要がある．さらに，スポーツツーリズムの社会／文化的実践は，自然環境に関連した積極的な力として役立つはずである．しかしながら，スポーツと観光の相互作用は必ずしもポジティブであることを保証するものではない．ポジティブな結果を達成するために，スポーツツーリズムのマネジメントと計画に関心を持つ人々は，単に中心にいるのではなく，これらの領域全体での決定の影響を意識しなければならない．この認識には，発展に対する建設的な統合的アプローチが必要である．

　スポーツと観光産業は，持続可能性の目標を達成するための道徳的義務と既得

表 4.1　国連の持続可能な開発目標（2015-2030）

1	貧困をなくそう	あらゆる場所のあらゆる形態の貧困を終わらせる
2	飢餓をゼロに	飢餓を終わらせ，食料安全保障及び栄養改善を実現し，持続可能な農業を促進する
3	すべての人に健康と福祉を	あらゆる年齢のすべての人々の健康的な生活を確保し，福祉を促進する
4	質の高い教育をみんなに	すべての人々への，包摂的かつ公正な質の高い教育を提供し，生涯学習の機会を促進する
5	ジェンダー平等を実現しよう	ジェンダー平等を達成し，すべての女性及び女児の能力強化を行う
6	安全な水とトイレを世界中に	すべての人々の水と衛生の利用可能性と持続可能な管理を確保する
7	エネルギーをみんなに そしてクリーンに	すべての人々の，安価かつ信頼できる持続可能な近代的エネルギーへのアクセスを確保する
8	働きがいも経済成長も	包摂的かつ持続可能な経済成長及びすべての人々の完全かつ生産的な雇用と働きがいのある人間らしい雇用（ディーセント・ワーク）を促進する
9	産業と技術革新の基盤をつくろう	強靱（レジリエンス）なインフラ構築，包摂的かつ持続可能な産業化の促進及びイノベーションの推進を図る
10	人や国の不平等をなくそう	各国内及び各国間の不平等を是正する
11	住み続けられるまちづくりを	包摂的で安全かつ強靱（レジリエンス）で持続可能な都市及び人間居住を実現する
12	つくる責任つかう責任	持続可能な生産消費形態を確保する
13	気候変動に具体的な対策を	気候変動及びその影響を軽減するための緊急対策を講じる
14	海の豊かさを守ろう	持続可能な開発のために海洋・海洋資源を保全し，持続可能な形で利用する
15	陸の豊かさも守ろう	陸域生態系の保護，回復，持続可能な利用の推進，持続可能な森林の経営，砂漠化への対処，ならびに土地の劣化の阻止・回復及び生物多様性の損失を阻止する
16	平和と公正をすべての人に	持続可能な開発のための平和で包摂的な社会を促進し，すべての人々に司法へのアクセスを提供し，あらゆるレベルにおいて効果的で説明責任のある包摂的な制度を構築する
17	パートナーシップで目標を達成しよう	持続可能な開発のための実施手段を強化し，グローバル・パートナーシップを活性化する

出典：United Nations. Accessed 29 August 2017 at http://www.un.org/sustainabledevelopment/sustainable-development-goals/. 外務省仮訳参照（https://www.mofa.go.jp/mofaj/files/000101402.pdf）.

権益をもたらしている．ミクロレベルでは，持続可能な発展は，スポーツツーリズム事業とそれが機能するコミュニティの投資利益率に直接影響を与える．マクロレベルでは，持続可能な発展は，社会的，経済的，環境的領域の複雑な仕組みに対しグローバルな影響を与えている（Focus Point 4.1）．開発者の自然な傾向は経済的目標に焦点を当てることであるが，環境的および社会文化的資源がビジネス上の議論において持続可能な実践に存在する資本の形態と見なされる場合がある [Hall, 2008]．ビジネスの合理的で道徳的責任を超えて，ミクロとマクロレベルにおいて持続可能な発展を追求すべきである [Pawlowski, 2008]．持続可能な観光の世界的な関連性は，2017年に国連が持続可能な発展のための観光の年として指定することによって強化された．この指定は，国連の持続可能な開発目標（表4.1）とともに，スポーツツーリズムなどの分野において意欲的な目標を提供している．

Journal of Sport & Tourism の2つの特集号は，スポーツツーリズムの文脈における持続可能性の理解に重要な貢献を果たした．1つ目は，スポーツツーリズムの持続可能性に関する Fyall and Jago [2009] の特集号である．この特集号で提供された主要な見識には，以下の3つのことが含まれていた：① 実質を伴わない表現から本質的な内容への移行の必要性の認識，② 持続可能性に対するトリプルボトムラインアプローチの普及，③ 外部資源からの影響の需要が，目的地における持続可能性に与えた影響を生み出しただけでなく，スポーツツーリズム活動における直接的な影響があったといった事実の認識．2つ目は，持続可能性の文脈におけるスポーツ観光地に関する Hinch et al. [2016] の特集号であった．この特集号では，スポーツツーリズムにおける目的地の持続可能性について以下の6つの調査がなされた：① 活動と目的地における規模の違い [Derom & Ramshaw, 2016]，② 単一と複数のスポーツディスティネーション [Carneiro et al., 2016]，③ 公的に管理される資源 [Halpenny et al., 2016など]，④ 新たなスポーツ [Moulard & Weaver, 2016] 対従来のスポーツ [Evans & Norcliff, 2016]，⑤ 季節性 [Hodeck & Hovemann, 2016]，そして，⑥ サーフィンの「縄張り意識」における Usher and Gomez [2016] の貢献とアクティブなスポーツツーリズムイベントの文脈における旅行状況の役割についての Bunning and Gibson [2016] の調査．

▶計画立案

計画立案は変更をマネジメントする手段である．スポーツツーリズムはダイナミックな環境に存在しており，これらのダイナミクスが必ずしも持続可能な成果につながるとは限らない．このことを考えると，持続可能性を促進するためには

発展プロセスへの何らかの介入が必要である．本質的に，「計画立案とは，その思考に基づいた人々の思考と行動のプロセスである」[Chadwick, 1971：24]．計画立案は「発展プロセスの社会的，経済的，環境的利益を高めるための秩序ある発展を促進するために，システムの変化を予測し，規制することに関係している」[Murphy, 1985：156]．発展プロセスは，スポーツツーリズムが存在する世界のダイナミクスな部分の理解でさえ，変化に影響を与えるための基礎を提供するといった仮定に基づいている．発展プロセスを意識的に開始することにより，スポーツツーリズムの開発者は，自己利益のみで行動するだけでなく，彼らが関わる社会的，文化的，経済的，環境的システムの持続可能性に積極的に貢献している．

　計画立案の基礎となるプロセスは，幅広い分野と学問領域を横断している．それは，現在の状況の評価と計画立案が実施されている環境において発生する可能性のある変化，望ましい最終状態の決定，ある種の行動計画を策定，実施，監視することによる継続，そして評価に基づき必要に応じて調整される [Esfahani et al., 2009]．Bagheri and Hjorth [2007] は，「プロセス志向」の計画立案は「目標志向」の計画立案よりも重要であると主張している．なぜなら，持続可能な発展は，絶対的な終点ではなく理想だからである．この観点から，真の利点は，関与する利害関係者の社会的学習プロセスである．Yang and Wall [2009] は，中国の西双版納における民族観光の持続可能な計画立案の研究において，社会的学習プロセスを説明している．彼らは，計画者がダイナミックな問題に対処しなければならないことを指摘している．Yang and Wall は，民族観光の文脈において結論づけているが，スポーツツーリズムの分野では，継続的な注意を必要とする並行した問題が存在する．

▶発展課題

　発展プロセスへの介入計画が成功するには，スポーツツーリズムの分野に存在する多くの問題について十分な情報に基づく検討が必要である．後続の章では多くの特定の問題が紹介され議論されているが，スポーツツーリズムの発展にとって3つの問題が特に重要である．これらの問題には，商品化／真正性／確証，グローバル化，および組織の断片化が含まれている．

商品化，真正性，認証

　スポーツツーリズムの発展において最も基本的な問題の1つは，商品化のプロセスとその真正性に関わる意味の問題である．この問題は，真正性を追い求めることが観光者の主な原動力の1つであり [MacCannell, 1976; Urry, 1990]，スポー

はダイナミックで優れた観光アトラクションである［Hinch & Higham, 2001］といった信念に基づいている.

Cohen［1988：380］は，商品化を次のように定義している.

> 物（および活動）は貿易の文脈において，主に交換価値の観点から評価され，商品（およびサービス）になるプロセスである.つまり，価格が価値を決定するといった点から開発した物（および活動）の価値を交換するシステムである.

同様に，スポーツの文脈において，McKay and Kirk［1992：10］は商品化を次のように定義している.

> 対象と人々が市場で交換されるものとして組織化されるプロセス.……スポーツなどの文化的活動はかつて本質的な価値に基づいていたが，現在では市場価値によって構成されている.

これらの定義は，同様の基本的属性を備えている.つまり，以前はこの方法で評価されていなかった物や活動に経済的価値を重ね合わせた，商業化のプロセスである.

観光批評家は，文化の商業化が，以前は役に立たなかった地域に経済関係を導入すると主張している.商業化のプロセスにおいて，真の真正性が破壊され，隠れた「演出された真正性」が現れている.この演出された真正性は旅行者にとって真実ではなく，彼らの真の探求を妨げている［MacCannell, 1973; Yang & Wall, 2009］.しかしながら，Cohen［1988］は，商品化は文化的魅力の意味を変化させる可能性があるが，一方で文化的魅力の意味を必ずしも破壊するわけではないと主張している.

スポーツの商品化に対する批評家は，さまざまな競技の専門化と，メディアおよび大規模な製造／小売企業の利益を通じたスポーツのより広範囲な商業化が，有害な影響を及ぼしていることを示唆している.Stewart［1987：172］は，次のように主張することにより，この立場を明確にしている.

> スポーツの実践として明らかな商品形態の社会的ヘゲモニーは，市場の価値と手段によって形づくられ支配されている.……スポーツが商品として取引される１つの品目になるにつれ，スポーツの理想的なモデルは，伝統的に儀式化された意味，形而上学的雰囲気，そして技術的民主主義とともに打ち砕かれてしまう.

この議論のよい例は，オリンピックの商品化である．国際親善の手段として想定され厳密なアマチュアイベントとして始まったオリンピックは，権力と影響力を持つ世界的な商業的巨人へと進化した [Barney et al., 2002]．同様に，Morgan [2014] は，観光における場所の商品化が，しばしば人気のある観光地の文化やアイデンティティを損なっていると主張している．明らかなのは，スポーツと場所の商品化は，経済的，社会的，環境的分野でも利益をもたらすために必ずしも問題ではないということである．

　真正性は商品化と密接に関連している．Cole [2007] は，インドネシア東部の政府，旅行者，村人の視点を区別している．政府や旅行者は真正性に問題があると感じていたが，村人たちは自分たちの文化の商品化が力を与えていると考えた．観光の文脈では，従来，真正性は興味の対象，オリジナル，または旅行者が目にするようになった物や活動に関連するとされてきた [Wang, 1999]．これは，美術館の学芸員の視点に匹敵すると考えられ，美術品が，見た目なのか，または何を主張しているのかを問題としている [Cohen, 1988]．スポーツの類似点は，ルールの変更に関連する伝統からの脱却に対する一般的な批判である．この観点から，物または活動は，比較的客観的な方法で本物であるかどうか判断される．Reisinger and Steiner [2006] は，物の真正性を判断することは不可能であると主張し，この見解に問題を唱えている．このような批判に直面した場合，客観的な真正性の追求は，何らかの方法でよく折り合いをつけてはいるが，絶対的真正性にはめったにない柔軟な真正性の解釈を徐々に与えている．Wang [1999] は，これを「構築的真正性」と呼んでいる．商品化プロセスの一環として，観光業界は「演出された真正性」を提示し続けており，それは明白になってきてもいる．観光者を目的地の舞台裏に連れていき実際の文化を経験させるのではなく，観光事業者は，博物館，遺産センター，文化公演，およびその他の同様のフォーラムを介して，目的地の文化が制御された形で提示される表舞台を使用する．観光に特化した場所は，その効果を超える大きな影響を可能にし，観光客を特徴づける厳しい旅程のような，観光活動に関連する運用上の制約に対処している．

　Timothy and Boyd [2002] のヘリテージツーリズムの文脈における真正性の議論では，ノスタルジアスポーツツーリズムとの関係において，関連するいくつかの重要な問題を強調している．彼らは，過去の５つのタイプの一般的な歪みを指摘している：①考案された場所または再構築された過去，②過去を解釈する主観的な性質を認識する相対的な真正性，③現地の解釈者ではない民族的乱入者，④不都合な部分を処理され理想化された過去，⑤過去の解釈は部分的なものにしかならないことが認められている未知の過去．これらのカテゴリーのスポーツツーリズムの例には，ファンタジースポーツキャンプ，歴史的なスポーツマッチ

の矛盾した見解，プレーとコーチの名簿に反映された大きな地理的多様性，過去のスポーツの栄光とヒーロー崇拝の強いノスタルジア的な解釈，エリート競技に関連する選択された統計的要約に基づく過去の記憶が含まれている [Gammon & Ramshaw, 2007]．これらの歪みはすべて客観的な真正性を損なうが，必ずしも訪問者の経験を損なうわけではない．

　多くの学者は，「客観的な真正性」を提供する観光産業の失敗を批判しているが [Boorstin, 1975; Greenwood, 1989など]，旅行者はしばしば楽しみたいといったニーズの一部として不自然な経験を求めている [Moscardo, 2000; Urry, 1990]．この観点があるにもかかわらず，多くの旅行者が真正性のある対象ではなく，真正性のある経験を求めていることが明らかとされている [McIntosh & Prentice, 1999; Tolkach et al., 2016]．これは，一般的な消費者が商品，サービス，および経験における真正性を探すことと一致している [Gilmore & Pine, 2007; Yeoman et al., 2007]．Wang [1999：352] は，実存的真正性として言及している活動に関する真正性を記述することにより，この「真正性の再考」を明瞭に表現している．

　　実存的真正性とは，観光活動によって活性化された潜在的な存在状態を指す．同様に，観光における真正性を伴う経験は，観光の制限されたプロセス内の活性化された存在状態を達成することである．実存的真正性は，ツアー化された対象の真正性とはまったく関係がない．

このタイプの真正性は，経験に焦点を当てたスポーツツーリズムに関連性があるだろう．また，スポーツやエンターテインメントに関連した興味深いダイナミクスを表している．鍵は関与にある．旅行者がスポーツにおける観戦者またはアクティブな参加者として活動的に関与している場合，彼らは他の人が状況をどのように評価するかに関係なく，彼らの経験は真正性があると見なす可能性がある．この点で，スポーツは他のタイプの観光アトラクションと比較して独特である．経験的な真正性を促進するスポーツの主な特徴には，結果の不確実性，パフォーマンスの一部としての露出，身体的基盤とすべての感覚的性質，自己形成とアイデンティティの構築，およびコミュニティ開発の傾向が含まれている．スポーツをこれほど魅力的なものにしている要因の大部分は，真正性によるものである [Hinch & Higham, 2005]．

　Wang [1999] は，4つのサブカテゴリーを導入することにより，実在的真正性の解釈を拡張している．1つ目のタイプは，身体的感情に現れる個人内の真正性である．これは参加型イベントとアクティブスポーツツーリズムの主要な側面である．自己アイデンティティの現れとしての個人内の真正性は，2つ目のタイプ

である．このカテゴリーは「自己形成」と呼ばれ，参加者が自分自身のアイデン
ティティを再確認し発展させることができるエクストリームライフスタイルスポ
ーツにおいて見られる．3つ目のタイプは，家族の絆を強化する個人間の真正性
である．スポーツの文脈では，家族の絆はチームの概念と密接に関係している．
最後に4つ目のタイプとして，大規模なファンコミュニティやスポーツのサブカ
ルチャーを含むさまざまなスポーツに関連する活気のあるコミュニティにおいて
個人間の真正性を見つけることができる．

　これまで観光の真正性は，興味深く，活発な学術的議論があるにもかかわらず，
今のところ合意は得られていない．この状況を反映し，Cohen and Cohen［2012
:1296］は，認証または魅力の真正性が形成される社会的プロセスの1つに焦点を
当てた．彼らは，認証を「役割，商品，場所，対象，またはイベントが『オリジ
ナル』，『本物』，『リアル』，または『信頼できる』と確認されるプロセス」とし
て定義している．彼らはさらに，この概念を「クール」な認証と「ホット」な認
証に分類しており，「クール」な認証は Wang［1999］の客観的概念と密接に関連
している．基本的に，「クール」な認証は，専門家が科学的知識に基づき真正性
に対する対象，場所，イベント，習慣，役割，または人を述べることによって導
き出される．そのような主張はしばしば論争のまととなるが，一般的に観光の文
脈において採用されている．対照的に，「ホット」な認証は，Wang［1999］の経
験的真正性の概念と密接に関連している．Cohen and Cohen［2012：1301］は，
「ホット」な認証を「場所，対象，またはイベントの神聖さ，雄大さ，または本
物であることが，宣言ではなく公共の実践によって，永続および確認（と拡大）
される感情的な自己強化プロセス」と説明している．

　スポーツツーリズムの認証に関する Lamont［2014］の研究は，このプロセス
を検証した最初の実証研究の1つであった．ツール・ド・フランスにおける重要
な景観としてフランスのアルプスを位置づけたこの研究では，Lamont が認証プ
ロセスを研究するために，プロの競争者が使用する前にルートの一部を回る機会
を商業ツアーとして活用した．認証の3つの重要なカテゴリーが，参加者の観察
とインタビューから明らかとなった．1つ目は，ツール・ド・フランスのプロラ
イダーが演じる場所と同じ場所において同様の活動を行うといった行為によって
経験された，「具現化された運動パフォーマンス」による認証である．この場合，
認証は，観光業界の宣言メッセージ［Urry, 1990］を反映した観光の視線を超え，
Spinney［2006］が同様のサイクリング経験において説明した感覚経験の幅広い種
類の1つと言える．2番目の認証プロセスには，スポーツツーリストがツアーの
お祝いムードの一部となる「沿道における集団的な実践」が含まれている．ツア
ーグループとレースの両方のレベルにおける共同体または祝祭の状態は，通常の

社会的障壁を打ち破り，本物の経験を促進したことが報告されている．Lamont [2014] が発見した 3 番目の認証プロセスは，「場所との観光的な出会いの仲介」であった．特に，これらのスポーツツーリストが写真やソーシャルメディアを通じてツアーの経験を伝える方法は，ツール・ド・フランスの山岳地帯での経験を認証するための強力な方法であることが明らかとなった．

グローバル化

　グローバル化という用語は，世界経済サミットの予測可能な一部となった経済的不平等と文化帝国主義を非難する情熱的な抗議活動を通じて，「地球村」の概念に対する肯定的な反応によって例示されるようになり，さまざまな反応を引き起こすものである．簡潔に言えば，グローバル化とは，国境を越えてさらに緊密なつながりを導くプロセスのことであり，時間と空間の世界的な圧縮が特徴である [Mowforth & Munt, 2015]．スポーツは，このような世界の中で目的地を位置づける方法としてますます使用されている．

　多くの点で，グローバル化は発展を見るための新しい方法である．グローバル化は，政治的，経済的，文化的，社会的な相互関係の網として現れている [Go, 2004; Lew, 2014; Milne & Ateljevic, 2004]．コミュニティが，地球のその他の部分から隔離され機能することは，もはや不可能である．グローバル化は複雑なプロセスであり，さまざまな解釈と展望が生まれている [Silk & Jackson, 2000]．文化的帝国主義の解釈では，地元の文化は外国の文化に取って代わり，均質化の傾向と共通のグローバル文化の創造を引き起こしている．アメリカの経済と文化は現在，中国の成長する経済によって挑戦されているものの，いまだグローバルシステムの支配的な力と見なされているため，この形式の帝国主義はしばしばアメリカ化と同一視される．文化的ヘゲモニーの解釈では，グローバル化は双方向のプロセスと見なされる．地域のコミュニティは，グローバルなイメージ，商品，サービスを受け取るが，独自の条件で解釈される．この双方向の関係において，地域のグループは，グローバルな動向がその地域で顕在化する方法で重要な役割を果たす [Whitson & Macintosh, 1996]．最後に，形状的な観点において，グローバル化はプロセスとして捉えられている．この視点は，長期にわたる支配と抵抗の事例の調査を含む長期的な歴史的アプローチである．Maguire [1999：3] のグローバル化の定義はこの解釈に適合している．

　グローバル化のプロセスは，地球上のすべての領域において不均一に発生した長期プロセスである．グローバルな相互接続性の強化を含むこれらのプロセスは勢いを増しており，その「不均一性」があるにもかかわらず，これらのグローバルな流れを理解せずに地域または国内の経験を理解することは非常に困難である．

社会的現実のあらゆる側面——人々の生活条件，信念，知識，行動——は，展開するグローバル化のプロセスと絡み合っている．これらのプロセスには，グローバル経済の出現，国境を越えた国際的な文化，およびさまざまな国際的な社会運動が含まれている．

　グローバル化を特徴づける支配的な相互依存関係の1つは，経済学と文化の関係である．グローバル化は，一方で，スポーツと観光を含む消費文化として説明できる．他方，それは文化の消費として特徴づけることができる [Higham & Hinch, 2009]．例えば，メディア複合企業体およびナイキのような主要なスポーツ用品メーカー／小売業者は，スポーツのグローバル化に影響を与える強力な力として確認されている [Harvey et al., 1996; Thibault, 2009]．Maguire [1994] は，インターネットなどの発展の影響が，グローバル化のプロセスにおいて必ずしも先導または計画されているわけではないと説明している．その一方で，Thibault [2009] によると，他の企業はグローバルな力の作用において非常に戦略的である．グローバル化におけるこれらの当該者の行動は，スポーツの商品化を通じた自己利益によって推進されている．

　Mowforth and Munt [2015] は，観光の場合においても同様のダイナミクス性を提案している．観光業界には，「新しい目的地」を絶え間なく探すことによって引き起こされた商品化のプロセスがある．これらの場所では，観光生成地域に関係しているため，観光を通じたグローバル化は非常に具体的な形で現れる．この1例は，観光経験の生産における「外部調達」などの実践による生産の断片化の増加である [Nowak et al., 2009]．観光の文脈で特定されたグローバル化のその他の特性には，国境を越えた所有権，労働移動，国境を越えたマーケティング，知的ノウハウの販売が含まれている [Hjalager, 2007]．よりグローバル化された世界において目的地をプロモーションすることでさえ，文化やアイデンティティから場所のイメージを分離することで課題を生み出している [Morgan, 2014]．

　実際に，観光はスポーツのグローバル化における重要な権力である．Jackson and Andrews [1999] は，ナショナルバスケットボールリーグの委員在任中に David Stern が採用したビジネスモデルにおいて，観光に精通したディズニーコーポレーションの影響を指摘している．スポーツのグローバル化に対する批判の中で，Thibault [2009] はその「不都合な真実」について述べている．これらには，発展途上国の安価な労働者を使用したスポーツ用品の製造，貧しい国から裕福な国へのエリート競技者の流動性の向上，グローバルメディアによる影響の増大，そしてスポーツを基盤とした旅行の一部の環境への影響などが，新たな分野として含まれている．

　観光の観点からこれらの議論の最も興味深い側面の1つは，グローバル化がス

ーツ文化の均質化に向かっているかどうか，または地域の抵抗が地域間の大き
な違いを維持するかどうか，さらには促進するかどうかである［Go, 2004；Magu-
ire, 2002］．多くの場所において類似性が高まっている世界では，旅行する必要が
ほとんどないため，この点は特に重要である．均質化は観光の重要な関心事と見
なされているが［Dwyer, 2014］，スポーツの文脈でも取り上げられている．例えば，
Silk and Andrews［2001］は，電子的空間や「空間の流れ」が「場所の空間」に
取って代わることを示唆している．スポーツツーリズムの文脈では，スポーツ文
化が均質なグローバル文化に進化すると，スポーツツーリズムの既存の主導権の
多くが失われる．したがって，この議論はスポーツツーリズムの発展にとって重
要なものである．

　スポーツにおける均質化／異質化の議論の本質は，Silk and Jackson［2000：
102］によってうまくまとめられている．

　　　均質化は，忍び寄る世界標準化が支配的な時代が到来することを告げている．
　　　ただし，異質化は，地域における固有の独自性を強調するために，グローバ
　　　ルな技術と商品の影響を拒否している．前者のカテゴリーでは，私たちがよ
　　　り似通っており，統一されたグローバル文化に向かっていることを示唆して
　　　いる．後者は，文化の違いと特定の力を強調している．

スポーツの均質化につながるものとしてグローバル化の力を捉える人々は，スポ
ーツ文化が世界中でより類似して成長していることを示唆する十分な証拠がある
と主張している．例えば，標準化されたスタジアムとスポーツの分野で明らかに
なった同種のスポーツ景観の出現［Bale, 1993］は，この見方と一致している．
Rowe and Lawrence［1996：10］は，文化的な解説者が国際的なスポーツメディ
アのショー（オリンピックや FIFA ワールドカップなど）や，地理的に「移動可能」な
スポーツ（バスケットボールやゴルフなど），アメリカ発の広告，プロモーション，マ
ーケティング，「パッケージング」の実践（有名人の支持やスポーツ用品の高圧的販売な
ど）といった新しい現象の「証拠」を見つけることを示唆している．
　しかし，この仮説に対してある程度の支持を示している解説者でさえ，均質化
のプロセスに対抗するように思われる他の力が働いていることを認識している．

　　　したがって，グローバル化は，グローバルな流れへのアクセスを制御または
　　　規制するより，確立されたグループによる差異の減少と多様性の増加，文化
　　　の混合，試みの間のバランスと調和として最もよく理解されている．グロー
　　　バルなスポーツの発展は同じ用語で理解される．つまり，20世紀後半には，

スポーツのグローバル化とスポーツ文化の多様性が目撃されている．[Magu-
ire, 1999：213]

多くのスポーツの理論家は，同質性と多様性のために共存する力の見解を共有し
ている [Denham, 2004；Melnic & Jackson, 2002；Washington & Karen, 2001]．経験的な
レベルでは，地元の抵抗力によって，地元のスポーツ文化においてかなりの程度
の違いがあることが，論文によって示されている．アメリカンフットボールのよ
うなアメリカのスポーツが輸出される世界的傾向があるにもかかわらず，オース
トラリアでは，オーストラリアルールのフットボールやラグビーリーグのような
地域的に有名なスポーツが普及している [Rowe et al., 1994]．同様に，ニュージー
ランド人は自分たちの条件でバスケットボールを導入することを交渉したと主張
している [Jackson & Andrews, 1999]．また，Bernstein [2000] は，グローバルメデ
ィアの強力な影響があるにもかかわらず，1992年のバルセロナオリンピックの報
道は，地域的または国家的な視点によって特徴づけられることを明らかにしてい
る．スポーツイベントやパフォーマンスの国家主義的な解釈は，依然としてメデ
ィアの報道が支配している．

　グローバル化のプロセスの強い影響があるにもかかわらず，それらが発生する
環境はダイナミックである．これは，政治的環境の観点において特に当てはまる．
政治的環境では，少数の人々の手に富が集中することを好む新自由主義的アジェ
ンダの認識に対する一般的な抗議が見受けられる [Mitlin et al., 2007]．近年，ヨー
ロッパとアメリカで人気のある運動は，グローバル化が進行する中で避けられな
い問題として現れてきた自由貿易協定と移民に関するリベラルな政策に対して，
異議を唱えている．

組織の断片化

　グローバル化とは，相互の関連性を増やすことである．これらの相互の関連性
は，相互作用と相互依存の関係者のネットワークの形をとる．March and
Wilkinson [2009：461] は，それらを「環境および組織の発展と要求に応じて，時
間の経過とともに発展または進化する複雑で不変的な存在」と説明している．共
同する圧力には，①公共部門の有用性の追求，②公共部門の予算削減とリスト
ラ，③スポーツと観光部門内の断片化，④ベスト・プラクティスや業界動向の
追求，⑤スポーツおよび観光部門内の制度化 [Zapata Campos, 2014] といった，
グローバルな傾向が含まれている．観光部門には，観光委員会，業界団体，商工
会議所，コンベンションビューロー，戦略的提携など，パートナーシップのバリ
エーションは多くあるが，スポーツはより階層的な公共部門の枠組みを特徴とし

ている．カナダや日本（Focus Point 4.2）で見られるようなスポーツツーリズム推進機構は，スポーツイベントに関連する相乗効果を獲得する方法として，ますます導入され始めている．

　このような複雑な環境において，目標を明確にし，成功する戦略を実行するのは困難である．したがって，組織の断片化は問題となったままである．これらのパートナーシップの多くに見られる幅広い関心は，共通の基盤が存在するにもかかわらず，大きな課題を提示している [Zapata Campos, 2014]．これらの問題に対処するための前提条件は，既存または潜在的なネットワークの認識だけでなく，持続可能なスポーツツーリズムの発展に関連する共通の利益を追求するために，当該者が協力する真の意欲と能力を持つことである．この結果は，各パートナーがパートナーシップによって獲得できる相乗効果と，この相乗効果が各パートナーの主なミッションにどのように貢献するかを明確に理解している場合に，発生する可能性が最も高くなる．

　しかし最近まで，スポーツツーリズムにおけるパートナーシップの議論はほとんど効果がなかった．例えば，1980年代初頭のヨーロッパ6州の調査では，参加者，商業プロバイダー，地方自治体の中で，スポーツと観光の間に認識された関連性が確認された [Glyptis, 1991]．しかしながら，こうした認識があるにもかかわらず，国家レベルでの政策立案者，計画立案者，および公共事業者による意識的な統合の欠如が見受けられた．Weed and Bull [1997] は，90年代後半までに，イングランドのスポーツ（スポーツ評議会地域事務所）と観光（地域観光局）を担当する地域機関の間で，スポーツツーリズムにおける共通の主導権が少ないことに注目している．スポーツツーリズムにおけるパートナーシップのリーダーであるオーストラリアでさえ，スポーツツーリズムに関する政策発展の主な理由は，この分野で認識されているアイデンティティと結束性の欠如であった [Commonwealth Department of Industry, Science and Resources, 2000]．

　観光とスポーツにおけるパートナーシップと戦略的提携の必要性は，これらの分野に対して伝統的に向けられていた政府の資源が削減されたため，過去25年間で増大した [Zapata Campos, 2014]．これまでパートナーシップのための幅広いモデルが登場したが，それらは一般的に「……共同の目標を達成するための2つ以上の関係者間の資源（労働，お金，情報など）の自発的な共有」[Selin & Chavez, 1995：845] であると記述している．パートナーシップは，多くの利害関係者が存在するスポーツツーリズムの文脈において特に重要である．Tuppen [2000：337] は，フランスにおけるアルプスの冬のリゾート地の再構築に関する研究において，発展は「……公共部門と民間部門のさまざまな組織や利益団体の行動の結果であり，マネジメントが複雑な仕事になることが多い」と述べている．関与する可能

性のある利害関係者の膨大な数と多様性に加えて，発展の一時的なプロセスを通じてこれらの利害関係者の間で権力の変動が生じ，これらのパートナーシップがさらに複雑になっている．

　スポーツツーリズムにおけるパートナーシップには，さまざまな追加の制約が存在する．利害関係者間の競争，官僚的な慢性化，地理的および組織的な断片化が一般的である［Selin & Chavez, 1995］．スポーツツーリズムの特定の文脈において，産業科学資源省（オーストラリア）［2000］は，資源と情報の調整における困難と協力関係を明確にすることによる相互利益の認識の欠如を強調した．イギリスのスポーツおよび観光政策の研究に基づき，Weed［2003］は，成功したスポーツツーリズムパートナーシップの主な制約は，イデオロギーの違い，主要な概念と定義の一貫性のない理解，異なる地域の文脈，支持されない政府の政策，非妥協的な組織文化と構造，または矛盾したスタイルと興味の個人であることを指摘している．

　結論として，パートナーシップを成功させるためには，相互の利益を認識するパートナーが必要である．また，参加組織は，組織指向ではなく，目標指向の領域視点によって特徴づけられる必要がある．Kennelly and Toohey［2014］の戦略的提携の例である，①オーストラリア国立スポーツ組織，②オーストラリアラグビー連合，および，③スポーツツアーオペレーターは，これらのスポーツツーリズム提携に目標指向の潜在性があることを示唆している．推進連携パートナーは，パートナーシップに対する継続的なサポートを促進する具体的（金銭的を含む）かつ無形の利益をもたらしたことが明らかとなっている．さらに，このパートナーシップは，ラグビー経験を向上させることによりラグビーファンにも利益をもたらし，国民経済に積極的に貢献することで，より広く公共の利益に貢献した．

▶おわりに

　本書の根底にある前提は，スポーツと観光の領域において作用するプロセスへの積極的な介入によって，スポーツツーリズムの持続可能性を促進できるということにある．そのような介入は，イベント観戦者，イベント参加者，スポーツツーリズムのアクティブな側面およびヘリテージの側面を，対象とすべきである．計画立案は，スポーツツーリズムの商品とサービスの設計（または再設計）と発展の最適化に役立ち，そうすることで，スポーツツーリズムが機能する環境に影響を与える．

　スポーツツーリズムの開発者は，商品化／真正性，グローバル化，組織の断片

化の観点から直面する課題を意識する必要がある．ただし，これらの問題に付随する機会にも注意する必要がある．商品化と真正性の観点からは，スポーツの魅力の保護は基本的な目的とされるべきである．また，スポーツ競技とエンターテイメントのスペクタクルな精神を適切なバランスに保とう，注意を向ける必要がある．メディア表現は適切な場所に根ざしている必要がある（第6章）．スポーツにおける魅力の真正性は，スポーツのダイナミックな進化を抑制せずに維持する必要がある（第10章）．その他多くのタイプの観光アトラクションと比較し，スポーツはパフォーマンスの喜び，予測不可能なドラマ，具現化された性質，そして関連するコミュニティといった点で，大きな利点がある．スポーツの高潔性を維持することにより，観戦者とアクティブなスポーツツーリストは，スポーツにおける目的地の「舞台裏」にアクセスでき，そこで本物の場所の経験を楽しむことができる．

　グローバル化の問題は，グローバルな利益とローカルな利益との間の取引に関係している．多くの場合，主要なスポーツイベントを開催する動機は，開催都市をグローバルな文脈で重要な当該者として確立することにある．これを実現するためには，イベントのローカルな文脈を考慮しながら交渉する必要がある．アクティブで文化遺産に基づくスポーツツーリズムアトラクションは，世界的な需要を仲介するために活用できる．アクティブな地元のアイデンティティと目的地のイメージを育むスポーツツーリズム戦略は，重要な現場の声によって推進されるべきである．

　スポーツツーリズムのパートナーシップは，パートナーのメンバーと，より広い社会（地域規模から世界規模まで）にとって相互に有益な方法で確立され，運用されるべきである．最初のステップの1つは，通常慎重な交渉を必要とするパートナーシップの利点と目標を明確にすることである．観光産業にとって，スポーツグループの関与の利点を実証することは特に重要である．スポーツへの関心は，彼らの協力が，入場料の増加，施設開発，スポーツへの新規参加者，および同様の種類の利益をもたらすことを確信しなければならない．観光産業は，スポーツツーリズムにとって沈黙したパートナーや主要な受益者であるだけでは不十分である．これらの利点の認識を超えて，本章で説明されている連携とパートナーシップに対する制約に対処するための特定の戦略を発展させる必要がある．利害関係者間の非生産的な競争は，発展にとって大きな障壁となる．利害関係者のグループ間または利害関係者のグループ内での分断化を減らすようなコミュニケーション網を整備することは，これらの障壁に対処する1つの方法である．

PART 3

スポーツツーリズムの発展と空間

chapter 5

空間：場所と旅行の流れ

> スポーツツーリズムはある地域における輸出金額を増大させることができるが，すべてのコミュニティがイベント，競技大会，またはチームを受け入れることで同様に成功するとは限らない．[Daniels, 2007：333]

▶はじめに

　スポーツツーリズムの発展は，複雑な空間の規定内で行われる．さまざまなスポーツは，自然資源，または人工的に作られた資源，または自然資源と人工的に作られた施設の組み合わせによって影響を受ける．一部のスポーツは，特定の移動不可能な自然資源と密接に結びついている．その他のスポーツは資源の制約が比較的少ないため，人口の集中や観光経済に最も近い場所が，競争上の最大の優位性を発揮する場所になる可能性がある [Bale, 1989 ; Mason & Duquette, 2008]．距離と時間のコストについての基準値は，スポーツツーリストの空間的な移動パターンを形づくる [Bale, 1989]．しかしながら，スポーツツーリズム市場の範囲と旅行の流れは，さまざまな空間レベルでの戦略的計画行動とパートナーシップによって調整または形づくられる [Higham, 2005]．この戦略を成功させるためには，スポーツ，観光，空間との間に存在する関係を検討する必要がある．本章では，さまざまな形式のスポーツツーリズムが行われる場所や「出発地の市場からレジャー目的地への旅行者の移動」について議論する [Mitchell & Murphy, 1991：57]．旅行者の移動は，スポーツツーリズム資源の前提条件である目的地の階層性や旅行の流れについて調査している．次に，都市部および周辺地域で行われるスポーツに関連する場所の要件と移動の流れに関する取り組みや，アクティブスポーツツーリズムに関する空間的な移動パターンについて検討する．地理的理論の中心である規模の概念 [Higham & Hinch, 2006] や，世界における政治的・環境的変化によってどのように再構築されているのかといった点が，これらの議論で繰り返し強調されている．

▶スポーツ，ツーリズム，空間

　空間と場所は，スポーツの地理学 [Bale, 1989] や観光の地理学 [Hall & Page, 2014 ; Lew, 2001 ; Pearce, 1987] の中心となる概念である．レクリエーションや自由な遊びとは異なり，多くのスポーツでは，マラソンの長さ（26マイル，385ヤード）やバスケットボールコートの物理的特徴（29×15 m）といった明確な空間描写が必要となる．スポーツで用いられる空間的な境界線は，ルールや規制コードによって示されている．これらのルールは，ネットボール（例えば，守備側がコートの守備範囲に留まる必要がある）のように競技者の動きに関わるわかりやすいものもあれば，競技者の位置がずれれば，守備の布陣が弱まったり崩れたりするといった，わかりにくいものもある．この点について，「多くのスポーツでは空間的違反が罰則の対象となり，また空間的な前進が主要目的となるという陣地の支配や距離的な支配を伴う」[Bale, 1989 : 12] ことが指摘されている．

　また，観光も空間的要素によって特徴づけられる．旅行者と見なされるためには，個人は出発してから最終的に自宅に戻る必要がある（第2章）．旅行は観光にとって必要な条件の1つであるため，観光の空間的意味づけは重要な課題である．条件に合うさまざまな概念が最少旅行距離の範囲などの空間的次元に位置づけられているが，旅行の基本的な概念は普遍的なものである [Hall, 2004]．そのため，スポーツと観光の空間的側面は，それぞれの分野にとって非常に重要である．

　特定のスポーツが行われる場所，地域に関する議論，それらのスポーツに直接または間接的に関連する旅行の流れ，そしてこれらの流れを調整したり促進したりするものが，本章で取り上げるスポーツツーリズムの空間的要素の中心に位置づけられる．これらに関連するさまざまな問いは，資源基盤，場所（位置），およびスポーツアトラクションの管理に関連する議論から，導き出されている．それらの問いとして，例えば，「どの程度スポーツ資源を再生産したり移動したりできるのか？」，「観戦者がスポーツイベントに参加するための旅行傾向に関して，スポーツにおける変化の意味合いは何なのか？」，「特定のスポーツと旅行者の流れの間には相互作用があるかを分析するためには，ローカル／地域からグローバルまでのどの水準で測定を行うのか？」が挙げられる．

スポーツツーリズムの空間分析
　スポーツツーリズムの空間分析には，スポーツが行われる場所の調査やこれらの場所への旅行者の移動が含まれている．このような分析は，スポーツの地理学における理論的基盤を見出し [Bale, 1989, 1993 ; Rooney, 1988]，スポーツツーリズム研究において考慮すべき中心地理論，距離減衰，場所の階層性などの概念を導

入している．この分析はまた，「身体的活動としての観光の空間的表現は，旅行者を生み出す地区と旅行者を受け入れる地区の両方，またはそれらの間の結びつきに焦点を当てている」といった，旅行者の地理的な文脈に基づいている［Boniface & Cooper, 1994］．都市や州／県の規模から全国的および世界的な規模の分析にまで及ぶ規模の概念が，これらの議論には必要不可欠である．興味深いことに，eスポーツや仮想現実の成長もあり，スポーツを経験するための手段は（身体的な）空間的特徴に関する制約を伴わないものとなっている．

　スポーツツーリズムの（身体的な）空間的要素は，中心部（都市）に位置する傾向があるスポーツと周辺地域で行われるスポーツの間で大きく異なる．繰り返しになるが，中心（中核）と周辺（周囲）の定義は，世界的な周辺から国および地域の周辺まで，分析の規模や結果に伴い変化する．都市部および周辺の場所におけるスポーツツーリズムの空間的要素は，それぞれの分析を正当化している．通常，都市部のスポーツツーリズムは建造されたスポーツ施設に基づいているが，周辺地域のスポーツツーリズムは，一般的に自然資源に基づいており，それは建造施設によって修正または補完される．この区別には，Boniface and Cooper［1994］による観光資源の3類型を参照している．

(1) ユーザー志向：都市部に位置づけられ，集中的な開発による市場や観光インフラへの近接性を提供し，建造物または人工的に作られた施設やアトラクションに基づくもの．

(2) 中間：アクセスのしやすさを考慮し配置されており，建造物および／または自然の資源に基づくもの．

(3) 資源ベース：都市部から空間的に離れたところにある質の高い自然資源であり，地方の限られた資源としての有効性に基づくもの．

距離減衰の空間概念は，スポーツと観光の両方に適用される．例えば，エリートスポーツの場合，スポーツにおける文脈のホームまたはアウェイ状況，および勝利の確率に関して，識別可能なパターンが存在する．アウェイで勝つ可能性は単にホームより低いだけでなく，「勝利の確率はホームからの距離に応じて明確な傾斜を形づくる」［Bale, 1989：31］ことが明らかになっている．つまり，チームがホームスタジアムから遠ざかるほど，勝つ可能性は低くなる．

　スポーツツーリズムの文脈では，都市部で行われるスポーツは一般的に市場に近いという利点がある．隣接地域や地方の居住者は，スポーツが行われる場所の近くにいる人々よりもスポーツイベントや活動に参加する可能性が低い［Daniels, 2007; Pearce, 1989］．距離減衰の重力モデルは，旅行者の流れが原点からの距離と

ともに減少することを示唆している [Boniface & Cooper, 1994]．したがって，理論的には，スポーツが旅行の決定プロセスにおいて人々を惹きつける力は，起点となるスポーツ会場または会場との距離が遠くなるにつれて減少する．重力モデルの根幹にある距離減衰関数は，移動コストの増加と離れた場所の知識の低下によって影響を受けることが理解されている [Mitchell & Murphy, 1991]．したがって，イベントスポーツツーリズムでは，他のすべての条件が同じである場合は，競技のためにチームが移動すればするほど，ホームのサポーターが同行する可能性が低くなる．

　実際には，線形距離減衰関数は，文化的，気候的特性などのさまざまな要因によって緩和され [Miossec, 1977]，これらの要因は移動の障壁または促進要因として機能する可能性がある [Cooper et al., 1993; Mitchell & Murphy, 1991]．旅行の流れは，相互に関連する多くの変数によって媒介される可能性がある [Boniface & Cooper, 1994]．地域移動のパターンは，「リゾートのある目的地の階層性，主要な輸送ルートが提供する空間的優位性，および際立った評判のある場所によって変更される」[Mitchell & Murphy, 1991：63]．過去10年間の低コスト（予算）での航空サービスの提供は，物理的な距離を調整し，空間を再定義する可能性のあるインフラおよびサービス開発の１つとなった典型的な例である [Casey, 2010]．スポーツツーリズムの距離減衰機能は，競争相手の質，競技の重要性，イベントの期間，チームまたは競技者がプレーする試合の数，競技間の移動距離などの要因によって媒介される場合もある．スポーツアトラクションおよびスポーツが行われる場所（目的地）は，組み合わせによって非常に魅力的な観光プランを提供する可能性があり [Higham, 2005]，それは戦略的ブランディング，パッケージング，レバレッジ，および抱き合わせ戦略を通じて，さらに魅力的になる [Chalip, 2006; Chalip & Costa, 2005; Chalip & McGuirty, 2004; O'Brien, 2007]．これらの要因を組み合わせることにより，スポーツ現象に関連する空間の範囲と移動の流れを大幅に強化することができる．

スポーツの場所，場所の階層，および観光

　現代のスポーツは絶えず変化している．多くの場合，変化のダイナミクスは，競技スポーツの構造（新しいリーグ競技の開発など），スポーツ施設の場所，自然を基盤としたスポーツ資源の分布の変化，およびスポーツアトラクションの向上と低下に影響する経済プロセスによって作り出される．Bale [1989：77] は，Butler [1980, 2006] の観光地ライフサイクル理論（第10章）に匹敵する「さまざまなスポーツの場所の重要性の成長と低下」に関する議論を展開している．これらのダイナミクスは，競技者と観戦者の集客域の規模に影響を及ぼす．プロスポーツ内で

表5.1　スポーツ空間の理論

(1) スポーツ施設の主な機能は，周辺地域にスポーツ施設を提供することである．したがって，スポーツ施設は市場エリア内の中心に位置している．
(2) 提供されるスポーツの数が多いほど，スポーツの位置の序列が高くなる．
(3) 低次のスポーツ施設は，狭い通学区域で使用されるスポーツ施設を提供する．低次の場所の実現可能性に必要な母集団の基準値は小さくなる．
(4) 高次の場所は数が少なく，広い．それらの場所は大きな母集団の基準値を持っている．
(5) スポーツの場所の階層は，(a)必要なスポーツを得るために旅行を最小限に抑えたい消費者と(b)最小限を維持しなければならないスポーツ生産者のために，スポーツの機会を可能な限り効率的に作り出すために存在する．

出典：Bale［1989］を参照．

の序列が，ホームチームの近隣地区からしか選手を引き寄せられない場合には制限的なものになってしまうが，外部（他の地域，国内，または世界）からの選手獲得，移籍，ドラフトの計画をすることによって緩和される．観戦者の集客域，および異なる地域の居住者と非居住者がライブスポーツに参加する傾向は，別々ではあるものの似通った課題であり，この課題は特にスポーツマーケティング管理者に関連がある．プロスポーツのフランチャイズは，最高のアスリートを選手名簿に載せることにより，可能な限りファンの集客域を広げ，それを維持しようとする．実際に，チームが代表する地理的領域を超えて，チームの注目度とサポーターの基盤を構築することへの関心は，スポーツが行われる場所の観光地管理者と協力することによって大幅に前進する可能性がある．

　中心地理論は，スポーツと観光の研究において非常に有益な理論である［Daniels, 2007］．スポーツアトラクションは，他の観光アトラクションと同様に，階層的な組織構造（表5.1）内に存在する［Leiper, 1990］．この階層は，一部のスポーツセンターが主に地元の集客域を利用し，またスポーツ階層の上位に位置する他の地域は，地域，国内，または国際的な集客域を利用する，といった事実を表している．Bale［1989：79］は，都市部にあるスポーツ施設に関して，「スポーツ経験の楽しみを最大化し，なおかつ旅行とそれに伴うコストを最小化に抑えることにより，可能な限りユーザーの近くに位置する」と説明している．この特徴は，スポーツ施設の状況に影響を与える新しい要因の出現により，近年複雑化している．これらの要因には，施設の共有，インフラ，旅行の中心地へのアクセス方法の変更，観光およびサービス開発への近接性，およびメディア市場での注目度が含まれている［Stevens, 2001］．

　スポーツ需要に関する，スポーツが消費される場所からの距離に伴って減少するという概念は，スポーツ観戦と参加の両方に当てはまる．Bale［1989］は，これを説明するために「影響範囲」といった用語を導入している．これは，スポー

ツチームが観戦者を魅了する力を表す．距離減衰モデルに関して述べたように，スポーツ観戦の空間需要曲線の傾斜と範囲は緩やかである．チームの運命（勝敗記録），競技の状況，リーグの順位，天候など，スポーツ管理者が直接制御できる範囲を超えた要因の影響を受ける可能性がある．さまざまな要因が，スポーツへの参加に関する需要曲線に影響する．これらの要因には，アクセスのコスト［White & Wilson, 1999］，スポーツ資源の基準，スポーツツーリズム経験の独自性が含まれている．友人や親族を訪問したり，目的地において他の望ましい観光を経験したりするなど，追加の観光機会も需要曲線を緩やかにする可能性がある．

　スポーツにおける場所の階層の概念は，これらの議論の中心である．スポーツ資源が場所の階層内に位置づけられるだけでなく［Bale, 1989］，観光地も場所の階層内に存在する［Higham & Hinch, 2006］．これらの階層は競争的でダイナミックなものであり，スポーツにおいては参加と興味によって発展する可能性がある［Coakley, 2017］一方で，観光地においては場所の階層は顕著に上下する［Butler, 1980］（第10章も参照）．そのため，スポーツと観光の管理者は，旅行の意思決定を促す方法として，運動強度が高いスポーツ経験，歴史的に重要な瞬間，特有な目的地を結びつけるために，調整を行ったりする．Harrison-Hill and Chalip［2005］は，スポーツと目的地の間に強力な相乗効果を生み出すことが重要だと説明している．この相乗効果を生み出すことに成功した目的地は，競合する目的地よりもその相乗効果が際立つ可能性が高いため，それによってスポーツツーリズムにおける場所の階層が向上する可能性もある．この点から，スタジアムの場所の階層に関する問題は，スポーツツーリズムの特に競争力のある側面である（Focus Point 5.1を参照）．

▶ 都市部におけるスポーツツーリズムの空間分析

　実際には，「膨大な数の物理的，経済的，社会的障壁が中心地モデルを歪めることに寄与する」［Bale, 1989：81；Daniels, 2007；Mason et al., 2008も参照］．例えば，プロスポーツにおけるフランチャイズを支持するために必要な集客域の人口は，集客域内の住民がチームを支援するかどうかによって決定されるため，変化する．サスカチュワン・ラフライダーズ（カナダフットボールリーグ）やグリーンベイパッカーズ（アメリカナショナルフットボールリーグ）などの小都市のチームは，スタジアムで受けるチームのサポートレベルがホストシティの人口規模と連動しないことを示すよい例である．例えば，ラフライダーズはサスカチュワン州全域から支持されるチームとして存続している．この例は，「人的および文化的要因によっては，中心における場所のモデルから予測される合理的・経済的な世界は説明でき

なくなる可能性がある」ことを証明している [Bale, 1989：82]．これらの要因は，集客域内外からの観戦者を生み出すことができる一部のチームが，予想よりも高い忠誠心を彼らに持たせることができる説明に役立つ．

都市間旅行は，スポーツの副産物としてますます一般的になりつつある．Bale [1989：112] は，「地域間と国際旅行が比較的簡単にできる時代に，スポーツイベントは，人々が実際に繰り返し集まる機会を作り出すことができる……したがって，彼らは大都市の支配的な経済に貢献する」．スポーツイベントや施設は，高階層の都市中心部の娯楽地区において，経済的な支えとしてよりいっそう使用されている [Mason et al., 2008]．いずれも時間の経過とともに変化するスポーツの場所の階層と空間需要曲線は，スポーツツーリズムにおける目的地の状況に影響を与える．ほとんどの場合，スポーツチームは，観戦者がホスト地域内から，場合によってはさらに遠くに移動することになるホーム会場で，競技することになる [Gibson, 2002; Higham & Hinch, 2000]．

従来，競技リーグは一連のホームゲームとアウェイゲームによって特徴づけられ，それぞれのチームのサポーターがさまざまな割合で参加している．ホームゲームは地元サポーターに支配される傾向にあるが，スポーツおよび観光の管理者は，訪問ファン，カジュアルな観戦者，およびスポーツ競技会に参加するために目的地に向かう旅行者といった人々の動きを促進する戦略を考案する必要がある．また，ホームチームのサポーターが必ずしも地元住民ではないことも注目に値する．1例として，ニューカッスルユナイテッドフットボールクラブがイングランドのプレミアフットボールリーグに復帰して以降は，このフットボールクラブを支援する，年間約17万人のノルウェー人が，週末にニューカッスルへ旅行している [Law, 2002]．ノルウェーのニューカッスルとリバプールのフットボールクラブに対する強力で持続的な支援は，1970年代にノルウェーでのイギリスのフットボールの定期的なテレビ放送が開始されたことによって誕生している（Case Study 6.1も参照）．

他のモデルは，スポーツ競技の空間的な組織に存在している．「空間的組織の別の形式は，その母集団の基準値に見合ったビジネスに引き合わせるため，スポーツをその人々の元へ移動させるということである」[Bale, 1989：85]．一部のスポーツは，特定の移動不可能な自然資源と密接に結びついているが，他のスポーツは資源の制約が比較的少なく，移動させることができる（第7章）．例えば，マラソンコースは，人口の集中，独特な都市のランドマーク，または特有な景観環境を活用するために配置できる．

プロのスポーツツアーでは，競技が行われるさまざまな会場において繰り返される季節のイベントカレンダーを組み込んだうえでツアーサーキットが組まれる．

これらのツアーは，スポーツ観戦者のアクセスと収益を改善するように設計されており，ゴルフ（Professional Golf Association Tour など）やテニス（Association of Tennis Professionals Tour など）の場合に，目的地の季節の状況を活用できるようにスケジュールが組まれる（第9章も参照）．プロフェッショナルツアーは，スポーツツーリズムに対し2つの重要な意味をもたらしている．まず，ツアーサーキットが開催地，都市，国または大陸間を移動するにつれて，競技者または大会出場者をエリートスポーツツーリストに変える．第2に，それは，プロのスポーツツアーの定期的な訪問に関連するスポーツツーリズムの発展と，定期的なマーケティングの機会を提供している．ワールドラグビー（旧インターナショナルラグビーボード），HSBC ワールドセブンズシリーズ，そして香港で開催される毎年恒例のトーナメントは，多くの場合，他の都市の観光活動に関連しており，スポーツフェスティバルとしての発展と宣伝が行われている．香港セブンズは数十年にわたって持続的な成功を収めてきたが，1990年代に色鮮やかなフェスティバルと現代文化のプラットフォームに発展したウェリントン（ニュージーランド）セブンズトーナメントが，近年人気となっている．これは，ライバルのオークランド・ナインズ（ラグビーリーグ）の出現と，ウェリントンセブンズの過度なアルコール消費との関係 [Gee, 2014] が影響している．

　現在，年間17レースのグランプリサーキットが行われるフォーミュラ1は，定期的なマーケティングの原則に基づき開発された毎年恒例のプロスポーツ競技であるが，このスポーツは F1 グランプリを開催する都市間の激しい競争が特徴である [Henderson et al., 2010]．定期的なスポーツイベントは，場所の変更の脅威はあるが，国際サッカー連盟（FIFA）のサッカーワールドカップや国際クリケット評議会（ICC）のクリケットワールドカップ，国際アマチュア陸上競技連盟（IAAF）の世界選手権やオリンピックなどの隔年または4年ごとのスポーツイベントとは対照的である．これらのイベントを開催する都市は変化し，入札プロセスによって決定されるため，スポーツツーリズムの目的地管理者にさまざまな課題と機会をもたらす．これらの場合，スポーツと観光の管理者が協力し，これらのイベントが提供する機会を再生，ビジネス開発，目的地マーケティング，イメージの再構築，観光，イベントのレガシーといった形で [Weed, 2007]，最大限に活用することが特に重要である．そのような戦略の1つは，開催都市の目的地において有名で象徴的な観光アトラクションに関連した特定のスポーツを開催し，イベントに関連するイメージを構築することである．ホースガーズパレードとバッキンガム宮殿（2012年ロンドンオリンピック），コルコバードのキリスト像（2016年リオデジャネイロオリンピック），シャンゼリゼとエトワール凱旋門（パリ，ツールドフランス）は，世界中の観戦者に対しスポーツイベントのイメージを発信する都市

の象徴的モニュメントの典型例である．スポーツイベントに関連させながら，外部の観戦者にイメージを効果的に投影するために，景観のイメージとして人々が認識しやすい文化遺産の場所を使用することも考えられる．

スポーツツーリズム市場の範囲

　スポーツチームの市場範囲は，さまざまな要因によって異なる．これらの要因には，歴史的記録，プレーのスタイル，チームのイメージ，公共の宣伝，チームの成功などがあり，それらは観光地としてのチームの位置づけに影響を与えている [Hinch & Higham, 2001]．同様の要因は，ホームチームだけでなく，アウェイチームにも当てはまる．北米のプロスポーツリーグの最近の傾向は，強豪アウェイチームとの試合の際に観戦者に追加料金を課すことである．成功したクラブの中には，観戦者市場，ファン層，メディア到達率の範囲を広げることができたクラブもあるが，ほとんどのスポーツクラブでは，観戦者の集客範囲はローカル／地域規模である．

　「ホールマークチーム」は，「大勢の観戦者を定期的に惹きつけ，（そして）現在は観光地の宣伝や短期間のレジャー観光パッケージの代名詞となっている」[Stevens, 2001：61]．そのような場合，観戦者の流れに適用される分析の規模は，国際的またはグローバルな範囲に及ぶ可能性がある．Bale [1993] は，バルセロナやマンチェスターユナイテッドなどのフットボールクラブがメディアから高い注目を集めていることを指摘している．これは，チームが実際に代表する場所をはるかに超えた支援基盤を構築するのに役立っている．マンチェスターユナイテッドフットボールクラブは，地元ライバルクラブのマンチェスターシティとマンチェスター市を分けるが，このクラブは1990年代／2000年代にデイビッド・ベッカムが複数ブランドの象徴であったこと，またアジア市場におけるベッカムの人気によって [Vincent et al., 2009]，グローバルな支援基盤を持つ国際的なスポーツブランドとなった [Hill & Vincent, 2006]．FCバルセロナは現在，スペインよりもインドネシアに多くの公式ファンクラブ会員がいる．観光市場の範囲への影響は重要である．オールドトラフォードで行われたマンチェスターユナイテッドのプレミアリーグの試合は，マンチェスター地域に定期的に4000〜6000人の国際的な旅行者を惹き寄せている [Stevens, 2001]．同様に，カムデンヤードスタジアムで行われたボルチモアオリオールズ（アメリカ）の野球の試合に参加する観戦者の46％は，スポーツエクスカーショニスト（周遊者）やスポーツツーリストであり，そのうち約1万1000人が，少なくとも一晩ボルチモアに滞在している [Stevens, 2001]．

　スポーツチームに関連づけられた空間的な移動パターンは，シーズンチケット所有者やファンクラブ会員の居住地など，すぐに利用可能な2次的データを使用

してマッピングすることができる．スポーツ観戦者の移動の流れに関する研究を「カジュアル」な観戦者市場にまで拡大することは，電子チケットやデータシステムの開発により，過去よりもはるかに簡単になった．これらのビッグデータは，時間の経過に伴う観戦についての洞察を可能にし，空間的な移動の流れと観戦に影響する主要な要因を明らかにすることができる．これらの分析は，スポーツツーリズムにおける観戦者が生じる範囲と特定の地域についての，いくつかのアイデアを提供している．ホームチームのフランチャイズエリアのローカルな地理的境界を越えて市場範囲を拡大することは，国内または国際的な試合の観戦，および商品の販売またはサポータークラブのメンバーシップを通じて達成できる．チームの継続的な成功は，その市場範囲に影響を与えるが，持続的な成功は非常に稀なことである．この要因だけでは，一部のチームが享受している持続的かつ広範なファン層を説明することはできない．個々のスター選手と，チームを取り巻くオーラ，魅力，文化遺産，そして彼らが競技する会場は，一部のスポーツチームの持続的魅力に貢献している．それと同じ要因が，ノスタルジアスポーツツーリズムに参加する訪問者の傾向に影響を与える可能性がある [Ramshaw & Gammon, 2016]．ホームスタジアムの雰囲気，ホームファンの雰囲気と地元意識，著名な選手のパフォーマンスは，スポーツチームによって作り出されるサポーターの集客域にも影響を与える可能性がある．これらの要因は，さまざまなレベルの競争と分析の規模の点に関して，スポーツチームとプロのフランチャイズに当てはまる [Mason & Duquette, 2008]．

　スポーツツーリズム現象の空間的範囲と関連する流動性が，大幅に拡大していることは明らかである [Higham & Hinch, 2009]．グローバル化の推進力と結果（第4章を参照）は，スポーツと観光分野において学術的に大きな注目を集めている [Maguire, 1994, 1999; Mowforth & Munt, 2015; Silk & Andrews, 2001 など]．Higham and Hinch [2009：10] は，「スポーツと観光は，国際貿易，事業開発，資本投資，雇用成長の観点から，都市，地域，州間の新しい関係の発展に顕著に現れている」と述べている．重要な議論は，新自由主義とグローバル化の下で，誰が勝ち誰が負けるのか [Harvey, 2007]，グローバル化が標準化の推進につながるのか，地域の抵抗と交渉が場所間の違いを維持するのか，さらには促進するのか，といった点に集中している [Bale, 2002; Hall, 1998; Page & Hall, 2003; Silk & Andrews, 2001]．同質性を求める力とそれへの抵抗が共存することは，一般的に知られているが [Harvey & Houle, 1994; Washington & Karen, 2001]，イギリスの欧州連合離脱国民投票（2016年6月23日），イギリス首相テリーザ・メイによるリスボン条約第50条の履行（2017年3月29日），およびアメリカ大統領選挙（2016年11月8日）は，グローバル化の文脈における歴史的な瞬間となった．グローバルな政治におけるこれらの変化は，

スポーツリーグ，旅行の流れ，スポーツ労働市場，スポーツ労働者の移動，および スポーツツーリズムの，より広範な移動性の空間パターンを再形成している．

スポーツ，空間，訪問経験

　スポーツツーリストが移動する距離は，通常，目的地で求められる経験に影響する．観光における時間距離コストの基準値は，旅行への自由に使える時間とお金の投資が増加するほど，訪問経験の多くの面に影響を与える（第8章）．例えば，スポーツツーリストが旅行するほど，目的地において他の種類の観光活動を行う時間が増える可能性が高くなる [Nogawa et al., 1996]．また，地域において象徴となっているスポーツチームでは，実際に「ホーム」サポーターがチームを応援するために長い距離を移動する必要があるといった点も，重要な論点である．自国で開催される国際大会に出場する代表チームは，大会に参加するために国内旅行者として長距離を移動し，国内のあらゆる地域のサポーターを惹きつける．実際に，海外で暮らすサポーターが，スポーツチームを支援したり応援に参加したりするために出身国へ戻ることもある [Higham & Hinch, 2006]．したがって，スポーツチームまたはクラブが象徴する空間領域は，チームの支援対象と考えられる空間範囲と大きく異なる場合がある．例えば，マンチェスターユナイテッドフットボールクラブは，地元のライバルであるマンチェスターシティフットボールクラブとはまったく別のマンチェスター市の地域を代表しており，どちらも熱心でグローバルな支援基盤を持つ点において非常に成功したプレミアリーグのフットボールクラブである．これにより，旅行者であるサポーターが，「自国」を離れている，または「帰国」していることを実際に感じることはなく，国内または国際旅行者として観戦者が旅行する可能性が高まるのである．

　スポーツツーリズム経験に関連した訪問者の支出パターンは，スポーツ，観光，サービス産業にとって特に興味深いものである．「プロスポーツの集団を惹きつけることに伴うコミュニティへのコストとメリット，および，スポーツフランチャイズが位置する都市への経済的影響の両方への洞察が存在する」[Bale, 1993：77]．都市部のスポーツクラブまたはフランチャイズの場所に関連する支出には，クラブの支出，またはスポーツの生産に関わる支出，地元および地元以外の観戦者が生み出した支出が含まれる．このような支出は，都市部の規模とその地理的特徴の定義によって異なる．Bale [1993：81] は，イギリスのフットボールに対し，「フットボールクラブからの距離が長くなるにつれて，小売店に対するプラスの波及効果は，クラブが特定の結果に到達するまで低下する可能性が高く，直接的ではない経済的影響がある」ことに言及している．さまざまなスポーツ観戦者の集客域の支出パターンは非常に特有であり，特に地元と地元以外からの訪問者の

支出パターンの違いが顕著であることは注目に値する [Gibson et al., 2002]．ただし，スポーツツーリズムのこの側面に関する研究はほとんど行われていない（第 8 章）．

スポーツツーリズムとスポーツ施設の状況

　地域の規模で見ると，都市は娯楽消費の新しい段階の最前線にあり，Belanger [2000] はこれを空間の見世物化と表現している．このプロセスは，「カジノ，複合映画館，テーマレストラン，シミュレーションシアター，スタジアム，スポーツの複合施設で満たされた新しい都市景観の形成」[Belanger, 2000：378] である．多くの場合，この新しい都市景観は，「スポーツの領域」と「観光の領域」として機能する可能性のあるエンターテインメントの集合地域として存在する [Leiper, 1990; Mason et al., 2008]．「これらのグループにおける空間的に関連するアトラクションと施設の固有の組み合わせは，複合体と呼ばれている」[Dietvorst, 1995：165]．スポーツ施設の状況は，娯楽，観光，サービス部門の利益に合わせて施設の開発が計画されている時に強化される．市のサービスと娯楽エリアに隣接して位置する中心的なスポーツの場所は，スポーツ施設の計画における重要な側面になっている [Chapin, 2004; Gratton et al., 2005; Thornley, 2002]．

　近代的なスタジアムの開発は，観光地として機能するスポーツ施設の地位向上に役立っている．スタジアムは，都市再生と都心部の観光を基盤とした開発プログラムの一環として，ホテルとコンベンションセンターの複合施設とともに開発されており，一部の北米の都市ではスポーツフランチャイズと協力し，また都市におけるスポーツ施設は，スポーツの過去を踏まえることにより観光経験の遺産価値を最大化している [Mason et al., 2005]．これらのプロジェクトは，旅行者のニーズに応えるため，スポーツツーリズムに特化した旅行代理店を含むサービス産業の発展を促進した．これらの開発は，宿泊施設，交通機関，食事，娯楽などの補完的な観光サービスと組み合わせながら，スポーツ施設の地位を高めている．オーストラリアにおけるメルボルンおよびオリンピック公園（MOP）の区域では，観光およびサービス部門が開発に密接に関わることによって，世界クラスの集中した都市スポーツの資源開発に成功している [Hede & Kellet, 2010; Smith, 2010]．直接的なスポーツ施設を超えたメガスポーツイベントの開催は，目的地イメージ [Kaplanidou & Vogt, 2007; Smith, 2005] と都市の形態に大きな変化をもたらす可能性がある．スポーツと目的地の管理者，市民のリーダー，都市計画者は，開催都市での排他的行為を推進するスポーツとイベントの発展の可能性を意識することが非常に重要である（Case Study 5.1）．

　スポーツ施設のコンセプトは，スポーツツーリズムにおける施設，目的地，またはスポーツリゾートのコンセプトを生み出す．スポーツツーリズム施設の魅力

は，国内に存在するさまざまなスポーツ地域の独自性に基づいている [Rooney & Pillsbury, 1992]．定義上，スポーツツーリズムにおける施設は，スポーツ施設と資源，および観光インフラとサービスの存在が必要である [Standeven & De Knop, 1999]．「訪問者にとって，快適性は互いに関連しているように見える．それは，全体が個別の快適性である場合よりも魅力的である」[Dietvorst, 1995：165]．スポーツツーリズムにおける施設には，目的地において重要な中心部へ向かう移動の流れに対応する能力がある．国内および／または国際交通ハブの形で確立された観光経済，宿泊部門，スポーツ産業を引き立てる観光アトラクション，および観光情報サービスを含む非常に発達したサービス部門は，その機能にとって重要である [Whitson, 2004]．

　スポーツツーリズムにおける施設と地域の発展と管理には，スポーツと観光資源の両方の，戦略的かつ協調的な発展が必要である [Maier & Weber, 1993; Pigeassou, 2002]．国際的なナショナルサッカーキャンプスティリアは，戦略的なスポーツツーリズムにおける発展の優れた例である．スティエマルク（オーストリア）のアルプス地域に位置するキャンプスティリアでは，エリートフットボールクラブと国際サッカーチームを対象に，プレシーズンリーグ（サマーキャンプ）と国際競争に備えるための高度なサッカートレーニング会場を提供している．この場合，高度な世界クラスのトレーニング施設は，スポーツチームの体調管理と準備のための競争力のある環境を提供し，グラーツは地域の便利な空の玄関口として機能している．キャンプスティリアはスポーツ施設となり，スポーツと観光の資源を組み合わせながら，専門のエリートスポーツ市場にサービスを提供している．

都市部でのスポーツツーリズムの進化

　スポーツ産業内の空間的変化は，都市環境内で絶えず起こっている [Bale, 1989]．これは，ヨーロッパと北米におけるチームスポーツの場所のダイナミクス性において特に顕著な現象である．イギリスのスポーツスタジアムは，もともと人口の集中と交通のハブとして活用するために配置されていた．スポーツ観戦者にとっての集合的な旅行を最小限のものにするための戦略は，都心部の場所にスポーツスタジアムの開発を行うことであった．都市部のハブアンドスポーク公共交通網により，サポーターの大半は都市部でのスポーツマッチに参加するため，電車とバスで比較的短い距離を移動した．しかしながら，1980年代に厳格なスタジアム安全規制が導入された後，スタジアムの規模が大きくなり，安全な着席スタジアムが必要になったため，これらの場所の基準は多くの関連性を失ったのである [Bale, 1993; Paramio et al., 2008]

　場所に関する変化の状況は，イギリスのスポーツでは比較的遅れて波及したが，

最近では，観戦者の安全性と収入の創出により，さまざまなスポーツの新しいスタジアム，施設の共有，移転が行われている（Focus Point 5.2を参照）．対照的に，北米の状況は「1950年以降，場所の流動性によって特徴づけられてきた」[Bale, 1993：150]．過去50年にわたって，北米の多くの有名なプロフットボール，野球，アイスホッケーのフランチャイズが，ある都市，州，または国から，次の都市，国に移っている．ここでは，チーム全体が異なる州や国の都市間を移動するため，異なる規模の分析が適用される．スポーツ競争についての地理的描写は，このプロセスを通じて劇的に変化した．プロのアイスホッケーフランチャイズのカリフォルニアとフロリダといった温暖な気候の地域への拡大，およびカナダとアメリカ間のチームの再配置は，この点を適切に実証している．

　スポーツチームに関連するレガシーの価値は，都市間または国境を越えた移転の過程で常に損なわれ（第6章を参照），新しい開催都市に移された場合，地域全体においてその価値が失われる可能性がある[Kulczycki & Hyatt, 2005]．皮肉なことに，場所の流動の状況は，多くの場合，ノスタルジアスポーツツーリストをターゲットとする観光アトラクションを含む，観光商品の開発に関連して発生してきた[Ramshaw & Hinch, 2006; Stevens, 2001]（第10章も参照）．ノスタルジアスポーツツーリズムは，北米で積極的に開発されてきた[Rooney, 1992]．スポーツの殿堂は多くの場合，観光アトラクションとして位置づけられており，伝統的な博物館のスタイルは，最新の解釈技術，デザイン，技術を特徴とする新世代のスポーツアトラクションに引き継がれている．世界の他の地域の施設が静寂な場所であることを考えると，そこでのこのような開発は不可能なことであった．Stevens[2001：69]は，イングランドにおけるスポーツの殿堂に関して，以下のように述べている．

　　場所は，管理事務所の場所やオーナーが趣味を一般に公開したいという要望など，市場に関連しない基準によって管理される傾向にある．ほとんどは大都市圏外にあり，メジャーリーグフランチャイズの地理的条件と比較した場合，スタジアムの大規模な開発では，スポーツスタジアムと訪問者アトラクションを物理的に結びつける機会がほとんど見逃されている．

▶周辺地域におけるスポーツツーリズムの空間分析

　Christaller[1963：95]は，観光を「中心的な場所と産業の集積を回避する経済の分岐である」と述べている．観光は周辺地域に引き寄せられており，（そこでは）人々はどこよりも簡単に，レクリエーションやスポーツのチャンスを見つけることができる．周辺地域でのスポーツツーリズム（第7章）は，通常，自然資

表 5.2　周辺地域におけるスポーツツーリズムの空間的ダイナミクス

(1) 周辺のスポーツエリアの主な課題は，訪問者のアクセスを促進し，自然エリアでスポーツに参加する機会を増やすことである．スポーツエリアは周辺地域にあり，中心地ではなく天然資源とインフラが場所の決定を行う．

(2) 周辺のスポーツエリアは，観戦者ではなく参加者としての，主にアクティブなスポーツツーリストに依存している．

(3) 提供されるスポーツの数ではなく，スポーツ環境／資源の品質が，スポーツロケーションにおける階層内の周辺エリアの序列を決定する．品質は，ユニークさ，インパクトの有無，自然環境の遠隔性および特徴によって決定される場合がある．

(4) 周辺のスポーツ施設には，非常に多くのクラスターが存在し，スポーツ施設の階層と幅広いスポーツ施設の開発は，目的地の地位を向上させることを可能にする．

(5) 高次の場所では，自然の特徴と，開発されたインフラとサービスが，スポーツツーリズムを促進する周辺地域に集まっている．

(6) 周辺地域のスポーツツーリズムの消費者は，(a) 選択したスポーツに集中的に参加する，または (b) 選択したスポーツの追求に関連する他の観光機会を最大限にしたい，という欲求によって動機づけられている．

源に焦点を当てている．これらの資源の例には，山，湖，川といった登山，スキー，ラフティング，カヤック，釣りなどのスポーツの基盤を形成する資源が含まれている [Gilbert & Hudson, 2000]．周辺地域でのスポーツツーリズムは，通常，資源に依存しているため，市場エリアへの近接度ではなく，景観の物理的性質によって決定される．周辺地域でのスポーツツーリズム市場の領域，旅行パターン，観光経験は，都市部で行われるスポーツに関連するものとは対照的である．周辺地域のスポーツツーリズムの空間的ダイナミクスを支配する原則は表 5.2 の通りである．

　周辺地域に適用されるスポーツの空間理論は，市場アクセスではなく自然資源に基づきスポーツツーリズムが行われる場所が決定されることを示唆している．例えば，スキー場は，参加者が好ましい条件でスポーツに参加できるようにするために必要な標高，地形，雪の状態に影響される [Hopkins, 2014]．これは特に，特有の自然環境の条件を必要とするような特定のスポーツの動機において適用される隙間スポーツツーリズム市場の場合に，顕著な現象である．Bourdeau et al. [2002 : 23] が観察するように，「観光地の位置と旅程は，地理的（アクセシビリティ），人口統計的，または経済的欲求を満たすのにはあまり役立たない，さまざまな自然条件に影響されている」．スポーツ資源の要件は，例えばアルプスのウィンタースポーツの場合，人工雪製造技術によって緩和される．人口密集地への短時間でのアクセスを提供しながらも，多額の費用を投じることで都市部でも人工スキー場などの施設を建設できる．これらの点にもかかわらず，周辺地域でのスポーツツーリズム資源の要件は，その土地の基本的な特徴のままである

[Higham & Hinch, 2009]．

　周辺地域でのスポーツツーリズムが直面している状況は，商業開発の面に特有な課題を提供している [Bourdeau et al., 2002]．距離の遠さと地形は人々のアクセスを制限する可能性があり，また，気象条件や気候の不確実性といった面においても，スポーツができるかどうかは不確実であり，特定の条件下ではスポーツができなくなってしまう場合もある．その結果には，季節ごとの使用状況のばらつき具合，制度的な要因による低い頻度での使用，場所間の訪問者の高い移動性，およびサービス要件に関する多くの利用者による自給自足，といった要因が含まれている [Bourdeau et al., 2002]．有利な自然資源と市場アクセスが共存すれば，競争上の優位性が確立される可能性がある．周辺地域のスポーツツーリズム活動と施設の発展の大部分は，交通とインフラへのさらなる投資を促進し，それによってアクセスが改善される可能性もあるだろう．

　この議論は，都市部と同様に，周辺的な地域においてもスポーツツーリズムにおける目的地の階層が存在することを示唆している（表5.2）．人気のある目的地は，通常，自然の特徴と開発されたインフラ，そしてサービスが存在する周辺地域に位置している．人気のある場所は，特定のスポーツに関連する独自の文化（およびサブカルチャー的な価値）を育み，構築することにより，望ましい状態を強化する．「提供する資源，およびその評判と使用特性に応じて，ローカル，地域，または国の利益として識別され，それによって場所についての非常に明確な階層が確立される」[Bourdeau et al., 2002：24]．フランスにおける2000のクライミングスポットの研究において，Bourdeau et al. [2002] は85％が地方，13％が地域，2％が国にとって重要と考えられる，といった階層性を明らかにした．しかしながら，周辺のスポーツツーリズムにおける目的地の存在と機能は，観光インフラとサービスのレベルによって決まる．Teigland [1999：308] は，1994年のリレハンメル冬季オリンピックに関連して，「特定のオリンピックの影響地域は，さまざまな種類の衛星都市会場の分布に応じて異なり，開催国または地域，特に海外からの訪問者を受け入れる空港に近い地域である」と述べている．これらのスポーツ空間の原則は，スポーツツーリズム管理者が，機会と可能性，ならびに周辺地域でのアクティブおよびイベントスポーツツーリズムの発展に適用される制限を理解するのに役立つ．

　周辺のスポーツ観光地の階層は，自然資源の重要性と気候変動に関するシナリオの下での自然資源の分布の変化を考える際，魅力的である [Higham & Hinch, 2009]．Hopkins et al. [2013] は，相対的脆弱性の概念を採用し，ニュージーランドおよびオーストラリアの他地域との競合を比較しながら，気候変動がニュージーランド南部の地域スキーリゾートの魅力にどのように影響する可能性があるか

についての研究を行っている．彼らは，ニュージーランド南部のスキーリゾート
は温暖な気候による脅威に直面しているが，自然と人工の（雪作り）条件が比較
的良好であったことから，北島（ニュージーランド）とオーストラリアのスキー場
ほど脆弱な状況ではないことを明らかにしている．彼らの研究は，「……雪への
信頼性に焦点を当てる以上に，脆弱性が地域的変動に寄与する広範な要因を考慮
する明確な必要性と，社会的な文脈において相対的脆弱性を位置づけることの決
定的な重要性」を示している [Hopkins et al., 2013：449]．気候が，スポーツロケー
ションの階層における目的地の地位だけでなく，スキーリゾートの存続に対して
ますます大きな影響を与えることは間違いない事実である [Hopkins, 2013；Scott &
McBoyle, 2007；第7章と9章も参照]．

▶おわりに

　本章では，スポーツロケーションとスポーツツーリズムの流れが空間的次元を
形成すること，そしてそれらに影響を与える要因に着目した．それは，スポーツ
ツーリズムの文脈の中にあるスポーツ施設とスポーツロケーションの階層的概念
を拡張している [Bale, 1993]．スポーツツーリズム施設の重要性と状況は，利用
可能なスポーツ経験の範囲と質，サービス開発のレベル，独自のスポーツ施設と
資源によって決まる．スポーツイベントの経験は，グローバルからローカルまで
のさまざまな空間的次元にとって有効な考慮すべき点である [Pettersson & Getz,
2009]．

　スポーツロケーションは，スポーツおよび観光組織にとって積極的に影響を受
ける可能性のある地域，国内，または国際旅行の流れを操る場合がある．都市部
または周辺地域でのスポーツツーリズム活動の場所は，市場範囲，空間的な移動
の流れ，および訪問者のパターンに，大きな影響を及ぼす．スポーツツーリズム
の空間的次元の中に存在する旅行の流れを正しく理解することは，スポーツツー
リズムの発展促進の基本である．開発戦略の実施を通じて，新しい市場を開拓し，
市場範囲を拡大する試み [Higham & Hinch, 2002b] は，スポーツ施設の地位を積極
的に高めることができる．メルボルンパークの再開発は，3億8300万ドルの費用
で，メルボルンにおける都市スポーツの場所としての世界的地位をさらに高め，
オーストラリアにおけるテニスのグランドスラム（「アジア太平洋のグランドスラム」
を保持するための明確な戦略である）の地として市場範囲を拡大し，訪問者市場を拡
大している [Hede & Kellett, 2010]．主要な地理的理論と概念は，スポーツツーリ
ズム現象を定義および形成する空間のダイナミクス性と相互関係に関する重要な
議論を促している [Higham & Hinch, 2006]．

chapter

6

場所，スポーツ，文化

> 私たちは本質的に，スポーツと観光を文化的経験，そして身体活動の文化的経験，すなわち場所の文化的経験として観光を扱ってきた．したがって，スポーツツーリズムの性質は……場所の経験と結びついた身体活動の経験であることは疑いようがない．
> [Standeven & De Knop, 1999：58]

▶はじめに

　スポーツは，人々が空間に愛着を持つ意味において大きな影響を与える．これらの意味は，スポーツツーリストの経験，訪問先に与える影響，および発展を形づくるために設計された戦略の中心である．本章では，スポーツ観光地の特有な性質を考慮し，場所へのアイデンティティに関連するスポーツ文化を検討し，スポーツが観光地のブランド化に使用される方法を検討することにより，これらの主張を検討する．Daniel Evans のケーススタディ（Case Study 6.1）では，リバプールにおける地元のフットボール（サッカー）へのアイデンティティに関する緊張と，現代のスポーツツーリズムの文脈における場所，文化，マーケティングの複雑な現状を示すことにより，ゲームにおけるグローバルな文脈を考察している．

▶場　所

　場所は意味を持った空間のことを指し [Lewicka, 2011]，空間は場所，面積，距離に現れるような，幾何学的な景観を指す．Crouch [2000：64] は，レジャーの文脈における空間と場所の違いを次のように述べている．

> 空間は，その背景や文脈，そしてレジャーや観光にとって「与えられた」客観的要素になり得る．それは場所，国立公園，または特定のレジャー／観光が行われる場所，物事の間の距離と見なされる．場所は，パンフレットの内容として比較的表現しやすい物理的なイメージであり，「風景」は人々が想像することに対する引き立て役である．……この方法で，人々が文化的なメ

　ッセージであると理解されるその場所を，演出家または主催者の特定の意図に基づき読み，そして認識する．

　空間の幾何学的特性は客観的に測定できるが，場所ははるかに主観的である．個人および集団は，空間に付与する意味を常に定義し，そして洗練させている．彼らの生活の他の側面が変化するのに伴い，彼らが空間に結びつける意味も変化する．

　スポーツ [Bale, 2002] とレジャー [Lee et al., 2012など] は，空間に意味を吹き込む2つの現象である．Williams and Kaltenborn [1999 : 215] が，アウトドアレジャー活動について「（アウトドアレジャー活動は）アイデンティティを確立し，彼ら（参加者）の生活に意味を与え，場所とつながるために行われている」と主張しているように，スポーツ参与も同じような機能を持つと考えられる．この分野における最初の記述の1つとして，Standeven and De Knop [1999 : 58] は，スポーツツーリズムは「場所の経験と結びついた身体活動の経験」であると主張している．Gammon [2015] はこの主張を繰り返し，スポーツツーリズムの文脈において場所がどのように経験されるかを精査する研究の必要性を訴えている．関連する研究の例には，ロンドンオリンピックでのスポーツへの関与，場所への愛着，イベントの満足度，観戦者の意図に関する Brown et al. [2016] の研究が含まれている．そこでは，イベント会場において形成される観戦者の心理的なつながりは，必ずしも開催都市へのイメージに転移する必要はないと説明されている．Kirkup and Sutherland [2017] は彼らの研究において同様の主張を行っており，スポーツイベントの開催都市は，しばしば同様のイベントに繰り返し訪れる人だけでなく，それ以外のリピーターも呼び込むことが求められていることを指摘している．

　スポーツツーリストはさまざまな方法で場所に対し愛着を持つ．場所への愛着は複数の次元におよび，また複雑なものであるが，そのうちの最も顕著な側面は場所への依存性と場所への同一性である．場所への依存性は，個人や集団が空間と機能的に結びつくことである．また，Brown and Raymond [2007 : 90] は，場所への依存性について，「その場所で行われる活動に基づくつながり」と述べている．スポーツツーリズムの文脈では，特定の場所には特定のスポーツ活動を促進するといった資源の特有な組み合わせがある．例えば，ダウンヒルスキーヤーとスノーボーダーが利用できるスキーリゾートの地域は，降雪量が十分であるかどうかに依存していることが挙げられる．この機能的依存は通常，地域への強い愛着に貢献する（第5章の周辺地域でのスポーツツーリズムに関する議論を参照）．場所への愛着の主要な次元の2点目は場所への同一性であり，個人およびグループの自

己形成の役割を果たす［Kerstetter & Bricker, 2009; Scannell & Gifford, 2010］．自分がどこにいるのか，どこで遊ぶのか，を明確にすることにより，自分が誰であるかについての理解も深まる．したがって，スポーツツーリズムは，自己アイデンティティを形成する方法の重要な一部分である．例えば，ウルトラマラソンのランナーは，イベントを開催する場所への依存性の結果［Hinch & Holt, 2017］と，場所への同一性の一部としての目的地の重要性の両方の点において，イベント開催地に惹きつけられる［Hinch & Kono, 2018］．

観光地

Relph［1976］は，場所と没場所性に関する独創的な研究において，場所の概念は，個人が故郷に対して深い愛着を育むというように，ローカルな環境に関する議論において用いられるのが最も適切であることを主張している．彼は，旅行者の経験が表面的な性質であること，また観光産業が「ディズニーのような」風景を提示しない傾向があるといった点から，観光者の訪問目的に関連した「場所の感覚」を発展させる可能性が最も低いグループの1つとして，観光者を位置づけている．Relph の主張は，それが発表されてからの40年間で，移動性の向上によって故郷の概念そのものが変化し，複数の故郷を持つ可能性も含め，「故郷」とは何かを新たに理解することに貢献している．しかしながら，Relph が暗示している伝統的な故郷の感覚でさえ，レクリエーションやスポーツの場所への訪問者は，その場所でレクリエーションやスポーツができるだけでなく，彼らがその場所との結びつきを強めるといった事実を頻繁に作り出している［Wynveen et al., 2012など］．また，故郷を基盤とした場所へのつながりに着目すると，レジャー指向の目的地と訪問者を結びつけるのに役立つ「社会的世界」の重要性が無視されてしまう［Kyle & Chick, 2007］．同様に，Stebbins［2007］のシリアスレジャーの理論は，故郷に対するコミットメントが，しばしば個人をスポーツツーリズムの目的地に結びつける旅行経験によって特徴づけられることを示唆している［Jones & Green, 2005］．最後に，愛着に関する研究の先駆者である Tuan［1975 : 165］は，（空間への）愛着を深めるためには，その空間に住む必要があると主張している．スポーツを基盤とした旅行の具現化された性質を考慮すると［Lamont, 2014など］，旅行中にスポーツを行うことにより，文字通り，その場所を自分の五感を使って感じることができ，その結果として，旅行者は場所とのつながりを作り出すのである．

人々が日常生活との境界線を越え，喜びのために旅行するということは，旅行の費用に見合う，故郷では見つけられない経験を旅行先で体験できることを示している．Standeven and De Knop［1999 : 57］は，次のことを示唆することにより，この論拠を提示した．

　観光の性質は，故郷から離れた場所の異なる特徴を持った本物の文化的経験に根ざしている．これらの特性は各場所に固有のものであり，旅行者はそれらを眺め，感じ，聞き，嗅ぎ，そして，触れる．それらの相違点（とそれらの類似点）は，人々の意識的な経験の一部になるのである．

本物の経験ができる目的地には，訪問者にとっての意味が込められている．Gu and Ryan［2008］も同様に，観光発展は，その場所に関連する独自性，自己効力感，継続性，自尊心の認識に基づき，故郷に対する場所への同一性に影響を与える可能性があると主張している．これらのすべての側面は，その場所で発生する観光活動の種類によって影響を受ける可能性がある．そのような論理は，場所がスポーツツーリズムにとって必要不可欠な要素であることを示唆している．観光産業の観点から見ると，目的地が訪問者にとってプラスの意味を持つほど，その目的地の観光市場における競争上の優位性は大きくなる．場所への同一性と場所への依存性を通して愛着を育むスポーツツーリズムの目的地は，将来的に競合する目的地に置き換えられてしまう可能性が低くなる［Hinch & Holt, 2017］．

スポーツ観光地

　スポーツツーリストの経験は，「（演出されたまたは本物の）旅行者の場所との相互作用の結果」である［Standeven & De Knop, 1999：58］．Bale［1993］は，これらの場所との相互作用をスポーツの文脈において発生させる 4 つの方法について，① 神聖なものを探す，② 目的地における故郷のようなつながりの促進，③ 審美性，④ スポーツヘリテージ，と説明した．最初の例では，Bale［1993］は，大部分の国民において「宗教的」忠誠心が変化してきていると指摘する．多くの人々は，宗教の祭壇で礼拝するのではなく，スポーツを祭壇の代わりにしている．宗教的な巡礼者のように，スポーツツーリストは世俗的なものから神聖なスポーツの目的地に移動し，世俗的なものに戻る［Graburn, 1989］．スポーツツーリズムの場所は近代的なものからの逃避として機能し，神聖なものは，おそらくポストモダンの世界での不安定な状態への反応を反映しているため，旅行者の通常の生活とは別の現実を形づくるのである．

　スポーツ空間に意味を与える 2 番目の方法は，その場所が故郷から遠く離れている場合でも，その場所と故郷のようなつながりを形成させることである．特定のスポーツ会場は，ファンまたはアクティブな参加者が場所に対するスポーツの忠誠心を強めることにより，故郷になり得る可能性がある．この「故郷」の考え方は，旅行者のほとんどの専門的な定義とは異なるものである．この考え方は，一度その場所から離れた距離を基準とし，旅行者を観光者または周遊者として定

義している．そうすることで，これらの「ホーム」ファンが目的地に対し愛着を
持つ意味について，興味深い問いが提起されている（Case Study 6.1）．

　スポーツ空間に意味を与える3つ目の方法は，審美性の付与である．この場合，
場所の意味は，スポーツの場所への審美性に貢献するさまざまなスポーツ景観の
要素から派生する．例えば，イギリスのサッカースタジアムは，スポーツの信者
と非信者の両方の観点から，場所の認識と密接に結びつけられた「世俗的な大聖
堂」と呼ばれている [Robinson, 2010]．具体的には，主要なイベント [McGillivray &
Frew, 2015] に関連する一時的な「ライブサイト」と「ファンパーク」，または恒
久的な都市のスポーツ地区，または地域の開発は，観光景観におけるスポーツの
審美性の現れである．Smith [2010] は，恒久的な都市のスポーツ地区は，主要な
イベント施設に焦点を当てるだけでなく，名誉の殿堂，スポーツ活動の展示，ア
クティブな関与が可能な施設など，より参加型のスポーツ施設も含める必要があ
ることを示唆している．

　この類型の最後の要素はスポーツヘリテージである（第10章）．スポーツヘリテ
ージの場所と旅行者の概念は，ノスタルジアスポーツツーリズムの考えと一致し
ている [Fairley & Gammon, 2005；Gammon & Ramshaw, 2007]．この景観に対する支援
は，スポーツ博物館の普及，これまでのオリンピック会場のツアー，スコットラ
ンドのセントアンドリュースでのゴルフなど，さまざまなスポーツの起源への訪
問によって明らかになる．多くの場合，この要素において重点が置かれているの
は，構造環境，特にスポーツの過去の具体的な肖像として機能する歴史的なスポ
ーツ施設のレンガとモルタルである．しかしながら，より微細な，スポーツが自
然の風景に与える文化的な影響は，目的に合わせて造られたアリーナなどの伝統
的なスポーツの実践空間で表現されるか，または非公式なスポーツの練習や一時
的に使用された住宅街の道など，他の用途のために設計されたがスポーツ空間と
して選択されているかに関わらず，ヘリテージの場所の強力な次元に位置し得る
のである．

　これらの要因はすべてスポーツ空間に意味を与え，それによってスポーツツー
リズムの場を作り出すが，Bale [1989] は，スポーツスケープ（標準化されたスポー
ツ施設とインフラによって特徴づけられる景観）の出現を，逆行する傾向として注目し
ている．実際，これらのスポーツスケープは，Relph [1976] によって記述された
「没場所性」を具現化したものである．

　　20世紀には，景観ではなくスポーツ景観がスポーツ環境を特徴づける傾向に
　　あった……新しい素材がスタジアムの形状と表面の質感を変えた．畑はカー
　　ペットになり，公園はコンクリートの鉢になった．自然環境をどの程度変化

させる必要があるかはスポーツによって異なるが，ほとんどのスポーツでは人工的な設定が必要である．［Bale, 1989：145］

標準化されたスポーツスケープへと向かうこの傾向の理論的根拠は，少なくとも4つある．まずはじめに，観戦者と参加者の快適性と安全性を確保する試みを表している．例えば，スポーツの現場での人身傷害に対する法的責任と金銭的罰則を確立するために裁判所に頼るといった，コミュニティの強力な動機がある．第2に，スポーツ施設と場所の標準化は，「公平な競技場」を提供し，そうすることで，より公平な競争を促進すると見られている．第3に，スポーツスケープの進化は，「改善された」パフォーマンスを可能にした技術の進歩を反映しており，競合する地域で模倣される傾向にある．最後に，スポーツスケープへと向かう傾向は，多くの場合，技術的な欲求と市場の魅力の両方がマスメディアからの要求の結果となっている．この適合への傾向があるにもかかわらず，過去10年にわたって，主要なスポーツスタジアムが，その建設場所に意味合いを持つよう結びづけるための意識的な努力が行われている［Sheard, 2014］（Case Study 4.1も参照）．

テリトリー

テリトリーの問題は，自分たちが「所有」していると感じている，またはその場所に対して何らかの道徳的主張を持っている，2つ以上のグループが対立する際に発生する．これらのグループがある場所を同一視する方法における重要な違い，押し寄せる重圧，喪失感や侵略感は，スポーツツーリズムとは真逆に機能するように，場所の次元としてのテリトリーの問題を拡大してしまっている．この問題については，スポーツイベントの観戦者を対象として研究が行われており［Evans & Norcliffe, 2016］（Case Study 6.1），例えば，参加者優先のイベントにおけるその場所の居住者とそこを訪問する競技者や［Hinch & Holt, 2017］，サーフィンのようなさまざまな種類のスポーツにおけるサブカルチャーメンバーといった観点から，検討されている［Usher & Gomez, 2016］．Evans and Norcliffe［2016］は，テリトリーに関して直接言及しているわけではないが，リバプールフットボールクラブの訪問者と地元サポーターとの間の緊張関係の研究においては，サッカーにおける地元への一体感とグローバル化の間の緊張関係を説明している（Case Study 6.1も参照）．これらのグループは同じチームを応援しているにもかかわらず，地元サポーターは彼らのアイデンティティと訪問サポーターとの関係によって葛藤していた．参加者優先のウルトラマラソンイベントでの地元住民と訪問アスリートの場所への愛着に関するHinch and Holt［2017］の研究では，地元住民と訪問アスリートの両グループにおいて，イベントのホストコミュニティへの愛着が

プラスの影響を持つことが明らかとなった．しかしながら，競技者は場所への依存性を通して開催都市のコミュニティとつながる可能性が高く，一方で，地元住民は場所との一体感を介してつながる可能性が高くなる．まったく異なるスポーツの文脈では，Usher and Gomez [2016] のコスタリカでのサーフローカリズムの研究において，地元住民，外国人居住者，短期訪問者の3種類のサーファーが存在することが明らかになった．地元コスタリカ人サーファーは，波は自分たちのものだという意識を強く持っていたが，サーフィンのエチケットを守らない短期訪問者サーファーに率直に抗議することは，外国人居住者サーファーよりも少なかった．このことは，対立を最小限に抑えるためには，さまざまなサーファーグループ間の交流をうまくコントロールする必要性を示している．

▶文化，場所，アイデンティティ

　場所は文化と密接に結びついている．スポーツ空間に付随する意味は，スポーツと観光が存在する文化的背景に強く影響される [Funk & Bruun, 2007]．文化は多くの点でスポーツと関連しているが，その中には，①スポーツイベントに関連して実行される文化プログラム，②大衆文化の一形態としてのスポーツ，③スポーツのサブカルチャー，といった3つの具体的な関連性が含まれている．これらの文化的側面は，スポーツ空間に付随する意味に影響を及ぼし，そうすることで，場所へのアイデンティティに影響し，潜在的に，観光のための場所づくりに影響している．

スポーツと文化

　1912年から1948年まで，夏季オリンピックでは「5種競技」が開催され，芸術家は建築，作曲，彫刻，絵画，文学に関連するコンテストに参加した [Ingraham, 2018]．これらの競技が行われなくなったにもかかわらず，特に開会式と閉会式，関連する芸術プログラムから明らかなように，「文化芸術」プログラムは今もオリンピックにおいて定期的に行われている．この実践は，特にメガスポーツイベントにおいて，スポーツと文化を別次元の補完的な活動として扱うといった一般的なアプローチを反映している．

　主要なスポーツイベントの開会式に関連する3種類のナラティブアプローチには，歴史，パーティー，ショーが含まれている [Moragas Spa et al., 1995]．最初の例では，式典は「歴史的つながりの一部を形成しているが，その瞬間に行われる独特な歴史的イベント」として扱われている [Moragas Spa et al., 1995 : 105]．2012年ロンドン夏季オリンピックの開会式は，ナショナルアイデンティティの物語を

作り出した歴史的要素のモザイクを特徴とする好例であった [Baker, 2015]．2番目の例では，セレモニーは，地元，地域，または全国の舞台芸術シーンを強調する舞台芸術の祝祭として扱われる．ショーは，イベントを祝う地元の人々が芸術の喜びを爆発させる場となる．最後に，3番目のタイプのセレモニーはエンターテインメントである．この方法で行われるセレモニーは，イベントの文化的および儀式的構造の「娯楽」の要素を軽視し，「例えば，スポーツ競技会といった，『本当』の興奮に対する娯楽的発表」を提供しようとする [Moragas Spa et al., 1995：108]．これらの3つのアプローチは，すべてスポーツを文化とは別のものとして扱っている．

「芸術」プログラムは，オリンピックのスポーツ競技と併せて開催される，スポーツと文化の補完的な関連性を示す1つの例である [Garcia, 2010]．現在のオリンピック憲章の第39条 [IOC, 2015] では，文化プログラムは地元の開催都市委員会の後援の下で開催されることが求められているが，その適用方法は大会ごとに大きく異なっている．入札段階では野心的な文化プログラムが提案されたにもかかわらず，実際の大会ではこれらのプログラムは控え目に実施されている．そのため，イベントを実際に開催する場合よりも，文化的要素は入札に勝つためのセールスポイントの一部として重要になっている．これらの文化的要素が真に評価されている場合，IOC や同様の機関によってこれをより明確にする必要がある．そのため，より多くの財政的支援が提供されるべきであり，開催都市は，このプログラムへのコミットメントに対して責任を負うべきである [Garcia, 2010]．

文化としてのスポーツ

スポーツにおける大衆文化の現れは，人間が個人的および集団的アイデンティティを発達させる主な方法の1つである [L'Etang, 2006]．これらの個人的および集団的アイデンティティを通して，場所へのアイデンティティが形成される．最も基本的なアイデンティティは，一般的な社会的およびイデオロギー的価値と実践に基づき，個人および集団として自分自身を認識する方法である [McConnell & Edwards, 2000]．これは，伝統的なメディア，ソーシャルメディア，その他の主要な文化機関で見られるように，社会的および文化的プロセスを通じて発展した社会現象である．アイデンティティとは，人々が他の人々とのつながりや絆，そしてこれらの関係を定義する文化を通じて，自己を理解する方法である [Dauncey & Hare, 2000]．

ナショナルアイデンティティは，通常，スポーツに関連するものを含むステレオタイプ，シンボル，および実践に関して，国ごとに互いに異なるものと考えられている [Devine & Devine, 2004; McConnell & Edwards, 2000; Tuck, 2003]．McGuirk

and Rowe［2001：52，53］は，その場所が私たちのナショナルアイデンティティ
の一部になる方法を明確にしている．

> 場所は，物質的および表現的次元のダイナミックな調和を通じて概念化され
> るようになり，場所へのアイデンティティは可変的，偶発的，流動的なもの
> として理解されている．しかしながら，場所に関する文化的知識の蓄積は，
> 場所の意味についてその力の持続的なバランスを踏まえ命名し，そして場所
> の意味を解釈し，その意味を投影する．この意味での場所は「メッセージ」
> であり，その意味は継続的に作成，複製，および再作成されるのである．

　場所へのアイデンティティは多くの文化的属性の影響を受けるが，スポーツは
その中でも最も支配的なものである［Porter & Smith, 2013］．Nauright［1996：69］
によると，スポーツが場所へのアイデンティティを構築するプロセスの要因であ
るだけでなく，

> 現代世界での共同的または集団的アイデンティティの最も重要な形成者の1
> つである．多くの場合，スポーツイベントとそれらに対する人々の反応は，
> 特定の社会における文化と集合的アイデンティティの公共の場における最も
> 明確な現れである．

場所へのアイデンティティに影響および反映されているのは，有名なスポーツ競
技大会だけではない．場所へのアイデンティティにおいては，地域社会で日常的
に行われるスポーツとレジャーを追求することも重要である［Williams & Champ,
2015］．通常，異文化におけるスポーツに関する文化の違いについての知見は，
スポーツ参加者または観戦者として文化の異なる地域に旅行することの副産物と
して，またはメディアを通じて文化の違いにさらされることによって，偶発的に
得られる．しかしながら，スポーツは文化の違いを理解するための視点として意
識的に使用されることが増えている．これは，アメリカの大学における，スポー
ツを中心に置いた留学プログラムに代表されている［Fairley & Tyler, 2009］．
　スポーツを通じた場所へのアイデンティティは，観光と関連の強い，①特定
のスポーツの特定の地域への関連づけ，②スポーツ内で見られる競争的階層の
統合力，③スポーツをすることによる成功体験の認識，④スポーツをしている
ヒーローとヒロインによる場所の擬人化といった，少なくとも4つの方法により
構築されている．
　特定のスポーツは，一般的に特定の国と関連づけられている．このつながりは

さまざまな要因に基づいている可能性があるが，最も強力なものの１つは，特定のスポーツが国の文化遺産として果たしてきた役割である．この種の協会の例には，ニュージーランドのラグビーユニオンがある．Falcous and Newman [2016] は，そのようなスポーツへのアイデンティティは神話に基づいていると指摘している．

多くのスポーツに存在する序列を巡る競争も，場所へのアイデンティティを促進する重要な要素である [McGuirk & Rowe, 2001]．ベドウィン族の議論に反映されている原則は，「私は私の兄弟に，私と私の兄弟は私のいとこに，私と私の兄弟と私のいとこは世界に反対している」といった競争的階層内で発生するテリトリー的利益の集合を反映している [Fougere, 1989：116]．場所へのアイデンティティは，競合する階層が連続的な高いレベルに到達するにつれて拡大していく，テリトリーの規模を通じて育まれる．このプロセスでは，これらの場所で見られる実際の違いと格差の多くが，プロセスの陰に隠されたり包み込まれてしまったりしている．

スポーツのパフォーマンスの観点から見た地域の相対的な成功は，スポーツと場所へのアイデンティティの関係にも影響を与えている．「ニュース」に頻繁に出ていたり，主要なチャンピオンシップを常に獲得しているチームや競技者がいたりする場所は，その場所自体が勝者として特徴づけられる傾向にある．そのような成功は，地域内に他の多くの社会的および経済的区分が存在する場合でも，共通のアイデンティティの感覚を提供することができる [Delia, 2015; McGuirk & Rowe, 2001]．このダイナミックな証拠を確認するためには，ワールドカップサッカーの成功に関連する全国的な盛り上がりを取り上げることが重要である [Dauncey & Hare, 2000]．流動性と移民の増加は，スポーツにおけるナショナルアイデンティティに関する議論の，従来の狭い焦点をより複雑にした．日本における民族的に多様なラグビー代表チームの成功に対する国民の反応に関して，Hinch et al. [2018] の研究はこれらの問題を強調している（Focus Point 6.1）．

最後に，スポーツのヒーローとヒロインは，場所を認識する方法に強い影響を与えることができる [Dauncey & Hare, 2000; Nauright, 1996]．そのよい例は，2012年にメディアが大々的に取り上げブームを巻き起こした「ジェレミー・リン」である．ナショナルバスケットボールリーグでプレーした最初の台湾系アメリカ人であるジェレミー・リンは，どこからともなく現れ，ニューヨークニックスのファンたちを興奮させた [Su, 2014]．アメリカのメディアはリンをアメリカの弱者でありながら永遠の外国人として描き出す一方で，台湾のメディアは彼を台湾の世界的な関連性を示す国民的英雄として描いており，その表象は矛盾するものであった．どちらの場合も，リンのステータスは，アメリカと台湾のバスケットボールファンの集合的アイデンティティの結集点として機能していた．

スポーツのサブカルチャーと社会的世界

　スポーツのサブカルチャーは，観光の文脈においてアイデンティティを確立することに貢献する，スポーツの3番目の文化的側面を表す．これらのサブカルチャーは，一般的に，特定のスポーツへの取り組み，シンボルや文化的資本の区別，およびサブカルチャーのメンバーシップに関する，さまざまなキャリア経験によって特徴づけられている．この場合のサブカルチャーという用語の使用は，支配的な文化と区別できるスポーツ文化のライフスタイルと，新しい部族的な概念を含むことを意味する［Wheaton, 2007］．また，社会的世界の概念とも密接に関係している［Unruh, 1980］．スポーツのサブカルチャーは，場所へのアイデンティティを含む場所との特有な関係によって特徴づけられており，この点においても興味深いものとなっている．

　例えば，サブカルチャーの1つであるウィンドサーフィンは，「顕著なコミットメント」が見られる文化として説明されている［Wheaton, 2000］．このコミットメントはいくつかの方法で表現されているが，基本的にメンバーが彼らのスポーツに関連して示す腕前，献身，そしてスキルに反映されている．それと同一の種類のコミュニティは，マウンテンバイク［Moularde & Weaver, 2016］や長距離走［Allen Collinson & Hockey, 2007; Shipway et al., 2012］などのスポーツにおいて形成され，各コミュニティはスポーツ活動そのものを超えた基本的な特徴を共有している．Green and Chalip［1998 : 280］は，スポーツのサブカルチャーは「参加者が一緒に練習する機会よりもはるかに多くを与える」として，女性のフラッグフットボールにおけるスポーツのサブカルチャーの関連性を強調している．それは，彼らが誰であるかの声明であり，彼らが抑圧されることを拒否するための慣習である．サーフィン［Doering, 2018］，スノーボード［Thorpe, 2011］，および全般的なアドベンチャースポーツ［Breivik, 2010］のようなスポーツのサブカルチャーは，メンバーが，メインストリームの規範と社会の実践から意図的に距離を置く「対抗文化」の一形態を表す．サブカルチャー的なスポーツ活動は，メンバーへのアイデンティティを発展させ，スポーツコミュニティを称賛する機会を与えている［Chalip, 2006］．

　スポーツへの関与を超えて，サブカルチャーのメンバーシップは，通常，幅広い行動や慣習に反映されている．Wheaton［2000 : 256］は，ウィンドサーフィンのライフスタイルグループに関する彼女の声明においてその点を明確に表現している．

　　この（サブカルチャー）ライフスタイルへの参加は，衣服，話す内容，自動車，および関連するレジャー活動などのさまざまなシンボルによって表されている．しかしながら，熱心で，しばしば強迫観念を持った参加者にとって，ウ

表6.1　長距離ランニングの社会的世界の参加の特徴と種類

	外部の参加者	時々の参加者	常連の参加者	内部の人々
志向性	素朴さ	好奇心	習　慣	アイデンティティ
経　験	感覚の喪失	志向性	統　合	創　造
関　係	表面的	一時的	親しみ	親密さ
コミットメント	分　離	娯　楽	愛　着	勧　誘

出典：Shipway［2008］.

　ィンドサーフィンへの参加は，ウィンドサーファーが快楽主義，自由，自己表現を求める生活全体と考えられており，「中核」メンバーの場合，ウィンドサーフィンはレジャー，仕事時間，キャリアの選択，居住地を決定する理由にもなる．

　Shipway［2008］は，長距離ランニングの社会的世界を類型化する際に，状況を超えた視点を取り入れている（表6.1）．スポーツの部外者はサブカルチャーに直接関与していないとShipwayは説明している．その結果，彼らはこのグループ内で見られる文化的意味をほとんど，あるいはまったく評価していない．アクティブな参加者やカジュアルな参加者は，スポーツの基本的な知識は有しているが，頻繁に参加することはない．そのため，彼らはグループの文化的意味について限られた評価しか行っていない．一般の参加者はスポーツを大切にしているが，スポーツは彼らのアイデンティティを支配していない．しかしながら，彼らの定期的な関与を考えると，彼らはこのグループの文化的側面を評価している．最後に，内部の人々は，スポーツのサブカルチャーの経験が豊富で献身的なメンバーである．したがって，彼らはスポーツコミュニティのルールと儀式に精通しており，関与からアイデンティティの重要な部分を引き出しているのである．

　原則として，スポーツのサブカルチャーのメンバーは，場所よりも活動とそのスポーツコミュニティに集中する傾向にある［Hinch & Kono, 2018］．Green and Chalip［1998：275］は，この議論に関して女性サッカー選手を対象とした研究の結論で，これらの女性たちが「サッカー選手としてのアイデンティティを共有し，肯定する機会を求めている．彼女らを惹きつけるのは，『場所自体ではなく』，遠く離れた場所にいる他の人々と共有されているサブカルチャーを称賛する機会なのである」と述べている．参加者は通常の生活から距離を置くことができ，チームメイトやサブカルチャーの他のメンバーとの仲間意識を味わい，サブカルチャーのアイデンティティを再確認する機会が与えられていた．彼女らのスポーツ訪問の主な目的は，目的地によって促進されていた．

　別のレベルでは，ウルトラマラソンなどのスポーツのサブカルチャーは密接に関連しており，スポーツの特定の場所に依存していることが指摘されている [Hinch & Kono, 2018]．スポーツへのアイデンティティと社会的世界の称賛を促進する場所は非常に高く評価されている．これは，クライマー，サーファー，ウィンドサーファー，スノーボーダー，および現在人気となっている「エクストリーム」スポーツのサブカルチャーにも当てはまる．伝統的に，これらのグループは，地方にある自然資源に依存する傾向にある（第5章も参照）．サブカルチャーへの強いコミットメントは，距離の制約を克服する動機を彼らに提供している．しかし最近では，これらのグループにおいて都市景観が人気を集めている [Breivik, 2010; Wheaton, 2007, 2013]．サブカルチャーと社会的世界は，多くの都市を基盤としたプロスポーツファンの中にも存在する．また，これらのグループは，伝統的な本拠地が変更または捨て去られた際に経験する感情的な変化にも表れているように，本拠地を置く場所についても強い愛着を形成している．

　スポーツのサブカルチャーが争われるのは，空間にとって一般的なことである．例えば，ヨーロッパの主要なスキーリゾートのゲレンデにおいてスノーボードが開始された際，スキーヤーはスノーボーダーを歓迎しなかった [Heino, 2000]．コスタリカの永住者サーファー，外国人居住者サーファー，および観光客サーファーの場合のように，サブカルチャーのさまざまな種類ごとにメンバー間での緊張関係が存在する [Usher & Gomez, 2016]．これらのスポーツに関連する空間は共有される場合もあるが，サブカルチャーの場所へのアイデンティティは場合によって異なる．

　サブカルチャーグループは，「内部の人々からの情報」へのアクセスを通じて特別な場所を認識する [Donnelly & Young, 1988]．サブカルチャーグループのメンバーは，サブカルチャーの一員としての経験を積むにつれて，そのグループにとっての「特別」な場所に関する情報を知るようになる．選択した目的地に旅行するといった行為自体が，サブカルチャー的なグループ内の個人のソーシャルキャピタルを獲得する可能性がある [Shipway & Jones, 2007]．これらの場所での経験は，サブカルチャーにおけるグループ内のメンバーのステータスと密接に関係している可能性がある．また，場所は活動と同じ意味を表すものになることがある．筋金入りのサブカルチャーのメンバーは，スポーツの活動に参加できる場所の近くに住む傾向があり，休暇の時間を使ってスポーツに関する「神聖」な目的地へ旅行する．彼らは，スポーツのサブカルチャー経験に匹敵する旅行経験を発展させる可能性が非常に高い [Getz & McConnell, 2014]．

▶ スポーツを通じた目的地ブランディング

観光産業は場所を売るビジネスであり，これはマーケティングと場所のブランディングのプロセスを通じて行われる．マーケティングは長い間，観光の実践と学問の焦点であったが，目的地ブランディングの概念は，目的地マーケティングと目的地イメージングとに密接に関連する一般用語として登場した［Hanna & Rowley, 2008］．目的地ブランドを形成しようとするマーケティング担当者は，居住者，投資家，潜在的な訪問者が有していた，曖昧なイメージまたはネガティブなイメージを置き換えようとしている［Page & Hall, 2003］．そうすることで，彼らは積極的に場所へのアイデンティティに影響を与えようとしている．Carter et al. ［2007］は，場所へのアイデンティティは，観光などの発展がグローバル化の影響によってしばしばもたらされることを示唆している．このよい例は，旅行者がマーケティングメッセージや人気のメディアなどのより有機的な情報源から得た目的地イメージに基づき目的地の経験を判断するといった，「観光のまなざし」に関する Urry ［1990］の説明がある．観光のまなざしに影響を与える観光産業の能力については多くの議論があるが［Garrod, 2009; Stepchenkova & Zhan, 2013など］，スポーツの普及，目的地におけるスポーツ活動，およびスポーツ施設としての目的地の評判などは，これらすべてを用いて目的地ブランドを形成しようとしているマーケティング担当者にとって，有益な資源である．マーケティング担当者が目的地イメージに影響を与える能力は，そのような操作の倫理に関する問題を提起しており，場所へのアイデンティティの促進は，コミュニティで一般的な場所の感覚と一致する必要があることを示唆している［Campelo et al., 2013; Hinch & Holt, 2017］．

Page and Hall ［2003：309］は，場所のブランディングプロセスにおいて場所の特定の側面を商品化する必要性を主張している．「都市（または地域）の再イメージ化を行う場合，ブランディングなどのマーケティング手法は，場所の特定の側面の商品化に依存し，旅行者向けの目的地として場所を販売するために場所のイメージを利用，再発明，作成，または投資をする」．スポーツは，その文化的な力を考えれば，プレイスブランドを確立する最も有効な方法の１つである．スポーツのこれらの側面を活用することにより，目的地マーケティングの担当者は，場所の「生き方」を商品化できる．スポーツの文脈では，①スポーツ施設，②スポーツイベント，③目的地内の幅広いレジャーと文化の機会に関連する戦略，によって達成される［Hall, 1998］．

多くの訪問者からの関心を惹きつけ，施設を建てることは，都市を再ブランド化するための最も人気のある戦略の１つである．場所を再イメージ化するための

もう1つの注目すべき戦略は，イベント，とりわけ注目度の高いイベントの開催である［Getz & Page, 2016］．夏季および冬季オリンピックやFIFAワールドカップなどのメガイベントには，巨額の投資が必要である．この投資は，開催都市がグローバルな世界において望ましい目的地，およびビジネスを行う場所として位置づけられ，その都市がブランド化する可能性によって正当化されることがある．この目標は，ブラジルが2014 FIFAワールドカップと2016リオデジャネイロオリンピックを開催することを決定した背後にある目標であった．しかしながら，実際には，これらのイベントには，開催に関連する重大なリスクが伴った．このようなイベントは開催都市のブランドにプラスの影響を及ぼす可能性があるが，一方でマイナスの影響を及ぼす可能性もある［Bodet & Lacassagne, 2012］．また，開催都市の管理能力を超える地政学的なイベントといった要因が問題を引き起こす可能性もある．最近の例では，ロシアがチェチェンの不安定な社会状況に対処しなければならなかった2014年のソチオリンピックが挙げられる［Reynolds, 2014］．本書第3版の執筆と時を同じくして，2018年に韓国で開催された平昌オリンピックは，北朝鮮とアメリカの間の核の脅威と軍事的緊張を背後に開催された［Strashin, 2018］．このようなイベントの注目度は高く，従来型およびソーシャルメディアの重要な性質を考慮すると，こういった問題は多くの注目を集める可能性が高く，実際にグローバルな視聴者に持続的に否定的な印象を残す可能性がある．

　イベントブランドと目的地ブランドの間には強い関連性があるが，同じものではない．Chalip and Costa［2005］は，目的地ブランドに関してイベントが果たすことができる3つの異なる役割を特定している．イベントは，①目的地ブランドとの共同ブランディング，②目的地ブランドの拡張として位置づけられるか，または，③目的地ブランド内のいくつかの機能の1つとして位置づけられる．各オプションには長所と短所があるが，結果の戦略的評価に基づきその長所と短所を認識し，追求する必要がある．目的地ブランディングの戦略の一部としてスポーツイベントを活用するといった課題があるにもかかわらず，これらのイベントの社会的側面とホストコミュニティでのソーシャルキャピタルを構築する可能性は，前向きな目的地ブランドを構築する際に重要な視座となっている．主催者コミュニティが，イベント参加者と主催者コミュニティの共同体の現状をイベントに関連する偽りのない祝祭にまで発展させることができれば［Chalip, 2006］，目的地ブランドは利益を得ることになるだろう．

　最後に，スポーツ関連のレジャーおよび文化サービスの広範な展開は，スポーツに基づいた場所を売り出すために使用される3番目の種類のアプローチである．このアプローチは，有名なプロスポーツの支援を超えて，アクティブなスポーツ

の追求を促進する公園や海岸の開発などの取り組みを通じ，目的地内でのスポーツ倫理の開発にまで及ぶ．Lubowiecki-Vikuk and Basinska-Zych［2011］は，独立した活動やカジュアルな活動を含むあらゆる形態の身体活動が目的地ブランドに影響を与えると主張している．これらの活動は，コミュニティの身体的および精神的健康，ならびに社会的関係に影響を与え，それらはすべて目的地の理解に貢献する．ポーランドのポズナンは，レジャー基盤のキャラクターをロゴに反映するなど，さまざまな方法で目的地のブランドにスポーツライフスタイルを取り入れた都市の例である［Lubowiecki-Vikuk & Basinska-Zych, 2011］．

▶おわりに

　本章では，スポーツツーリズムの文脈における場所の重要性を強調している．スポーツは，空間に意味を与える方法に強い影響を及ぼす可能性がある．文化は，これらの意味を形成するのに重要な役割を果たす．スポーツと文化，文化としてのスポーツ，またはスポーツのサブカルチャーといった各バリエーションは，スポーツツーリストが目的地を見て経験する際に影響を及ぼす．スポーツが場所へのアイデンティティに大きな影響を与えていることを考えると，それが観光地のブランド化のために意識的に操作されることは驚くべきことではない．プレイスマーケティングの担当者は，観戦型イベント，参加型イベント，アクティブスポーツ，ヘリテージのアトラクションを使用し，望ましい目的地ブランドを形成しようとする．長期的な課題の1つは，スポーツツーリズムの目的地管理者が地元住民の場所へのアイデンティティと一致するスポーツブランドを開発することである．そうしなければ，目的地でのスポーツツーリズムの持続可能性が見落とされることになる．

　スポーツを通じて「場所」をブランド化する多くの機会に関連して，多くの問題を検討する必要がある．均質なスポーツ景観に向けた傾向に対する Bale［1989］の示す不安材料は，独自性の重要な要素に対する脅威をもたらし，それがスポーツツーリズムの発展の持続可能性に対する脅威となる．極端に言えば，均質なスポーツ景観では，スポーツのためにさまざまな地域に旅行する必要性や欲求が大幅に減少する．これは，グローカル化のプロセスに反映される課題の1つである．スポーツの目的地は，グローバルなスポーツ景観の一部となるよう努めているが，この分野で成功するためには，地元のスポーツ文化を維持し，さらに強化する必要がある．ローカルとグローバル間のこれらの緊張は，リバプールフットボールクラブの例によく表れている（Case Study 6.1）．基本的に，スポーツツーリズムのために改良されたスポーツの高潔さは保護されなければならない．

場所のマーケティング担当者は，スポーツ競技の本質と地元の目的地を浸食するような方法で，注目のスポーツを大々的に扱う，または壮大なもののように扱うことへの誘惑を避けなければならない．強い目的地ブランドを開発しようとする場所のマーケティング担当者は，場所とスポーツの両方を商品化するビジネスを取り扱うが，スポーツに関連するローカルな意味が損なわれたり破壊されたりすれば，スポーツ資源と観光アトラクションとしてのスポーツの魅力も損なわれてしまう．

　最後に，観光空間には場所の意味が複数あることを認識しなければならない [Schollmann et al., 2001；Sherlock, 2001]．スポーツをマーケティングツールとして使用する場所のマーケティング担当者は，コミュニティ内のさまざまなグループが保持する場所の対照的な視点を理解する必要がある．明確な場所の意味は，ホストとゲストだけでなく，そこに存在するサブグループの複雑な配列に関連づけられている（高山リゾートの場合：長期，短期居住者，セカンドホームの所有者，スキーヤー，スノーボーダー，登山者）といった，これらの違いを考慮しなければ，対立する見解が発生してしまう可能性があり，これは少なくとも最適ではなく，長期的な視点で考えれば持続不可能である．

chapter 7

環境：景観，資源，影響

> 環境に対するスポーツツーリズムのつながりは，被害者でもあり加害者でもある．
> [Standeven & De Knop, 1999：236]

▶はじめに

　スポーツに関連する観光開発は，他の多くの観光形態よりも目的地の地理的資源基盤に密接に結びついている．旅行者が目的地を魅力的に感じる程度は，景観や気候などの物理的環境に強く影響される [Boniface & Cooper, 1994; Hall & Page, 2014; Krippendorf, 1986]．多くのスポーツは，目的地の物理的な地理と密接に結びついている．例えば，Priestley [1995：210] は，単一の総合型ゴルフリゾートが「……太陽，砂浜，および海への観光が行える，または存在するような暑い気候において，急成長している」と述べている．サーフィン，ハンググライダー，スキューバダイビングなどのスポーツは，物理的環境の経験的価値に基づき目的地が階層化される傾向にある．目的地は，特定のスポーツへの新しい結びつきを開発したり既存の結びつきを活用したりするために，管理とプロモーションが行われる．スペインでの総合型ゴルフリゾートの開発は，特にヨーロッパにおける国民の流動性，とりわけ一層確立された社会的実践としての低コストでの空の旅の需要の増加 [Randles & Mander, 2009] といった，ゴルフに対する訪問者の需要レベルの高まりを活用している [Priestley, 1995]．同様に，ニュージーランドの多くの観光地の開発戦略において，シリアスレジャーと競争的なマウンテンバイクの合流点がさまざまな方法で認識され，活用されている [Moularde & Weaver, 2016]．

　目的地におけるスポーツツーリズムの発展の可能性は，景観に対する文化的影響によっても決まる．目的地でのイベントスポーツツーリズムの発展には，ほとんどの場合，スポーツ施設や観光インフラなどの建設資源が必要である．都市部でのスポーツは，スタジアム，マリーナ，スポーツアリーナ，体育館などの専用施設がよく使用される．あるいは，スポーツは，主にスポーツ以外の目的で開発された建造物またはインフラを一時的に利用する場合がある．例として，道路，中央公園，都市観光の象徴が含まれており，スポーツシーン（コパカバーナビーチ，

リオデジャネイロ2016オリンピックビーチバレーボールの会場など）に対する場所または背景（2016オリンピック競技中のコルコバードのキリスト像など）として顕著に表れている．Gilchrist and Wheaton [2011] は，パルクールのような非伝統的で制度化されていないライフスタイルスポーツが，専用の施設開発を一切行うことなく参加者をコミュニティに参加させる方法に関して，興味深い見識を提供している．参加者の多くは，メインストリームスポーツへの関与から除外されている．したがって，スポーツツーリズム開発の空間的要素の理解は，物理的環境を考慮しなければ不十分である．これは，スポーツツーリズム開発の資源要件と影響を理解するための重要な出発点である．本章では，スポーツツーリズムの自然資源と人工資源，およびそれぞれに関連する影響について，個別に検討する．

▶スポーツツーリズムの景観，環境，資源

「景観」は，一般的に魅力的な風景に関連づけて使われる用語である．自然の景観（海の景観を含む）は，多くのスポーツの中心である．しかしながら，スポーツは自然な活動形態ではないため，「そのような身体文化が行われる景観は，文化的景観の一部である」[Bale, 1994：9]．自然の要素に依存するスポーツでさえ，人為的変化の程度によって変化する環境で行われる．例えば，スキー場の整備，スキージャンプやスラロームコースなどの施設の建設，スノーボードのハーフパイプとランプ，雪作り，ビジターサービスの開発などにより，スキー場は変化している [Hudson & Hudson, 2010]．外観が非常に「グリーン」なゴルフ場は，大幅に改変された自然地域を表しており，著しい生態学的影響を特徴としている [Briassoulis, 2007；Rodriguez-Diaz et al., 2007；Wheeler & Nauright, 2006]（Focus Point 7.1）．

「景観」という用語は，一般的に，自然の風景の意味で使われるが，スポーツの景観は程度の差はあるが，文化的景観と言える．「スポーツスケープ」といった用語は，高度に修正された（近代的なスタジアムやアリーナなど）および技術化された（ビデオ再生画面，ビデオ審判システムなど）スポーツ環境を表すために，スポーツの地理学で使用されている [Bale, 1994]．Relph [1985：23] によると，景観は「人間という存在の持つ性格そのものを獲得することができ，活気づいていたり，ひどく退屈であったり，爽快であったり，悲しかったり，喜びに満ちていたり，または楽しいものであったりする」．この見解は確かにスポーツの景観にも適用される．スポーツの景観の開発方法，関与のレベルまたは形態，およびそれらの景観の使用から生じる影響は，スポーツと観光の持続可能な開発にとって重要である．

▶スポーツの景観

　景観に関する価値と解釈は非常に主観的である [Tuan, 1977]．スポーツスケープも例外ではない．Bale [1994] は，Meinig [1979] の「同じ場面の10バージョン」を，スポーツツーリズムの研究に関連するエクササイズのスポーツ景観に適用している（表7.1）．これらの「バージョン」は，スポーツツーリズムの資源と影響を理解する際に重要である．スポーツツーリズムのための資源とインフラの開発は，表7.1 で概説されている景観の価値と解釈を考慮して行われるべきである．

スポーツツーリズムの資源基盤

　目的地でのスポーツツーリズムの発展の可能性は，スポーツと観光資源，インフラといった不可欠な存在によって決まる．スポーツツーリズムの資源分析には，自然環境，人工的に作られたスポーツ施設，観光輸送，インフラおよび情報サービスが含まれる．これらは，必要なバランスと組み合わせで提供されるが，目的地の開発目標によって決定された計画的かつ調整された方法で開発される必要がある [Maier & Weber, 1993]．調整された計画と開発の重要性は，スポーツの資源要件と観光の資源要件の間に多くの重複があるために生じる [Standeven & De Knop, 1999]．国内および国際航空会社のサービスは，同じ目的で旅行するスポーツチームとレジャー旅行者によって使用されるが，どちらも異なる理由（それぞれ競技と観戦）があるにもかかわらずスタジアムを使用する．あらゆる場所がスポーツツーリズムの目的地として機能するためには，スポーツおよび観光インフラの存在または体系的な開発が必要である（表7.2）．

　したがって，スポーツと観光の資源が相乗的な方法で開発され，スポーツと観光相互の，そして，より広範な社会的および持続可能な開発の利益を最大化する機会が存在する．例えば，イベントスポーツツーリズムは，スポーツ，レクリエーション，エンターテインメント，小売，およびサービスのための都心の資源基盤が，計画され調整された方法で変換される可能性を提供する．この戦略的開発の方針は，スポーツツーリズムに対するプロファイルと目的地イメージの向上といった利点を生み出し，それによってスポーツツーリズムの場所の階層における目的地の地位を改善する可能性がある（第5章を参照）．例えば，スキーの目的地の地位は，必要な観光サービスとインフラを組み合わせた，高品質のスキー資源（地形，標高，雪の状態，天候など）の機能によって決まる．

表7.1　スポーツ景観の解釈

(1) スポーツ，景観，自然の生息地	スポーツ参加者は，特定のスポーツイベントで自然の風景に出会い，利用することができる．イベントが終了すると，彼らはその場所に戻ることはない．その場所は景観のまま残り，決してスポーツスケープにはならない．したがって，風景はスポーツに使用できるが，永続的な意味で「スポーツ化」されることはない．自然と環境の印象は，競技者の経験にとって重要な要素である．
(2) スポーツ，景観，人間の生息地	スポーツの景観は，人間の生息地の一部と見なされる場合がある．スポーツの基盤として使用される斜面，土壌，標高，敷地とルート，水路，または起伏の特徴について，人間は意識的な決定を下すことができる．自然の征服ではなく調整として，人間は自然をスポーツ関連の形に再編成する．
(3) 人工物としてのスポーツ景観	多くのスポーツの景観は，それらが見られる自然または半自然の風景を無視する．この見解は，コンクリート，プラスチック，ガラス，完全に平らな合成表面，および自然が無力化された屋内アリーナを用いる自然の征服者として，人類を見なしている．
(4) システムとしてのスポーツ景観	スポーツの景観は，複雑な経済的または物理的なシステムの一部として見ることもできる．例えば，スポーツスタジアムは孤立して存在しない．スタジアム自体よりもはるかに広いエリアに人の流れと空間的相互作用を生成する．例えば，ツール・ド・フランスは，通過する場所に影響を与える広範な経済システムの一部である．スポーツイベントも物理的なシステムの一部である．雪の状態はスキーレースのパフォーマンスに影響し，雨はスポーツイベントへの参加を妨げる場合がある．
(5) 問題としてのスポーツの景観	自然に対するスポーツの過度な優位性は，社会的または環境的汚染，浸食，視覚障害につながると見られる場合がある．問題のある景観は，さまざまなスポーツにおいてまったく異なる原因で発生する．都市部のスタジアムにおいてスポーツイベントを開催すると，交通渋滞と混雑が発生する可能性がある．高山地域のスキーゲレンデの土壌侵食や地被植物の損傷も，1例である．影響は，持続性の点でも異なる．スポーツ景観が問題として認識されると，政治的活動や景観の変化を誘発した可能性のあるスポーツイベントの拒否につながる可能性がある．
(6) 富としてのスポーツ景観	スポーツの景観は，土地が原材料であるといった見解を反映している場合がある．スポーツに与えられた土地の長期的な返還は重要である．また，ローカルエリアで1回限りのイベントがもたらす経済的メリットもある．スポーツは，投資を誘発する目的で場所を押し上げ，レンタル収益に影響を与える可能性がある．スポーツの景観には，広告掲示板やスポンサーシップの他の証拠がちりばめられている．
(7) イデオロギーとしてのスポーツ景観	スポーツの景観は，さまざまなイデオロギーの反映として見ることができる．スポーツの景観は，ナショナリズムへの明確な反応かもしれない．新しい国家スポーツは，より支配的な隣人によって遠い国に発明されるかもしれない．スタジアムは現代の技術中心のイデオロギーの表現かもしれない．
(8) 歴史としてのスポーツ景観	スポーツの現在の景観は，歴史的進化の累積プロセスの結果である．スポーツの景観は，多くの場合蓄積される．サイズ，形状，素材，装飾，その他の兆候は，人々が時間をかけてスポーツを経験してきた方法について何かを教えてくれる．
(9) 場所としてのスポーツ景観	この景色では，景観を特定のニュアンスと特有な趣を所有する地域と見なし，ユニークな場所の感覚を表現している．したがって，競技者または観戦者にとって，場所の経験は，全体的なスポーツ経験に貢献すると主張される可能性がある．
(10) 審美性としてのスポーツ景観	景観は，観察者を一方の方向に，または他方の方向に向かわせる審美的性質を持つことができる．審美性は，スポーツ景観の芸術的品質に関連している．スポーツ景観の審美性は，絵画，映画，写真，印刷物にも描かれている．そのような描写は，物理的な景観に存在するものの正確な表現かもしれない．また，景観のアイコンが神話上の景観になる可能性もある（イギリスのクリケットやアメリカの野球の景観など）．

出典：Bale［1994］．

表7.2　スポーツツーリズム開発の資源基盤

観光産業の資源要件	スポーツ部門の資源要件
自然の特徴	自然の特徴
国立公園，風景，湖，山，川，海岸線	国立公園，開かれた快適空間，荒野，地理的特徴（山，岩，温泉，海岸線，海洋環境）
施設とインフラ	施設とインフラ
輸送サービス，宿泊施設，レストラン，エンターテイメント	スタジアム，アリーナ，スポーツ体育館，交通インフラ，レストラン，エンターテインメント
公共設備	公共設備
公衆トイレ，駐車場，標識，避難所	公衆トイレ，駐車場，標識，避難所
観光案内サービス	スポーツサービス
訪問者情報サービス，インターネット情報サービス，予約および発券サービス，旅行代理店	コーチングとリーダーシップ，用具／衣類のレンタルおよび／または購入，保管と管理，監視と安全，雇用，運用，トレーニング施設，傷害予防および医療施設，科学および研究施設
観光団体	スポーツ団体
計画と開発，戦略的計画，目的地イメージ，観光マーケティング，場所のプロモーション，訪問メディアプログラム，観光調査，業界の調整と連絡	スポーツクラブ，ボランティアグループ，コミュニティグループ，管理，施設開発，資金調達，スポンサーシップ，情報サービス，マーケティング，マーチャンダイジング
輸送サービス	輸送サービス
国内および国際的な道路，鉄道，航空，海上交通，景観の良い旅，ゴンドラ，観光ルート，乗り物，文化遺産鉄道観光，歴史的経路，バスツアー，熱気球	国内および国際的な道路，鉄道，航空，海上交通
エンターテインメントとアクティビティ	エンターテインメントとアクティビティ
アトラクション，カジノ，映画館，動物園，ショッピング，夜の娯楽，ナイトクラブ	スポーツ体育館と競技会場（アイススケートリンク，レジャーセンター，ジム，スイミングプール，クライミングウォール），ゴルフコース，マリーナ，スポーツ博物館，スポーツの殿堂，ショッピング，夜の娯楽

出典：Standeven & De Knop [1999].

スポーツの再現性

　観光資源の基盤は，さまざまな方法で分類される．1つ目のアプローチは，再現または移動できるものと，再現不可能なものとの違いに基づいている［Boniface & Cooper, 1994］．リゾート，テーマパーク，スタジアムでの経験は簡単に再現でき，さまざまな場所で開発，またはさまざまな場所へ伝達することができる［Weed, 2010］．対照的に，さまざまな試みにもかかわらず，自然の景観と文化遺産は一般的には再現できない．スポーツ資源は，可搬性によっても異なる場合が

ある．ダウンヒルスキーやロッククライミングなどの自然を基盤としたスポーツは，特定の種類の景観または特定の景観の特徴に依存する傾向がある．都市部に人工スキー場を建設する試みは，ある程度しか商業的成功を収めていない（第10章を参照）．その理由は，多くのスポーツツーリストにとって参加経験の重要な部分を形成する山岳環境の経験的価値は，そこでしか得られないためである（ただし，観戦者は，バンフ映画祭などの映画メディアを通じてアルペンスキーを経験する可能性もある）．

　屋内のクライミングウォールにも同じことが言える．彼らはロッククライミングの興奮したバリエーションを提示しているが，屋外におけるクライミング（の場所）の特有な課題を再現することはできない．自然スポーツは，身体活動と特定の環境要因の統合に依存しているスポーツである [Bale, 1989]．サーフィン，クロスカントリースキー，ウィンドサーフィン，セーリング，登山，オリエンテーリングなどのスポーツは，自然環境の特定の特徴を中心に，喜び，挑戦，競争，または達成の源が構築されているといった点において，グリーンスポーツの例となっている．この好例は，ハンググライダー，パラペンティング，およびウィンドサーフィンを行う際に，空気と海の自然の力を利用する方法である．その結果，参加者はそれらの自然を活用することを通じて，環境意識の高まりを享受する．具現化は，自然に基づくスポーツの重要な要素である [Humberstone, 2011; Lamont, 2014]．これらのスポーツの経験的価値は，スポーツを実施する景観の雰囲気に大きく依存しており，景観や地形（景観を含む），気候，天候の組み合わせなどに左右される．これらの景観は本質的に移動不可能である．対照的に，他のスポーツは容易に移動できる．アイススケートなどの屋内スポーツは，改良された製氷技術の開発と市場の拡大により，高緯度から低緯度への移動に成功している．実際に，屋内アリーナは，アイスホッケーなどのスポーツを屋外から屋内のスポーツへと変化させ，空間的および時間的分布に影響を与え [Higham & Hinch, 2002a]，気候変動の中でスポーツが生き残り，主要なスポーツイベントが実現する可能性をある程度高めている [Steiger & Abegg, 2018を参照]（Case Study 9.1）．これらのスポーツは，空間的には高緯度の発祥地から，また季節性の高いウィンタースポーツから1年中活動が可能なスポーツへと，広がっている．スキージャンプなどのアウトドアウィンタースポーツも，市場に近いといった利点を押さえるために，高緯度の周辺地域から都市部に移動している．ホルメンコーレン（オスロ，ノルウェー）およびカルガリーでの1988年オリンピック（カナダ）のスキージャンプ会場は，都市部またはその近くで開発され建設されたスキージャンプ施設の1例である．

　競泳，ダイビング，スカッシュ，ラケットボールなどの多くのスポーツは屋内

のスポーツ施設で行われ，非常に移動しやすいスポーツとなっている．これらのスポーツは，高度に規定された空間ルールと基準によって特徴づけられている．伝統的に屋外で行われる他のスポーツも，屋内のスポーツ施設やアリーナへ移動させて実施することが可能である．例として，テニス，陸上競技，サッカー，ラグビー，馬術などがある．これらのスポーツは，Bale［1989：171］が「スポーツ環境の産業化」と呼んでおり，これは可搬性の概念と密接に関連している．例えば，屋内のクリケットは，一般的に，産業景観にある未使用の産業用建築物や倉庫といった空調設備のある環境下で行われるスポーツである［Bale, 1989］．

　現代のスタジアムへの技術の適用は，スポーツの可搬性の高さを示している．スポーツスケープの再現性は，スポーツの場の移動とスポーツ経験を促進している．ラグビーは，移動可能なスポーツの例であり，中立的な国や都市で国際的なテストマッチを開催することにより，新しい市場と収益を生み出す機会を提供している．近年，ニュージーランドオールブラックスは東京，香港（オーストラリアと対戦），シカゴ（アイルランドと対戦）でテストマッチを行い，新しい観戦者とメディア市場に参入した．別の見方をすれば，スポーツ施設は，市場アクセスを最大化するように設計された場所に，恒久的または一時的に建設される可能性がある．このような開発は，スノーボードやビーチバレーなどのスポーツの地位と，一般の人々の関心と観戦者の意欲を高める可能性を提供している．しかしながら，スポーツの可搬性は，スポーツ活動がもともとの場所から消滅するといった脅威をもたらす．特異性，および観光地に関連する独自性の要素を保持し，強化することは，この脅威を軽減するための重要な戦略である［Bale, 1989］．

▶スポーツツーリズムの環境への影響

　地理的な観点から見ると，「環境とは，自然の要素ならびに社会の景観と資源の調整を取り入れた観光活動（の全体）である」［Mitchell & Murphy, 1991：59］．スポーツツーリズムの影響，およびそれらの影響に対する適切な管理手法の理解は，スポーツと観光の持続可能な発展の核である．「必然的に，現代のスポーツによってもたらされた成長と継続的な地域の調整は，景観に大きな変化をもたらした」［Bale, 1989：142］．このような影響の多くは，一時的である．トライアスロン，マラソン，自転車レース，カーラリー，フェスティバルや展示会のスポーツは，多くの場合，都市部で一時的に建設されるサーキット，コース，コートで行われる．多くの観戦者を含むこれらのスポーツの影響は，イベントの終了時に急速に拡散される．スタジアムを基盤としたスポーツの直接的なネガティブな結末には，交通渋滞と混雑，破壊行為，反社会的行動，ゴミのポイ捨て，騒音などの望まし

くない影響が含まれる．これらの影響は一般的に短期的であるが，地域住民に混乱を引き起こす可能性がある［Bale, 1994］．また，彼らはスポーツツーリストととしてではなく他の目的地を訪問したり，予定されているスポーツイベント中に目的地への訪問をキャンセルしたりするため，目的地への訪問者の流れに反した効果が生じる可能性がある［Weed, 2007］．

　他のスポーツは，自然がスポーツツーリズム経験において重要，あるいは中心的な要素を形成する場合，長期的な，または拭い去れない影響を与える可能性がある．自然地域の環境への影響は「永久的なものではあるが，あまり多くの人に迷惑をかけない」［Bale, 1994：11］のかもしれない一方で，重要な結末の１つは，スポーツツーリズム経験の質の低下である．これは，環境的に敏感な高山環境における需要主導型の持続不可能なマネジメントに対する結果として，ヨーロッパおよび北米のスキー市場が停滞していることに表れている［Flagestad & Hope, 2001］．実際に，スポーツと観光の間に存在する複雑な相互関係は，スポーツと観光の自然資源の基盤の質と，実際の実行可能性に影響を及ぼしている地球規模の環境変化の一部において，特に顕著である［Marshall et al., 2011；Pickering et al., 2010；Scott & McBoyle, 2007］．

スポーツツーリズムと世界的に分散した環境への影響

　スポーツツーリズムの環境への影響は，現在，ローカル／地域規模で自然に集中している影響を超えて，地球規模で分散している人為的環境変化の力まで考慮する必要がある．スポーツツーリズムは，その性質上，１回限りを繰り返す旅行者の流れを伴う［Weed & Bull, 2012］．これらの流れには，リーグの競争がますますグローバル化するにつれて，競争を求めて絶えず旅行を行うエリート選手が含まれている［Higham & Hinch, 2009］．また，レジャー，レクリエーション，スポーツ，観光などの，新しく激しい流動性にも影響が拡大している．地球規模の環境変化の要因を認識し，これに対応することは重要な課題である［Hinch & Holt, 2017］．最も差し迫った課題の１つは，持続可能な観光輸送と，急がれる低炭素流動性への移行の必要性に関わる問題である［Hopkins & Higham, 2016］．

　現在，輸送は，全世界のエネルギー関連 CO_2 排出量の23%を占めているが，輸送部門の排出量は2050年までに２倍になると予測されている［Creutzig et al., 2015］．航空機と自動車の使用は，世界の温室効果ガス排出の大部分と成長部分を生み出している［Bows-Larkin et al., 2016；Creutzig et al., 2015］．輸送に伴う CO_2 排出量に対処する差し迫った責務は，196カ国（協定の締約国）の世界平均気温を産業革命前のレベル［UNFCCC, 2015］と比較し，相対的に＋2℃ 未満で安定させるといった包括的な目標へのコミットメントを持つパリ気候協定（L'Accord de

Paris）で確認された．そして，多くの協力国が＋1.5℃にするとの目標を追求することを約束した［Scott et al., 2016a, 2016b］．現在，協定への署名国は，2015年12月にパリで約束された国家決定貢献（NDC）を満たすための政策を策定する義務がある．したがって，スポーツおよび観光部門への影響は避けることができないものである．

　スポーツと観光を環境に結びつける重要かつ複雑な相互関係と相互依存性を考えると，スポーツと観光部門は CO_2 の排出削減を目指さなければならない．持続可能なスポーツと観光の発展における重要な課題は，スポーツを行う旅行者の出発地から目的地への移動に関連するものだけでなく，スポーツ参加者と観戦者の移動に伴う温室効果ガスの排出の観点からも取り組まれている［Heath & Kruger, 2015］．研究者は，自然に基づく，スポーツと参加者の高い移動性との間に存在する皮肉を認識している．例えば，Hopkins［2014］は，ニュージーランドにおいてアルペンスキーを行うために国内外を旅行する旅行者が，最終的に冬のスキー資源を破壊する気候変動を引き起こす輸送に伴う CO_2 排出量に大きく貢献する，といった皮肉な現象を観察している（Case Study 7.1）．Hinch et al.［2016：165］は，「（輸送時の CO_2）排出量は最終的に，スポーツイベントを開催し旅行者の流れから利益を得る目的地の，エネルギー在庫と排出量プロファイルの一部になる可能性がある」と考えている．スポーツツーリズムの持続可能性に関する問いは，スポーツと観光が関係している世界的な環境変化の要因を説明するために再構成されなければならない．

▶人工的環境におけるスポーツツーリズム

　スポーツツーリズムの環境への影響に関する既存の文献の多くは，自然地域に焦点が当てられている［Standeven & De Knop, 1999］．しかしながら，都市部でのスポーツツーリズム開発には，独自の環境，資源，および影響の問題があり，それらの情報に基づく検討が必要である．都市の文脈におけるスポーツツーリズムには以下の点が含まれている．

(1) 人工的スポーツ景観（レジャー施設，ホテルのジム，スカッシュ・バドミントン・テニスのコート，プール）でのアクティブなスポーツと身体運動，都市公園や開発された沿岸地帯でのレクリエーションランニング．

(2) 専用のスポーツフィールドまたは簡易的に作られたスポーツ施設（スケートボード，ストリートバスケットボールなど）でのレクリエーションまたはクラブスポーツ．

(3) ほとんど手が入れられていない自然（カヤック，サーフィンなど）または再現された自然（都市保護区でのオリエンテーリングなど）で行われるレクリエーションまたは競技スポーツ．

(4) イベントスポーツツーリズム．

　これらのスポーツでは，社会的影響を，参加者と非参加者との間の紛争を，コントロールする必要があるかもしれないが，都市の文脈でのアクティブスポーツ，レクリエーションスポーツおよび競技スポーツは，比較的良好な影響を生成している．専用または一時的な施設を必要とする，エリートまたはノンエリートスポーツにおいて，都市部で行われるスポーツイベントは，ポジティブとネガティブの両方の影響を与える可能性がある．これらの影響は，イベントの規模と，目的地のインフラの収容能力の機能によって作り出される．

イベントスポーツツーリズムにおける規模の問題

　規模の問題は，グローバルであれ，地域であれ，ローカルであれ，都市部でのスポーツツーリズム研究にとって重要である．「規模の概念，または地理的規模は，処理対象の領域に焦点を当て続けており，顕微鏡の倍率または地図の縮尺の拡大・縮小に例えることができる」［Boniface & Cooper, 1994：3］．旅行者の流れに対応する場所の収容能力は，大部分が目的地の規模と旅行者の収容能力によって決まる．例えば，観光機能指数では，観光客数の指標として，観光客用のベッド数と目的地の総居住人口を採用している［Saveriades, 2000］．観光収容能力の概念は，ホストコミュニティの意見を考慮し，物理的環境や訪問経験の質に悪影響を与えずに維持できる観光活動の最大レベルを考慮している［Archer & Cooper, 1994；Wall & Mathieson, 2006］．

　メガイベントは，「それらを開催する都市に長期的な結果をもたらす短期的な影響である」［Roche, 1994：1］．残念ながら，イベントスポーツツーリズムの影響への関心は，経済発展［Burgan & Mules, 1992］，ポジティブイメージとの同一化，対内投資，観光振興［Getz, 1991；Hall, 1992a, 1992b］によって制限されることがある．この主眼は，スポーツイベントがネガティブな影響を生み出す可能性を無視しており，イベントの規模とともに増加する傾向にある［Olds, 1998；Shapcott, 1998］．スポーツイベントの規模が開催都市の社会的およびインフラ能力に対して大きすぎる場合，マイナスの影響を与える可能性が生じる［Hiller, 1998］．ホストコミュニティの避難と場所の明け渡し［Olds, 1998］，料金と賃料の増加［Hall & Hodges, 1996］，密集と混雑による日常生活の混乱［Bale, 1994］，セキュリティ問題［Higham, 1999］，および「スポーツ中毒者」の過激な行動［Faulkner et al., 1998］は，

大規模なスポーツイベントに関連している可能性がある．例えば，Shapcott [1998：196] によると，

> 1988年のソウルオリンピックに先立ち，72万部屋の賃室が強制的に撤去され，1992年の大会前にはバルセロナから何千もの低所得のテナントと中小企業が追い出され，1996年のアトランタオリンピックの準備段階では9000人以上のホームレスの人々（多くはアフリカ系アメリカ人）が逮捕された．

より小規模なスポーツイベントおよび競技会には，レギュラーシーズンの国内スポーツ競技会，全国／地域選手権，およびノンエリートスポーツ競技会が含まれている．これらのより控えめな規模では，深刻なマイナスの影響の可能性は少なくなる [Higham, 1999]．混雑およびインフラの密集は発生する可能性が低く，より迅速に分散される．メガイベントが過剰に売り出されている [Gratton et al., 2005；Whitson, 2004] にもかかわらず，より控えめな規模のスポーツイベントのプラスの影響は，目的地の地理的パラメーター内では，メガイベントと非常に類似している [Gibson et al., 2012；Hall, 1993]．イベントスポーツツーリズムの規模の問題は非常に重要である．「より大きければ大きいほど良い」といった経済的原則は依然として一般的であるが [Weed, 2009]，開催都市または地域の収容能力の制約と，開催しようとするスポーツイベントの規模との一致の達成は，イベントスポーツツーリズムにおいて持続的かつ持続可能な成功を成し遂げるのである [Gratton et al., 2005；Higham, 1999]．

人工的環境でのスポーツの親和性の管理

　複数のスポーツ需要の親和性を考慮することは，人工的環境においてのスポーツツーリズムの管理にとって重要な問題である．さまざまなスポーツの親和性には次のようなものがある．

(1) 親和性がある：土地または水辺の同じエリアを同時に使用できるスポーツ．
(2) 部分的に親和性がある：同じ土地または水辺を使用できるが，同時には使用できないスポーツ．
(3) 親和性がない：同じ土地または水辺を使用できず，排他的な空間領域が必要なスポーツ．

他の景観利用者との親和性を示す程度は，さまざまなスポーツで大きく異なる．

例えば，モータースポーツや危険な用具を使用するスポーツ（屋外でのアーチェリーなど）は，他のスポーツとの間には本質的に親和性がない．一般的に，スポーツの非親和性は，競技のレベルが上がるにつれ高まる．競技レベルまたはエリートレベルのスポーツでは，専門的な，また場合によってはスポーツ専用の施設の使用が必要である．そのため，スポーツイベントの担当者は，スポーツ施設の設計における専門化と複数競技による使用のバランスを考慮する必要がある．モントリオールオリンピックの事例（1976）での教訓に基づき，シドニー（2000）とロンドン（2012）のオリンピックスタジアムは，その後の使用のために大会後の小型化に関しても考慮したうえで設計が行われた．

　複数の競技に使用される施設，とりわけさまざまなレベル（ローカル／レクリエーションから国際／国内選手権まで）の競技に対応するスポーツ施設の開発は，施設のユーザーおよび観戦者市場の集客域を多様化および拡大する可能性がある．スポーツ施設を造る際には，複数の使用方法から相互利益を引き出すことのできるスポーツの空間的親和性（競技場の大きさ，駐車場，観戦者の収容能力など）と時間的親和性（毎日／週の使用パターン，スポーツの季節性など）の両方を考慮した施設を造る必要がある．しかしながら，場合によっては，一般化された施設や繰り返し使用される施設の開発により，参加者と観戦者の両方のスポーツ経験において許容できないレベルでの妥協の必要が生じる可能性がある．例えば，ランニング用のトラックを備えたスタジアムは，通常，観戦者の大部分が最適な状態で競技を見ることができないといった問題がある [Bale, 1989]．

　人工的景観における親和性の問題は，特にスポーツ以外での利用を主な目的として設計された場所での，スポーツをする人々としない人々の間の調整にまで及ぶ．例えば，マラソン・ランニングブームは，場合によっては2万人以上の参加者がレースに参加する場を生み出し，「……市当局に対してレース当日の交通渋滞を統制し，人々が別のルートで移動するように圧力をかけている」[Bale, 1989：163]．路上でのカーレースの集会，自転車レース，祝祭的なスポーツも，通常の都市景観に混乱を生じさせる可能性がある．このような影響は短期的なものであり，開催場所においては急速な勢いで人がいなくなる傾向があるにもかかわらず，スポーツ管理者とイベント主催者は，スポーツに関連するセキュリティ，安全性，および責任の問題を考慮する必要がある．

景観からスポーツスケープへ：スポーツ施設の開発と設計の影響

　「観光産業の標準化と均質化が図られているにもかかわらず，景観における地域の多様性の探求は，旅行者にとって重要な旅行動機であり続けている」[Mitchell & Murphy, 1991：61] ことが注目されている．スポーツ環境には，それを制限お

よび均質化するといった進化的傾向が存在する．景観からスポーツスケープへの移行は，スポーツツーリズムにおける標準化と均質化の1つの側面を表しており，特定の場所の独自性を深刻に脅かす可能性がある．近代的なスタジアムには古代からの歴史があり，その歴史がスポーツルールの形式化とスポーツの空間的制限の影響を受ける段階を経て発展してきたことにより，観戦者が近くでスポーツ競技を経験できる施設の開発が可能となった［Bale, 1989］．

　最近では，ビデオスクリーン，バーチャル広告，競技場の夜間照明，格納式の屋根などの技術発展が，スタジアム設計を行う際には計画に組み込まれている［Bale, 1989］．この開発方針は，世界の多くの地域で行われるスタジアム設計の同一性を高めており［Higham & Hinch, 2009］，競技者と観戦者の両方の全体的なスポーツ経験を大きく変える可能性がある．このことの1つの含意は，「観光を促進する文化的モザイク」が世界のさまざまな地域を侵食するかもしれない［Williams & Shaw, 1988：7］ということである．特徴的なスタジアムのデザイン，連続した指標，目的地の特徴的要素，および目的地を区別する自然要素のスポーツツーリズム開発への潜在的貢献は，スポーツ資源の計画，設計，開発に関連して慎重に検討する必要がある．

　場合によってはスポーツ景観の標準化を拒否する，といった同一性とは逆の傾向は明白に表れており，独自性，差別化，場所の感覚，および観光に対して重要な意味を持つ．有名なウェンブリースタジアム（ロンドン）とその特徴的な塔が2002年から2003年にかけて取り壊された際，スポーツヘリテージの一部が失われた．ウェンブリースタジアムの再建には，格納式の屋根と，ロンドンの街並み全体から見える特徴的な高さの134mのウェンブリーアーチも含まれていた．2002年に韓国がFIFAワールドカップを共催した際，スタジアムデザインは韓国の文化と生活を表現するような様式を採用した．韓国の10の開催都市は，それぞれ各都市における固有の地域文化にとって重要な要素を反映してスタジアムを設計し，（再）開発した［Hinch & Higham, 2004］．例えば，仁川文鶴競技場には，韓国の主要な海の玄関口としての都市の歴史的役割を反映する帆船デザインの屋根があり，水原スタジアムの伝統的な湾曲した屋根は，1796年に遡る古代の華城の要塞を象徴している．これらのデザイン機能は，「忍び寄る標準化の拒否」としてBale［1989］が説明しているように，韓国文化の特徴的な要素をローカルおよびグローバルな視聴者に発信している．

▶自然景観におけるスポーツツーリズム

　地方におけるスポーツツーリズム経験は，主に自然の特徴の影響を受ける．ま

た，自然景観には管理に関するさまざまな問題がある．「ハンググライディングのようなスポーツは田舎の丘や荒れ地にプレッシャーをかけ，スキーは山岳地域へのプレッシャーを生み出し，ビーチエリアでのサーフィンやウォータースポーツは，限られた内陸の水域といった貴重な空間を奪う」[Bale, 1989：163]．これらの景観は非常に壊れやすく，気象条件の乱れに敏感な場合がある [Hall & Page, 2014]．したがって，これらの景観におけるスポーツ活動は，ネガティブな影響を軽減するために管理する必要がある [Hinch & Higham, 2004]．同様に，自然環境への依存性が高い種類のスポーツが，自然を大切にしたいといった強い欲求によって自然とのつながりを感じさせ，実際に環境的に持続可能なスポーツになる可能性がある [Brymer, 2009]．

　自然地域における持続可能なスポーツツーリズムの発展課題は，さまざまな理由で発生する．1つの理由は，新しいスポーツの開発と普及の速度に反映されるスポーツのダイナミックな性質である．比較的少数の人々が追求している新しいスポーツから，多くの人々が参加する大衆的なスポーツへの移行は，短期間に行われる可能性がある [Standeven & De Knop, 1999]．マウンテンバイクは，さまざまな分野で急速に発展している [Hagan & Boyes, 2016; Moularde & Weaver, 2016]．人気が急上昇している他のスポーツには，スノーボード，スキューバダイビング，ウィンドサーフィン，トライアスロン，パラグライディングなどがある．このダイナミクスは，観光地にとって魅力的な開発の機会を提供しているが，自然景観を保護するための適切な政策と管理戦略の確立と，それを実施するためのアクティブな行動が必要である．参加型スポーツの開発は，場合によっては，関連する法律の枠組み，管理構造，または行政機関といった要素が欠如したまま起こってしまう．BASE ジャンプやバンジージャンプなどのスポーツは，管理機関が新しいスポーツイノベーションを開発するにあたって直面する可能性のある課題を示している．こういったエクストリームスポーツは，しばしば単一の管理機関を無視する傾向にある [Mykletun & Vedø, 2002]．

　自然地域におけるスポーツツーリズムの影響の管理は複雑な仕事である．実際に，観光の影響を単純に測定することは難しい．変化を測定するための基準が存在することは稀であるため，観光の影響は他の人間活動の直接的または間接的な影響から分離することが難しい [Wall & Mathieson, 2006]．例えば，海岸地域でのスポーツツーリズムが海洋地域の動植物の生息状況に与える影響は，漁業，養殖業，または町，産業，農業，林業からの廃棄物の不適切な投棄といった影響と区別することが困難である [Bellan & Bellan-Santini, 2001]．高山地帯のような脆弱な生態系におけるスポーツツーリズムの影響は，極端な高度と気候の影響を考え，回復と再生の時間的枠組みを長く設ける必要がある [Flagestad & Hope, 2001]．開

発の視覚的影響はすぐに表れるかもしれないが，脆弱な高山植物，成長と再生率，水の調節［May, 1995］および希少な高山に生息する鳥の繁殖成功［Holden, 2000］といった，より微妙な変化を捉える際には，介入プログラムと長い時間をかけた観察が必要である．

　目的地の社会的，文化的，経済的，環境的な文脈でのポジティブおよびネガティブな影響を特定することが可能な場合もあるが，これらの影響は複雑な関係網でつながっている．また，さまざまな影響の組み合わせの受容性は，さまざまな利害関係者グループ，および利害関係者グループ内のさまざまな個人の主観を通して見受けられる［Wall & Mathieson, 2006］．持続可能な観光開発と影響の管理に関する広範な文献は，スポーツと観光の管理者と関連性が高く，管理者はスポーツツーリズムの環境への影響を認識する必要がある［Cantelon & Letters, 2000; Collins et al., 2009; Gold & Gold, 2016］．

自然景観におけるスポーツツーリズムの親和性

　Hunter［1995］は，持続可能な観光開発には，人間のニーズと環境の制限との間で調整が必要であると述べている．人間のニーズ，および観光のメリットとコストは，ホストとゲストの2つの主要グループの間で発生する［Archer & Cooper, 1994］．自然地域の管理に対するスポーツ開発の過度または不適切な形での促進は，密集と混雑，社会的および環境的影響，またはホストコミュニティが許容できない方法での景観の変更を引き起こしてしまう可能性がある．訪問経験の持続的な品質には，スポーツツーリズム開発の適切な方向とレベルを考慮しなければならない．

　自然景観で行うスポーツは，他のスポーツとの間で親和性の度合いが異なる場合がある．スポーツへの参加にあたって両立が困難な動機と目標は，異なるスポーツの参加者間で対称的または非対称的な対立を引き起こす可能性がある［Graefe et al., 1984］．対称的対立とは，2つのスポーツの参加者が，他のスポーツが存在することによって生じる社会的対立を感じる状況を指す．ジェットスキーヤー，サーファー，スイマーは互いに対称的な衝突を経験する場合があり，場合によっては身体的に危険な状況を引き起こしてしまう．非対称的な対立は，あるスポーツの参加者が第2のスポーツに参加している人々の存在によって悪影響を受ける一方で，第2のスポーツ参加者が第1のスポーツに参加している人々の存在を知らない，または喜んで受け入れてしまうような場合に発生する．自然を基盤とするスポーツでのGPSシステムや携帯電話などの技術参入は，スポーツ参加者間の社会的影響を対立させる一般的な原因になっている［Shultis, 2000］．オリエンテーリングやダウンヒルスキーなどのスポーツは，適切な管理手法を用いて空間

的および／または時間的に分離されている場合には，他のスポーツと親和性がある．沿岸環境で行われるスポーツでは，さまざまな程度の親和性が見受けられる．例えば，ダイビング，サーフスキー，水泳，ジェットスキー，ウィンドサーフィン，ホワイトウォーターカヤックなどが挙げられる．消耗的（狩猟など）および機械的（ジェットボートレースや水上スキーなど）スポーツは，他のスポーツとは基本的に親和性がない．なぜなら，それらのスポーツは同じ場所で他のスポーツが行われることを不可能にしてしまっているか，他のスポーツの参加者に身体的危険をもたらす可能性があるためである．この問題は，競合を減らすために，スポーツツーリズムの周辺で行われるスポーツを慎重に管理する必要があることを示唆している．

　スポーツ参加者の心理学的プロファイル（第3章）は，スポーツによる親和性の違い，および同じスポーツ参加者間での親和性の違いを決定づけている．参加者の動機が両立しない場合，「同じ」スポーツの参加者間で対立が発生する可能性がある．荒野のクロスカントリースキーやサーフィンは，多くの参加者が競う状況下で行われるスポーツである．波へのアプローチは，サーフィンコミュニティ内の暗黙の了解によって管理されている［Usher & Gomez, 2016; Wheaton, 2000, 2004］．Edensor and Richards［2007］は，ライフスタイルスポーツの参加者の中でも，特にスキーヤーとスノーボーダーのグループ間で生じる可能性のある緊張関係に関連し，それがレジャースペースとしての自然環境へのプレッシャーにまで高まってしまうことを考慮に入れ，パフォーマンスの視点やレジャーの具現化された性質を通して，彼らは，「スロープでのパフォーマンス競争」と呼ばれる参加者グループ間の区別と違いを生み出すためのスタイルと動作を，どのように利用するかについての洞察を提供している［Edensor & Richaprds, 2007：97］．自然景観におけるスポーツの親和性は，一般的に参加者または競技者の真剣さに伴い低下する［Bale, 1989］．

▶イベントスポーツツーリズムの影響：パラダイムシフト

　都市部および地方で開催されるイベントは，環境への関心を高め，同様に，影響を緩和する計画を実施する機会を提供している．1992年のアルベールビル（フランス）冬季オリンピックの負のレガシーは，激しい開発のために高山環境に取り返しのつかない影響を与えてしまったことである［May, 1995］．この問題に対応するために，1994年のリレハンメル冬季オリンピック（ノルウェー）の計画は，環境管理への新しいアプローチの先駆けとなった［Kaspar, 1998; Lesjø, 2000］．オリンピック環境憲章（1996年）では，現在，オリンピック組織委員会が環境保護政策

を明確にし，各開催都市がそれを実施することを求めている．この憲章は，1998
年の長野での冬季オリンピックの計画で初めて使用された．Cantelon and Let-
ters [2000：294] は，「1992年のアルベールビルとサボア地域大会，およびその後
のリレハンメルの『グリーンホワイトゲーム』(1994) における環境被害が広範囲
にわたるものであったことが，開発の歴史的基準となった」と主張している．

　2000年のシドニーオリンピックにおいて，環境に関する計画が確立されたが，
それには1994年のリレハンメルの環境面での成果が大きく貢献している．保護，
生態系の修復，および産業用地の修復は，シドニーオリンピックの開発プログラ
ムの不可欠な部分を形成した [Olympic Co-ordination Authority, 1997a, 1997b]．1994
年冬季（ノルウェー，リレハンメル）および2000年夏季（オーストラリア，シドニー）オ
リンピックの環境レガシーは，イベントスポーツツーリズムに関連する影響の緩
和から積極的な環境管理と生息域形成へのパラダイムシフトを表している [Cher-
nushenko, 1996; Cowell, 1997]．2012年ロンドンオリンピックの環境計画には，建設
に使用される材料の90％をリサイクルすること，オリンピック会場のエネルギー
使用量の20％を再生可能にすること，「自動車を使用しない」といった目標を達
成するために，オリンピック公園周辺の50マイルにわたるウォーキングとサイク
リング用レーンを設けること，という目標が含まれていた．また，ロンドンオ
リンピックは東ロンドンのストラトフォードリーバレーの意欲的な都市再生のレガ
シーという考えに基づき計画された（リーバレーの再生計画は，2005年にシンガポールに
おいて，2012年のロンドンオリンピックの投票が行われた際にすでに実施されていた）[Davis &
Thornley, 2010]．これらのスポーツイベントは，「環境とのつながり」といったス
ポーツツーリズムに関する新しい視点を提供している．イベントの環境への影響
を定量化することは（すべての空間規模において）必然的に重要となるが，スポーツ
イベントの影響の複雑さは，空間の規模と時間の観点から，評価方法と組織行動
の両方を慎重に検討する必要がある [Collins et al., 2009]．

▶おわりに

　スポーツツーリズムにおける環境と資源は，スポーツツーリズムの発展の基盤
となる重要な部分を形成している．景観と気候は，観光地の魅力にとって重要な
決定要因である．それらはまた，旅行者が目的地と関連づけて捉えるスポーツや
レクリエーション活動に大きな影響を与え，それによって目的地のイメージに影
響を与える．スポーツと環境の関係はダイナミックなものである [Standeven &
DeKnop, 1999]．この関係を理解することは，持続可能なスポーツと観光開発の機
会を提供する，または脅威をもたらすような傾向を理解するために，重要である

[Hinch et al., 2016]．再現性のある，または移動可能なスポーツは，この点で貴重な例を提供してくれる [Bale, 1994; Weed, 2010]．可搬性はスポーツの発祥地からの移転の脅威を表す一方で，特定の観光地で新規または既存のスポーツ資源を開発する機会を提供する可能性をも表している．

　本章では，人工的環境（都市部）と自然環境（地方）でのスポーツツーリズムの発展の明確な区別について検討した．この区別の重要性は，対照的な影響と管理の問題が，ローカル [Pillay & Bass, 2008 などを参照] からグローバル [Otto & Heath, 2009 などを参照] へというように，分析のさまざまな規模と背景が異なるスポーツツーリズムに適用される．これらの影響がローカルレベルでどのように認識されるかは，スポーツに関連する観光開発の将来に大きな影響を与えるだろう [Cornelissen et al., 2011; Hritz & Ross, 2010; Schulenkorf, 2009; Smith, 2010]．

PART 4

スポーツツーリズムの発展と時間

chapter 8

スポーツと観光経験

観光とスポーツの消費は，シンボルを具現化し，意味を伝え，アイデンティティを形成するための枠組みをもたらしてくれる．[Moularde & Weaver, 2016：285]

▶はじめに

　本章では，短期的なスポーツツーリズムの側面を検討することにより，観光経験を考察する．スポーツツーリズムの発展と時間に関して，観光経験は，本書で検討する最初で最も即時的な時間的要素である．その後，時間的側面の拡張を通して，スポーツツーリズムの発展における年間／季節（第9章）および長期的発展（第10章）のダイナミクスを検討する．本章では，スポーツツーリズム経験の形成や影響に関連する社会構造的要因を検討する前に，まずはじめに（スポーツ）観光経験の時間的局面を検討する．以下の議論の構造は，第2章で提示したスポーツツーリズムの4つの分類である，観戦型イベント，参加型イベント，アクティブスポーツ，およびスポーツヘリテージに基づいている．まず，Morgan[2007]の経験空間モデルを用い，その場所に定められたスポーツ環境に身を置く人々と活動の相互関係を通して明らかになる，特有な社会文化的相互作用の視点から，スポーツ観戦者と参加者における経験の共創について検討する．次に，アクティブスポーツとスポーツヘリテージに関連する観光経験に注目する．最後に，観光者の経験が，観光地のスポーツおよび観光システムによってどのように形成され影響を受けるかについて議論し，本章を締めくくる．

▶スポーツツーリスト経験の時間的局面

　ここでは即時的な観光経験を検討するが，第4部「スポーツツーリズムの発展と時間」の時間的焦点を考慮すると，観光経験自体が，5つの局面（期待，往路，現場，復路，回想）で時間とともに変化するいくつかの特徴のある過程の積み重ねであることに，注意する必要がある［Clawson & Knetsch, 1966; Manfredo & Driver, 1983］．観光経験の期待の局面では，情報検索，意思決定，計画，および期待形

表8.1　スポーツツーリストの類型

スポーツツーリストの類型 [Glyptis, 1982]	関連する類型の対応
スポーツに関する一般的休暇	偶発的 [Jackson & Reeves, 1998] 偶発的 [Reeves, 2000]
専門的・一般的なスポーツ休暇	スポーツ活動休暇 [Standeven & De Knop, 1999] 独立的スポーツ休暇 [Standeven & De Knop, 1999] 散発的 [Reeves, 2000] 不定期的／定期的 [Jackson & Reeves, 1998] 不定期的スポーツ活動者 [Maier & Weber, 1993] マススポーツ [Maier & Weber, 1993]
高所得層向けスポーツ休暇	休暇向けの組織化されたスポーツ [Standeven & De Knop, 1999] 不定期的／定期的 [Jackson & Reeves, 1998]
エリートトレーニング	高い能力を有する競技者 [Maier & Weber, 1993] 献身的／衝動的 [Jackson & Reeves, 1998]
観戦型イベント	素人・玄人観戦者を含む休暇中の受動的スポーツ [Standeven & De Knop, 1999] 受動的スポーツツーリスト [Maier & Weber, 1993]

成を理解する必要があり，旅行動機がそれぞれに影響を及ぼす．往路の局面は，滞在期間や旅行者の基礎的およびサービスへの欲求に影響を与えるため，旅行経験の重要な部分を形成する．スポーツ活動，スポーツツーリストの感情や行動との関わりは，訪問者の経験の重要な側面であり，これらは活動，人，場所の相互作用を表している [Weed, 2005]．これらの関わりは，例えばそのスポーツにおける優先順位や，目的地でのその他の観光活動によって大きく異なる [Higham & Hinch, 2009; Morgan, 2007]．したがって，観光経験がその前後の生活を含むより広い文脈内に置かれていることを考えると，実際の目的地での観光経験は，本章の主題の一部のみを形成していることがうかがえる [Morgan, 2007]．

　スポーツツーリズム経験の時間的局面を簡潔にでも検討することは有益である．表8.1に示されたスポーツツーリストの類型は，スポーツツーリズム経験の旅行前の局面を検討する際の第一歩として役に立つ．さまざまなスポーツツーリストの種類は，情報検索，意思決定，計画に関して大きく異なる可能性がある．例えば，Stewart [2001] はスポーツファンといった幅広い専門用語 [Laverie & Arnett, 2000] には多様性が存在することを指摘しているが，観戦型イベントの期待の局面は，より広いチームファン層およびチームへの支援と，アイデンティティ形成に関する集合的経験の検索に基づいている [Jones, 2000]．旅行前の局面での情報検索手段は，スポーツツーリストの種類間，および初訪問者とリピーター間で，大きく異なる [Taks et al., 2009]．専門的もしくは一般的なスポーツ休暇を求める

人々は，目的地の認知度の確立または向上のために，近隣や遠方のアトラクション指標（第2章）の両方に反応を示すかもしれない．対照的に，トレーニングや競争に従事するエリート選手は，観光地で達成するために設定された計画と期待の面から特有な状況下で活動し，プロスポーツ組織の指示に従って活動する傾向にある［Higham & Hinch, 2009］．

▶スポーツツーリズム経験を形成する社会構造要因

　訪問者の期待は，異なるスポーツ間および特定のスポーツ内の両者において，参加者間で大きく異なる場合がある（第3章）．期待と求められる経験は，それぞれのスポーツツーリストのライフスタイル，態度，性格に応じるものであり，人口統計データ，人生および旅行のキャリアステージ，スポーツおよび個人経験，スポーツまたはスポーツチームへの関わりによって大きく異なる可能性がある［Gibson, 2005; Pearce, 1988; Schreyer et al., 1984; Watson & Roggenbuck, 1991］．

　Gibson［2005 : 59］は「レジャー，スポーツ，観光に関する一連の研究結果は，欲求と活動選択の関係が非常に複雑なものであることを裏付けている」と主張し，スポーツツーリズム経験の重要な側面について特に有益な知見をもたらしている．スポーツツーリズム経験に関する彼女の体系的レビューは，動機と行動が多次元的であることを強調している．安定性と多様性（または喚起）の必要度に応じるため，行動の選択は個人によって異なり，時間とともに変化する．最適なレベルの刺激を求める人は冒険的で挑戦的で斬新な経験を求めるが，安全かつ予測可能で人生を豊かにする経験を求める人もいる．

　観光動機に関する研究は，人々が旅行する理由，彼らが求めるベネフィット，および彼らの欲求と願望を満たすために追求する経験，に関係している［Cooper et al., 1993］．観光動機は旅行者の自己認識欲求に応じたものであり，意思決定プロセスおよび観光関連商品の購入を推進するものである［Collier, 1989］．旅行者の動機に関する輪郭は，内発的因子と外発的因子の組み合わせによるものである．これらの要因は，動機（プッシュ要因）と目的地特性（プル要因）を一致させる必要性があるとする［Crompton, 1979; Gibson, 2005］，プッシュ（心理的）要因およびプル（文化的）要因の観点から説明されている［Dann, 1981］．具体的にスポーツの文脈では，プッシュ要因は，スポーツキャリアの達成というニーズや，生活圏では達成することのできないシリアスレジャー的な目的にまで及ぶ場合がある．例えば，Green and Chalip［1998］はスポーツをする人々はさまざまなレベルの競争で達成できる能力や熟練だけではなく，観光の文脈で見受けられる親和欲求，社会化欲求，サブカルチャー的アイデンティティ形成や発達のためにも，動機づけ

られる可能性があると報告している.

　プル要因には,価格,目的地イメージ,マーケティングとプロモーションが含まれる.物理的および抽象的な特性に応じる目的地イメージ [Echtner & Ritchie, 1993] は,期待形成に重要な役割を果たす.物理的特性には,アトラクション,活動,スポーツ施設,自然景観が含まれる.抽象的特性の測定は容易ではないが,雰囲気,混雑,安全性,ムードが含まれる.繰り返しになるが,特にスポーツ経験に関して,プル要因は特定の場所に特有な競技またはスポーツ経験の達成の探求に関連する場合がある [Hinch, 2006; Hinch & Higham, 2005].特別な経験は,一般的に空間と時間(スポーツイベント,スポーツシーズンなど)の両方に縛られている.これらのプル要因は,旅行経験の期待の局面で,観光者の知覚欲求にも影響を与えることが示唆されている.

　スポーツツーリズムは他の旅行形態と同様に,ニーズを満たすことを期待して構成された一連の動機を伴う.Stewart [2001] は,チームをサポートするための旅行へファンを動機づける一連の要因を明らかにし,これらがプッシュ要因およびプル要因の範疇に含まれることを報告している.プッシュ要因には,日常生活からの解放,仲間意識の探求,友情と帰属意識の構築,生活圏ではできないことをする機会(スポーツサブカルチャー内での地位向上など)が含まれる.対照的に,イベントスポーツツーリズムを動機づける可能性のあるプル要因には,重要なスポーツ活動と観光地における人々および場所に特有な相互作用が含まれる [Weed, 2007].プル要因は,空間的および時間的に結びついた文脈の重要性に加えて,結果の不確実性と,競技後のセレモニーに関連したフロー状態にまで及ぶ可能性がある.観光の動機は,人々が旅行に行く/行かない理由,目的地の選択,および他の観光行動の側面を理解するために重要である.

▶観戦型イベント経験

　スポーツツーリズム経験の複雑さは,スポーツと観光へのさまざまな関与形態の文脈ごとに,スポーツツーリストの動機と経験の検討が求められるほどである.このアプローチは本章の目的達成のために役立つが,本章の後半では,さまざまな種類のスポーツツーリズム間での境界線がますます曖昧になり,不明瞭になっていることを指摘する.イベント経験は,一流の競技能力を観戦するために旅行するスポーツ観戦者,または個別のファンもしくは幅広いスポーツファンの一員としてスポーツチームを追いかけるスポーツ観戦者によって,探し求められている [Obsborn & Coombs, 2013].

　Morgan [2007] は,観戦型イベント経験のマネジメントに関して社会学的視点

を援用している．イベント観戦者と競技場の相互作用を検討する際，彼はイベント観戦者の経験に関して，次の 2 つの視点を強調している［Morgan, 2007 : 362］．

1．経営的視点：付加価値を提供する商品またはサービスの 1 つの種類とした経験．
2．消費者行動的視点：関係者に感情的，象徴的，変容的な意義を持たせる経験．

経営的アプローチは，同質的集団としてのスポーツツーリストのニーズを満たすために開発された商品について描写している．消費者行動的アプローチは，Morgan［2007 : 361］が述べるように，スポーツツーリズム経験を「個人的，社会的，文化的意味に満ちた主観的な感情の旅」と見なしている．Morgan［2007］の批評は，事前に定義され，制御され，ステージ上で管理された経験の提供といったスポーツ経験の商品化により，観戦型スポーツのライブ経験が，観戦者が観察者となってしまい，すべてのイベントの側面が受動的となるようなテレビ視聴またはライブストリーミング経験と同等にまで低下する可能性があるというものである．実際，ライブでの視聴経験の質は，ある側面では電子メディアまたは仮想体験よりも劣っている場合がある．あるいは，主観的および感情的な観戦経験の要素をスポーツに特有な機会の相互作用として高めることで，スポーツ観戦に必要不可欠な場所に根付いた文脈および旅行を手助けしてくれる人や地元住民との相互作用の関連［Weed, 2005］が，スポーツ観戦経験を特別なものにしている［Morgan, 2007］．そして，双方向性を有するオンラインメディアは，ライブスポーツ経験の新たな中間地点だと言える．

　旅行経験の社会学的視点を概説する際に，Morgan［2007 : 363］は経験空間モデル（図8.1）を提示し，「経験は，目的地に基づく活動と場所および旅行者に基づく内的動機と意味との相互作用によって生み出される」ことを主張した．図8.1は，目的地マネジメントとマーケティング活動によって媒介される，目的地の物理的特性とイメージを中心とした動機のプル要因を示している．これは，スポーツ経験が消費されるその場での目的地環境を表している．そして，このモデルは，観光者が競技の場に持ち込む動機，意味，アイデンティティを説明している．スポーツツーリズムの場合，観戦経験は個人的な意味およびサポーターコミュニティの集合的な社会的アイデンティティに大きく影響される［Morgan, 2007］．経験空間は，場所に根差したスポーツ環境での活動と人々の相互作用を表す，社会的および文化的相互作用に基づいた経験の共創を可能にする．

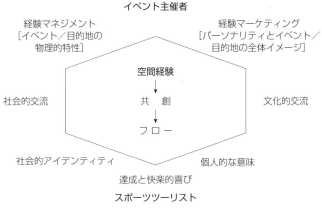

図 8.1　経験空間

出典：Morgan［2007：362］を基に作成.

　Morgan［2007］は，観戦経験の3つの内部要素を強調している．1つ目は，快楽主義的な喜びと達成といった個人的ベネフィットに関するものである．新規性，衝動，娯楽，驚きは，観光空間で達成できる経験の重要な要素である．また，Morgan［2007］によると，活動への完全な没頭は「フロー」状態［Csikszentmihalyi, 1992］を引き起こす可能性があるとされている（図8.1を参照）．2つ目は，観戦型スポーツの情熱的な集団経験の核となる社会的相互作用である．これらの相互作用は，個人的・社会的アイデンティティの形成の場と社会的・環境的状況が，集団的アイデンティティまたは「共同体」の感覚をもたらす場を提供する［Chalip, 2006；Hinch & Higham, 2004；Morgan, 2007；Weed, 2005］．統合（共有される経験）と差別化（社会的アイデンティティの発達）の両方の観点から，地元住民との相互作用はスポーツツーリズム経験の重要な要素であることがうかがえる［Weed & Bull, 2004］．3つ目の重要な要素は，意味と価値である．スポーツ観戦経験に関する意味と価値は，訪問者の文化的背景，および彼らのスポーツと場所の歴史的・文化的文脈の主観的理解と解釈から得られる．「したがって，スポーツへの献身とスポーツ文化は，個人的アイデンティティを深くかつ繊細に表現するものである」［Morgan, 2007：368］．

　そのため，スポーツツーリズムにおいて，競争の場（目的地）の重要性は，人々が競争の場での旅行，観光，集まりを通し，観光経験にのめり込む時に発生する，社会的および文化的相互作用に関連している［Weed, 2007］．社会的経験は，ホストとゲストの相互作用を通じて，場所に基づき共同で創造される．この文脈の中では，快楽主義的な喜びと達成，社会的相互作用，意味と価値が，スポーツツーリズム経験の核となる［Morgan, 2007］．この点は，スポーツ観戦旅行での社

交的経験の重要性を実証したスポーツファン研究の結果を裏付けている［Fairley, 2003］.

　Morgan［2007］の研究は，活動，人，場所に基づくスポーツイベント経験に関連する個人的および主観的なスポーツの歴史の中心性についての，興味深い知見をもたらしている．これは，訪問者がイベント経験を操作したり，強要されたりするのではなく，訪問者が自分の経験を「共創」できるようにすることの重要性を強調するものである，と彼は述べている．国内／地域の観光組織，スポーツ組織，イベント管理者は，「関係者にとって感情的，象徴的，変容的な意義」［Morgan, 2007：362］を持つとされる，期待と求められる経験をより理解する必要がある．これは，観光地管理者とスポーツイベント主催者が，どのように協働してスポーツツーリズム経験の共創を可能にするイベントをプロデュースするか，といった興味深い質問につながる（Focus Point 8.1を参照）.

　スポーツ参加・経験のための旅行現象は，主要スポーツイベントと強豪チームの永続的ファン層の間ではスポーツ経験が異なりはするが，1回限りまたは定期的に移動する人にまで及ぶ［Higham & Hinch, 2009］．スポーツファンが持つチームをサポートするための旅行動機の多様性を考えると，彼らはスポーツと観光経験の側面について興味深い知見をもたらしてくれる．Stewart［2001］は，スポーツファンの間に存在する多様性を示す，オーストラリアのチームスポーツ観戦者の類型を提示している．各ファンカテゴリーが持つ動機は，目的地での訪問経験を形づくり，影響を与える.

1. 熱狂的ファン：都合に関係なく試合に定期的に関わり，彼らの気分やアイデンティティがチームの成功や失敗に直結するような熱狂的支持者.
2. 勝利チームサポーター：熱狂的ファンほど熱心ではなく，忠誠心を変化させたり，彼らのチームが試合に勝ち始めるまで支持を保留したりする.
3. 閉鎖的ファン：試合への関心とチームへのコミットメントは強いが，あまり試合に関わらず，試合よりもチームに興味を持つ.
4. 観戦愛好家：主にスポーツを通じて娯楽を求めるが，必ずしも特定のチームに帰属するわけではない.
5. 観戦マニア：興奮する試合やスター選手が関与する試合に惹かれ，試合結果よりも技術パフォーマンス，戦術的な複雑さ，審美的喜びに興味を持つ.

間違いなく，ほとんどのファンは，チームの成功を見るために旅行し，その旅は優勝決定戦での勝利による幸福感を経験することに動機づけられている．多くの

人にとっても，スポーツ経験は白熱したスポーツ競技が行われる瞬間のお祭り騒ぎのような興奮にまで及ぶ．これらの状況では，国民のお祭り的な兆候が現れるかもしれない［Giulianotti, 1996］．そして，文化の象徴としてのスポーツという観点からだけではなく［Bale, 1989］，さまざまな地域，国，大陸からのファンの集合的行動においても［Giulianotti, 1995; Morgan, 2007］，スポーツは文化的経験となる．これらの個人的および集団的アイデンティティの表現は，競技が行われる目的地の文脈内で融合することになる．そのため，特定の瞬間に重要なスポーツを経験する観戦者も，その場所の文化的経験の対象となる．実際，一部のスポーツファンにとっては，歴史的関連性に基づく場所の経験や，観光アトラクション，象徴的な場所，史跡の訪問を通した場所の経験は，スポーツツーリズム経験の重要な側面となるかもしれない（Focus Point 8.2を参照）．これは，スポーツツーリズムを活動（スポーツ），人々（スポーツファン），場所（競技場）の統合として強調することになる［Weed & Bull, 2004］．スポーツのパフォーマンス，状況，結果の不確実性は，世界大会特有の雰囲気と相まって，非常に強力な観光アトラクションとして機能する可能性がある［Hinch & Higham, 2004］．

　チームをサポートするためにファンを旅行に駆り立てる原動力は多様なため，スポーツファンは同質的な旅行市場とは見なされないことを，Stewart の類型は示している［Borland & MacDonald, 2003］．パフォーマンスと結果は多くのファンにとって重要かもしれないが，「スポーツは忠誠心とコミットメントを示す重要な手段となり，永続的なレジャー行動を生み出す」［Jones, 2000：285］ことにより，ファンの一員として社会的アイデンティティを形成および強固にする場合がある．スポーツサブカルチャーへの同一化は，参加者と観戦者の両者にとって重要な動機となる可能性がある．Green［2001：5］は，「他者との相互作用は社会化プロセスの核であり，価値と信念が共有され表現される手段をもたらす」と述べている．したがって，スポーツツーリズムは，参加，観戦，社交，または相互作用（スポーツや競技が行われる場所での非スポーツ活動を通じてなど）を通したサブカルチャーの称賛によって動機づけられる可能性がある［Green & Chalip, 1998］．

▶参加型イベント経験

　イベント参加者の経験は，プロ／エリートからアマチュアまで，さらには真剣なアマチュア選手から楽しみ志向的および社交的スポーツ参加者まで，さまざまな競技レベルに基づき非常に論理的に検討されてきた．それぞれの経験は，これ以上対照的にはならないほどである［Higham & Hinch, 2009］．プロやエリート選手は，最高レベルの競技力を発揮するための適切な身体的および心理的状態を得る

ために特別な旅行環境に身を置いている．プロ選手は，スポーツツーリズムのビ
ジネス旅行者であり［Hodge, et al., 2010］，多くの場合，プロスポーツ組織および
／または所属チームの指示の下で旅行する．Woodman and Hardy［2001］は，
エリートスポーツにおける組織または仕事に関連した社会心理的ストレスのさま
ざまな原因を指摘しており，その多くは選手が競技場で直面する状況に直接的も
しくは間接的に関係していることを報告している．彼らは環境，個人，リーダー
シップ，およびチームの要因によって引き起こされる組織的ストレスを考慮し，
一貫性，予測可能性，サポート，また場合によっては競技前および競技中の社会
的・身体的環境のコントロールの必要性を強調している．エリートスポーツ選手
が抱えるストレスの多くの原因は，スポーツ自体に関連しているが（調子の悪さ，
怪我，セレクション，経済的苦難など），特定の目的地要因（馴染みのなさ，ホームシック，
孤独感，質の悪い宿泊施設，不便さ，水準以下のトレーニング施設）による可能性も考えら
れる（障害者アスリートに関しては Darcy［2003］などを参照）．

　しかし，Woodman and Hardy［2001］が強調した組織的ストレスの原因の中
には，競技者が国外に拠点を置いて活動および競技の準備をしている際に，場所
と生活環境を慎重に考慮することで軽減または排除できるものがあることに注目
すべきである．宿泊施設と食事に関する取り決めは，トレーニング場や競技会場
で厳密に管理することが可能である．地元のチーム・選手コミュニティに溶け込
む戦略や，仕事としてのスポーツと試合のプレッシャーからの逃避のバランスを
保つための目新しく刺激的な観光経験を通じて，トレーニング環境で感じる退屈
と孤独は軽減させる，または排除することが可能である．また，目新しかったり，
特有であったり，または象徴的であったりするような場所での共有経験を通じて，
チーム文化がさらに向上する可能性がある．

　エリート選手やプロスポーツチームの選手にとって，最善の競技パフォーマン
スは，準備と競技に適した環境を作り出すことによって生まれる［Hodge et al.,
2010］．スポーツの監督は，成功するチームの重要な要素として「チーム文化」
に言及している．チームの成功に向けた文化を確立するために，チームマネジメ
ントとして，チームの競技パフォーマンスに影響を与える可能性のあるチーム環
境のあらゆる側面を考慮する必要がある．旅先での選手は，馴染みのない生活環
境や競技コンディション，日課の崩れ，子午線を越える旅行による生理的ストレ
スに関連した，多くの困難に直面する［Higham & Hinch, 2009］．「アウェーゲーム
のデメリットに対処し，勝利するために，プロスポーツチームはこれらの要因の
対応に向けて多大な投資をしてきた」［Francis & Murphy, 2005：78］．この取り組み
の主な焦点は，求められるチーム環境を構築することであり，これは競技会場に
おいて，選手にとって慣れ親しんだ不安のない環境を創り出すことで実現できる

と考えられる．

　チーム／選手が拠点を置く目的地とチーム文化の間のフィットを高めることは重要な戦略である．適切な環境を整えるためには，親しみやすさと目新しさのバランスをとる必要がある．多くのスポーツチームは，ストレスが少なく親しみやすい環境で競技に備えることが可能な状況の「環境的幻想」を求めている[Higham & Hinch, 2009]．しかし，選手にとって，視野の狭い，馴染みのある，日常通りの環境は，息苦しいものになってしまう可能性がある．したがって，適切な環境調整は，求める程度の目新しさを競技準備段階でもたらす観光およびレジャー活動の機会を提供できる目的地に，チームの活動拠点を置くことにまで及ぶ場合がある．独特で興味深い観光地やヘリテージの魅力は，選手を試合のプレッシャーから解放し，精神集中の機会を与える可能性もある．したがって，エリート選手にとって，競技が行われる目的地での最適な経験には，競技準備と開催地への関与との適切なバランスを保つ「ツアーバランス」が関連することが報告されている[Hodge et al., 2008]．

　エリート選手とは一線を画しているのは，さまざまな競技レベルにおいてアクティブな参加者としてスポーツツーリズムに関わる選手である．マスターズゲームズの現象は，この多様性の多くを1つのイベントとして具現化したものである[Ryan & Lockyer, 2002]．Trauer and Ryan [2005 : 183] は，マスターズゲームズ参加者を以下の4種類に分類している．

1．イベント愛好者：自身のスポーツへの高いレベルののめり込み度，身体的健康の内発的報酬および参加に伴う社交的交流に動機づけられる．
2．真剣な競技者：競技の成功と高いのめり込み度に動機づけられる．
3．初心者／素人：競技よりも，体力や参加自体が理由でスポーツを行う．
4．観戦者：知識が豊富でスポーツに興味はあるが，直接的な関与は最小限にとどめる．

マスターズスポーツ大会参加者の多様な動機と幅広い層は，地域，国，世界レベルの大会まで，世界のさまざまな地域からリピーターを惹きつけるまでに急速な成長を遂げたマスターズ競技を表している．マスターズ競技者が求めるスポーツと観光経験は，マスターズゲームズの国際化の動きと相まって[Trauer & Ryan, 2005]，地域，国内，国際分析といったさまざまなレベルにおいて，マスターズゲームズでの経験を理解することが，開催地のスポーツと観光の担当者にとって大きな関心事であることを明らかにしている．

　アクティブスポーツ参加者の経験を理解するための同様のアプローチは，現在，

サイクルロードレース，トライアスロン，マウンテンバイクイベントなどの個人スポーツへの参加に焦点が当てられている［Higham & Hinch, 2009］．これらの分析から2つの重要な点が明らかになっている．1つは，野外レクリエーションの場面等で見られる，シリアスレジャーに参加する人たちによるイベント参加の重要性［Davidson & Stebbins, 2011］であり，それは，求めている経験だけではなく，基本的に目的地の魅力と目的地の選択においても重要である．Moularde and Weaver［2016］は，マウンテンバイカーの事例を取り上げ，特定の目的地の魅力を調査したところ，目的地は参加者のスポーツへの関与の真剣度を高める機会の観点から評価されていたことを明らかにしている（Case Study 8.1も参照）．

▶レクリエーションスポーツへのアクティブな関与

　レクリエーションスポーツへのアクティブな関与は，重要な研究に豊かな基盤をもたらすスポーツツーリズムの側面である．例えば，Hagen and Boyes［2016］はアクティブなマウンテンバイク参加者の経験に関する深い洞察を報告している．彼らは，マウンテンバイクのサブカルチャーと練習との関連性を，高められた深い感情経験に基づき精査している．Bourdieu の界概念，ハビトゥス概念，資本理論を基にデータを収集し，Hagen and Boyes は，社会史，人種統治，形態（クロスカントリー，ダウンヒル，長距離耐久）の側面だけではなく，主流化，分断と抵抗，メディア消費と商業化，ジェンダーの影響力についても調査している．参加型スポーツのこれらの側面は，マウンテンバイクのサブカルチャーと感情的感覚の社会構築された性質の観点から，スポーツ参加者の経験に重要な意義をもたらしてくれる（Focus Point 8.3を参照）．

　スポーツへのアクティブな参加に関する研究から示唆される肝要な点は，社会的アイデンティティと帰属意識の重要性である．スポーツへのアクティブな関与が，シリアスレジャーまたはレクリエーション参加の形をとるかどうかに関わらず，スポーツと観光がアイデンティティ形成の枠組みをもたらすという事実は，近年重要性を増している［Higham & Hinch, 2009］．Moularde and Weaver［2016：285］は，「観光とスポーツの消費は，象徴を具現化し，意味を伝え，アイデンティティを形成するための枠組みをもたらしてくれる」と述べている．アイデンティティの形成は，サーフィン，ウィンドサーフィン，マウンテンバイクなどのライフスタイルスポーツ参加に関する重要な知見をもたらしている［Hagen & Boyes, 2016; Wheaton, 2004］．Humphreys［2011］は，Bourdieu の社会的および文化的資本の概念を活用し，自身の地位を高めるような格式高いゴルフコースをゴルファーがどのように理解し，そしてそのコースを訪れプレーすることが彼ら自身のス

表8.2　ゴルフを行うスポーツツーリストのスポーツ動機

スポーツツーリストの種類 [Glyptis, 1982]	主目的	目的地特性	2次的活動
スポーツを含んだ一般的休暇	さまざまなビジネスまたはレジャー旅行動機	主要動機によって異なる（ゴルフコースの存在は偶発的）	いくつかある活動の中でもゴルフをする
専門的なスポーツ休暇	ゴルフの聖地巡礼，象徴的ゴルファーの模倣	グランドスラムおよびその他の選手権コース	ノスタルジアスポーツツーリズム
一般的なスポーツ休暇	一連の観光活動の一部としてのゴルフ	単一の総合型リゾート	家族単位の活動
高所得層向けスポーツ休暇	特別な観光活動としてのゴルフ	高度な贅沢，ゴルフ場に隣接する別荘の開発	家族および社交的活動
エリート選手のトレーニング	競争の探求，さまざまなゴルフコースへの挑戦	ゴルフ地域を形成するゴルフ場の組織網	コーチングクリニック，プロのアドバイス，用具の購入

出典：Glyptis [1982]，Priestley [1995] を基に作成．

テータスにどのように反映されているか，を明らかにしている．他のスポーツでは，スポーツサブカルチャーと消費者の同一化は，訪問者の経験の重要な要素である（第6章参照）．Green [2001：5] は，「他者との相互作用は社会化プロセスの核であり，価値と信念が共有され表現される手段をもたらす」と述べている．したがって，参加を通してサブカルチャーを称賛することによって，スポーツツーリズムは動機づけられる可能性があることが示唆されている [Green & Chalip, 1998]．

　以上のことから，スポーツへのアクティブな参加は多様な関与形態を表しており，それは，同様に求められる多様な観光経験に反映されることがうかがえる．ゴルフというスポーツでは，スポーツ参加者が持つさまざまな範囲の観光動機を示している [Hudson & Hudson, 2010]．ゴルフのための旅行を支える動機そして結果として，ゴルファーのスポーツツーリズム経験は，さまざまなスポーツツーリストの種類によって異なる（表8.2）．これらは，独自のルール，競技構造，各スポーツに特徴づけられた遊戯的要素のため，他のスポーツに直接的に一般化することはできない（第2章）．ただし，スポーツツーリストがゴルフなどのスポーツに対して抱く動機を理解することは，求められる訪問者経験を促進するために重要である [Humphreys, 2011]．Humphreys and Weed [2014] は，ゴルフ旅行に関与し，家族旅行中にゴルフをするという選択について，ライフステージの影響に基づく折衝と妥協の側面についての調査結果を報告している．意思決定ユニット（DMU: decision-making unit）の2つの層から，Humphreys and Weed [2014] は目的地管理者にとって重要な知見をもたらしている．他のスポーツに関連する観光

者の動機と意思決定プロセスを精査した同様の研究も，間違いなく求められているものである．

▶ヘリテージスポーツ経験

　ヘリテージとノスタルジアは，個人的および社会的アイデンティティ形成の重要な手段として，また真正的なスポーツ経験の重要な要素として指摘されている [Higham & Hinch, 2009]．Fairley and Gammon [2005] は，人為的産物と経験に関わるスポーツとノスタルジアを調査している．ヘリテージスポーツ経験は，ヘリテージツーリズム研究と類似した方法で発展してきた [Gammon & Ramshaw, 2013]．もともと北米の文脈で Redmond [1990] が着想したヘリテージスポーツツーリズムは，スポーツ博物館，殿堂博物館，テーマ性を持つバーやレストランへの観光訪問，という観点から表現されるように，そのスポーツの場所や人為的産物を中心にしたものである．いくつかのスポーツ施設は時間の経過とともに独自のヘリテージの価値を発展させてきたが，Ramshaw [2011] は，魅力あるヘリテージの要素を備えた新たなスポーツ施設の開発に対する関心の高まりを指摘している．「レトロパーク」の現象は，スポーツ経験を豊かにする魅力あるヘリテージの価値を取り戻す手段として，1990年代初頭に現れている [Higham & Hinch, 2009; Ramshaw, 2011]．

　当初，ヘリテージスポーツ経験は，時間の経過とともに独自の歴史的雰囲気を創り出すスタジアムや他のスポーツ会場 [Bale, 1989]，または [再] 整備された公園，スタジアム，博物館，殿堂博物館 [Ramshaw, 2011] といった建造物から派生していた．北米ではスポーツヘリテージの商業化がこれらの形で進んできた [Gammon, 2002] が，ヘリテージスポーツツーリズムの需要増加は多様で多面的なヘリテージ経験の発展をもたらし，現在では学術的文献にも反映されるようになった [Fairley & Gammon, 2005]．ヘリテージは多くのスポーツツーリズム経験の重要な要素である．Fairley [2003] は，ノスタルジアはスポーツを経験するためのグループでのリピート旅行者の原動力であり，新しいメンバーの勧誘と社交に重要な役割を果たしていると報告している．ヘリテージの価値を構築し，スポーツのノスタルジア経験を際立たせる手段と方法を明らかにする研究は，非常に興味深いものである．Derom and Ramshaw [2016] は，参加型スポーツイベントの管理者が，スポーツのヘリテージの価値を利用して参加を促進するだけでなく，観光者の観光地でのヘリテージへの関与を幅広く促進する可能性について，考察している（Focus Point 8.4を参照）．

▶スポーツおよび観光システム：訪問経験

　スポーツツーリズム経験は，さまざまな方法で記述および研究できるが，基本的には有形（物理的特性）と無形（感情や気持ち）の要素の組み合わせによるものである［Weed, 2010］．経験的アプローチには，訪問経験を構成する感情や気持ちを理解することが関わってくる．これらの感情には，イベント・競技観戦，スポーツ参加，ノスタルジア的なスポーツ追体験を通して得られる勝利，敗北，仲間意識，歴史感覚，そしてこれらが生み出す喜び，安堵，疲労，幸福，および落胆が含まれる．訪問経験は，観光者の動機と求める経験に応じる．例えば，Walker et al.［2010］は，「活動形態」と「目的志向」を基に，ワールドマスターズゲームズのアクティブなスポーツ参加者の経験を調査し，それぞれの競技者グループ間での訪問経験の類似・相違点を明らかにしている．訪問経験は，観光地のスポーツおよび観光システムによって形成され，影響を受けている（図8.2）．

　中心および周辺地域のスポーツ施設と会場の空間分布とアクセシビリティは，ホストとゲストの両者のスポーツ経験に影響する．Bale［1982］は，スポーツ経験がもたらされる機能的に線引きされた場所である「スポーツのハブ」に言及している．これらの結節点領域は，混雑，騒音，無秩序な行動などの悪影響を最小限に抑えることができる．同様に，Smith［2010］が指摘しているように，スポーツと観光経験を向上させるために「スポーツシティ」ゾーンが開発されている．また，ドイツでの2006 FIFA ワールドカップの特徴であった「Fan Fest zones」［Smith, 2010］および地元イベント内の一部分であった「体験ホットスポット」［Pettersson & Getz, 2009］は，空間と時間を特徴づけていた．

　スポーツの結節点をもたらす「観光システム」も同様に重要である．一般的に観光者は，1つのアトラクションまたは1つの特定の経験を念頭に置いて旅行する［Leiper, 1990］．他の観光形態と同様に，スポーツツーリズムでは，観光者は通常，観光者の求める経験に顕著なアトラクションの中心要素の組み合わせに関わる．訪問経験を促進するうえでの観光システムの重要性は，Leiper［1990］の「まとめられた中心要素」の概念によって強調されている．象徴的アトラクションの中心要素のまとまりは，現代の観光システムの重要な要素となっている．Leiper［1990：375］は，「観光地区は，統一されたテーマを持つまとめられた中心要素によって，観光者が集まる町や都市内の小さな区域を描写するための，有用な表現である」と指摘している．

　観光地区内のスタジアム開発は，イベントスポーツツーリズムに関連した観光経験が促進される可能性を示している［Mason et al. 2008, Stevens & Wooton, 1997］．スポーツ施設が，スポーツバー，博物館，殿堂博物館，その他のエンターテイメ

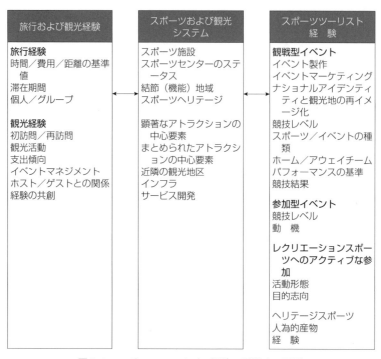

旅行および観光経験	スポーツおよび観光システム	スポーツツーリスト経験
旅行経験 時間／費用／距離の基準値 滞在期間 個人／グループ **観光経験** 初訪問／再訪問 観光活動 支出傾向 イベントマネジメント ホスト／ゲストとの関係 経験の共創	スポーツ施設 スポーツセンターのステータス 結節（機能）地域 スポーツヘリテージ 顕著なアトラクションの中心要素 まとめられたアトラクションの中心要素 近隣の観光地区 インフラ サービス開発	**観戦型イベント** イベント製作 イベントマーケティング ナショナルアイデンティティと観光地の再イメージ化 競技レベル スポーツ／イベントの種類 ホーム／アウェイチーム パフォーマンスの基準 競技結果 **参加型イベント** 競技レベル 動　機 **レクリエーションスポーツへのアクティブな参加** 活動形態 目的志向 ヘリテージスポーツ 人為的産物 経　験

図 8.2　スポーツツーリズム経験に影響する要因

ントと関連して開発される場合，求心力が高められる．補完的活動（スポーツ以外の娯楽など）と観光サービス（交通機関，宿泊施設，銀行業務，情報サービスなど）の整備により，観光地区のステータスが向上する．これらの整備は永続的な場合とそうでない場合がある．観光地区の一時的な整備は，スポーツイベントを活用して観光地の幅広い経験を促進する戦略である．例えば Nash and Johnstone [1998] は，1996年の欧州サッカー選手権を開催したリバプールとリーズの都市での展示会，プロモーション，地域イベントの展開について取り上げている．

▶おわりに

本章では，スポーツツーリズムの発展における短期的な時間的側面について検討し，スポーツが，スポーツツーリズム経験の頻度，タイミング，期間にどのように影響するか，そしてスポーツと観光のさまざまな側面が，観光地での訪問経験をどのように取り持つかを考察してきた．スポーツツーリズムの学術研究における差し迫った課題の１つは，観光動機と期待との関係，および観光者のスポー

ツ経験と観光地での彼らの行動との関係について，知見を深めることである．これには，観光者のスポーツ経験を形成し影響を与える，複雑な社会構造的要因の理解と，さまざまな要因が，どのように観戦イベントの観光経験，アクティブなスポーツ参加，およびノスタルジア経験に関連するヘリテージの価値を促進するかを見極める必要がある．Gibson［1998］は，もともと，これらを3つの異なるスポーツツーリズムへの関与形態として考えていた．現実には，イベント観戦，イベント参加，レクリエーションスポーツとヘリテージへのアクティブな関与の相互作用が，強大で変革的な現代の観光経験の可能性を集合的にもたらすのである［Morgan, 2007］．

　スポーツツーリズム経験の回想の局面で特徴となる要因も，まだ十分に理解されていない．これらの要因は，スポーツツーリストの種類によって異なることが考えられる．エリート競技者は，トレーニング施設のレベル，個人パフォーマンス，競技結果に影響される可能性がある［Francis & Murphy, 2005; Maier & Weber, 1993］．イベント観戦者の経験は，カジュアルな観戦者からはスポーツ経験の独自性に基づいて，真剣なスポーツファンからは競技結果および社会的アイデンティティと自己概念の発展に基づいて，判断されることがある［Gibson, 1998］．対照的に，偶発的にスポーツを行うような一般的休暇を求める人々は，観光地での特有なスポーツツーリズム経験を求めることがある［Glyptis, 1982］．いずれの場合も，訪問経験の回顧はさまざまな要因によって影響を受ける．スポーツツーリズム経験は，さまざまな研究の機会が埋もれている分野である．実際，急速に進化し拡大しているバーチャルスポーツの世界，および仮想現実によって増大されるスポーツ経験は，スポーツの定義，バーチャルツーリズム，およびスポーツ経験の新しい次元に関する，非常に興味深い議論を提起している．

chapter 9

季節性，スポーツ，観光

観光者が繁忙期に旅行するのは，彼らが望んでいるからなのか，もしくはしなくては
いけないからなのかは，正確にはわかっていない．[Butler, 2001:19]

▶はじめに

　季節性は，本書の第4部を構成するスポーツツーリズム発展の時間的枠組みに
おける中間点である（第1章を参照）．本章の文脈では，季節性を「訪問者数，訪
問者の支出，高速道路および他の交通手段の通行量，アトラクションでの楽しみ
と入場料，などの要素で表される観光現象の時間的不均衡」と定義する［Butler,
2001:5; Koenig-Lewis & Bischoff, 2005; Martin et al., 2014も参照］．季節性は，観光の最
も一般的な特徴の1つであると同時に，おそらく最も理解されていないものの1
つでもある．多くの場合，解決が必要な問題として批判的に見なされていない．
しかし，季節性が一般的にスポーツの大きな問題とは見なされていないこととは
対照的に，最近の長期化傾向にある競技シーズンは，多種目のスポーツ参加を阻
害する傾向にある［Higham & Hinch, 2002a］．

　本章の目的は，スポーツツーリズムが季節によってどのように特徴づけられて
いるかを明らかにすることであり，目的地の観光シーズンを変更するためにスポ
ーツがどのように利用されているかに焦点を当てる．まず，スポーツの文脈につ
ながる観光の文脈において，季節パターンと問題点を精査することから始める．
気候変動と季節性との密接な関わり合いを含んだ，これらのパターンに影響を与
える要因について検討する．次に，季節性を変更する試みとして使用されてきた
スポーツ戦略を考察する．なお，Case Study 9.1は，気候変動がどのようにス
キー産業に影響を与えているのか，そしてスポーツツーリズム産業における季節
性の影響に，焦点を当てている．

▶観光における季節パターンと問題点

　Baron［1975］の観光季節性に関する先駆的な研究は，17年間に及ぶ16の観光

主要国からの観光データの分析を基にしたものである．彼の研究は，「観光者の到着数と出発数，宿泊施設の稼働率，ホテルやその他の観光産業の雇用状況という統計結果は，季節性や測定可能なその他の予測要因によって，月ごとに大きく変動している」ことを明らかにしている [Baron, 1975：2]．Lopez Bonilla et al. [2006] がスペインの多くの地域で見られるさまざまな季節の観光パターンを報告しているように，スペインは観光の季節性に関する研究において特に焦点が当てられている国である．「アンダルシア州とバレンシア州は単一ピークの季節性を示し，バレアレス諸島州とカタルーニャ州には複数のピークが見受けられるが，カナリア諸島州とマドリード州ではピークのない季節性が示されている」[Lopez Bonilla et al., 2006：255]．最近では Martin et al. [2014] が，アンダルシア州の沿岸地域はスペインで最大の季節性を経験していることを明らかにしたが，同時に，この地域が最も訪問者の多い地域でもあるという複雑な事実をも示している．このような分析結果は，重要なパターン幅だけではなく，互いに近接している地域同士でも，地域によっては季節性が大きく異なる事実も示している．

　観光季節性は，都市部よりも周辺地域でより誇張される傾向がある [Jeffrey & Barden, 2001]．この理由の1つは，都市部の中心的地域特性であるため，年中楽しめるアトラクションが都市部に集中しているからである [Daniels, 2007, Koenig-Lewis & Bischoff, 2005]．これらのアトラクションには，博物館，美術館，歴史的建造物，ショッピング，エンターテイメント施設などがあり，その多くは自然要因から保護可能な屋内施設である．スポーツイベント，施設，プログラムは，この一連のアトラクションの重要な部分を占めている（第5章）．対照的に，周辺地域は野外活動と密接に関わっているため，天候や気候条件により敏感で，狭い範囲のアトラクションによって特徴づけられている [Lima & Morais, 2014]．また，周辺地域は定義上，遠隔地にあるため，特定の時期にさまざまなアクセスの問題を経験する可能性がある [Baum & Hagen, 1999；Cannas, 2012]．

問題点としての季節性

　観光季節性に関する一般的な見解は，それが「克服すべき問題，または政策，マーケティング，および実務レベルで"取り組むべき"問題」だということである [Cannas, 2012：42]．この立場の支持者は，観光季節性が目的地に次のような多くの悪影響を与えることを指摘している：①不均一なキャッシュフロー，雇用問題，未活用の資本に関連する経済的課題 [Gomez Martin, 2005；Jang, 2004；Nadel et al., 2004]，②繁忙期の混雑などの社会問題 [Koenig-Lewis & Bischoff, 2005]，③繁忙期の環境収容能力超過によって引き起こされる生態学的問題 [Chung, 2009；Martin et al, 2014]．

　世界のさまざまな地域では，季節変動のパターンがまったく異なるにもかかわらず，季節性に関連する多くの類似した問題が報告されている．例えば，イギリスの繁忙期は7月と8月の夏に発生し，冬には観光が著しく減速する．対照的に，ジャマイカの冬は忙しく，春は閑散としている．季節性は，気候条件が重要なアトラクションではなく単なる環境的文脈となっている目的地（民族観光など）よりも，アトラクションとして特定の気候条件に依存している目的地において問題になる傾向にある（ウィンタースポーツ，サマースポーツ，特定のアドベンチャースポーツなど）[Gomez-Martin, 2005]．

　いくつかの注目すべき例外を除いて [Chung, 2009; Flognfeldt, 2001など]，季節性によると考えられるベネフィットは等閑視されている．しかし，Hartmann [1986 : 31-32] によると，観光者の少ない季節が「社会的および生態学的環境が完全に回復する唯一の機会を提供している．ホスト環境の休眠期間は，そのアイデンティティを保持するために単純に必要なのである」．同様に Butler [1994 : 335] は，「……繁忙期には地域が非常に頻繁に使用される可能性があるが，長期的にはその使用が年間を通じて均等に広がるよりも良いかもしれない」ことを示唆している．実際に，閑散期は目的地に回復の期間をもたらすことから，「休閑効果」を持つと指摘されている [Baum & Hagen, 1999; Koenig-Lewis & Bischoff, 2005も参照]．

▶スポーツにおける季節性のパターン，傾向，問題点

　通常，チームスポーツのシーズンは，トレーニングキャンプとオープン戦（エキシビション）から始まり，その後定期的なリーグ戦が行われ，その年の優勝チームを決めるプレーオフで終わる．これらのパターンは，スポーツ，競技レベル，および地域などのその他の要因によって異なるが，過去30年間のスポーツの季節性に対する最も重要な変化の1つは，従来の競技シーズンの拡大である．この拡大の理由には，技術革新，社会的条件の変化，グローバル化，およびトップレベルにおけるスポーツのプロ化が含まれる．これらの要因に関連して，放送メディアや他の企業パートナーとの提携は，ビジネス利益を最大化するための戦略として，競技シーズンの期間を拡大するよう圧力をかけている [Sage, 2016]．多くの場合，次のように言える [Higham & Hinch, 2002a : 183]．

　　従来のスポーツシーズン内で機能を果たしていた制限は，取り除かれてしまった．そのため，実質的にチームが一年中競争するというスポーツのプロ化の拡大により，スポーツの季節性の概念が大幅に排除されたのである（休養期間または一時的なスポーツ離れの観点から）．

　ヨーロッパのサッカーは，この傾向を示す１つの例である．ヨーロッパのプロサッカーシーズンは，国際リーグトーナメントの発展によって，国内の冬季スポーツから，ほぼ一年中を通して行われる国際的クラブスポーツへと変化した．冬季だけではなく夏季を中心にスポーツシーズンが変更された他の例もある．好ましい競技および観戦環境を活用するために，夏に開催されるノルウェーのサッカーリーグはその１つの例である．同様に，スーパーリーグの展開により，北半球と南半球に拠点を置くチームが関わる国際的な競技シーズンへと発展させる戦略の一環として，ラグビーリーグはイギリスとフランスで冬から夏のスポーツに再編されている．

　図9.1は，1975年から2017年までのニュージーランドのラグビーユニオン大会シーズンの拡大を示している．ニュージーランドラグビー年鑑でシーズンごとに公表されたニュージーランドラグビーユニオンの統計データから，ラグビーシーズンの拡大は明らかである．このスポーツシーズンの拡大は，1976年のニュージーランド州代表選手権（National Provincial Championship）の導入，および1996年の南半球でのラグビーユニオンのプロ化への移行によってもたらされた［Higham & Hinch, 2002a］．テレビ放送の利益のために続けられるリーグ拡大と調整は，季節のパターンを拡大し，変化させ続けている［Higham, 2005］．2010年のニュージーランドラグビーカレンダーの特徴として（図9.1も参照），前身のスーパー12の3カ国14チームへの拡大，そして最終的に2016年には5カ国18チーム（ニュージーランド，南アフリカ，オーストラリア，アルゼンチン，日本）への拡大が含まれている．加えて，8月まで延びたトライネーションズ大会（各チーム4〜6試合），近年始まったヨーロッパでの「秋のテストマッチ」（11/12月），11月上旬のヨーロッパ遠征途中でのアジアや北米都市でのテストマッチといった，さらに拡大した国際ラグビーカレンダーも含まれている．

　これは，トライネーションズがアルゼンチンを含むことでラグビーチャンピオンシップ大会へと発展したように，国際プログラムの継続的な拡大であり，シーズン半ばの「国際試合の日程」がスーパー18のシーズン後半に詰め込まれ，6月の4週間にわたり大会を中止し7月に再開・終了するという過密日程を引き起こしている．一方，北半球と南半球のラグビー国は世界的な国際ラグビーシーズンの合意を求め続けているが，スーパー18は現在の18チームによる大会の持続不可能な現状を認識し，再び15チームに縮小することを予定している．南半球のプロラグビーカレンダーの冷酷さは，主力選手たちが選手キャリアを伸ばすために一時的な休養を求める原因となっている．これには，日本やフランスなどの国での，より短くより高収入なクラブ契約が含まれる（多くの場合，4年間隔で開催されるラグビーワールドカップ大会間のシーズンにおいて）．最近では，ニュージーランドで最も有

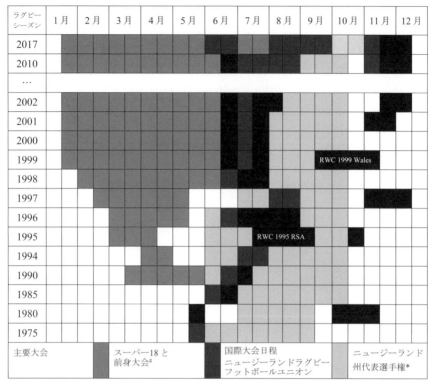

図 9.1　ニュージーランド代表ラグビーシーズンの拡大 [1975-2002, 2010, 2017]
注：1994年以前と2002年以降は途切れている [引用元：Higham & Hinch, 2002a].
　#スーパー18 [2016-2017], スーパー15 [2012-2015], スーパー14 [2009-2011], ラグビースーパー12 [1996-],
　　スーパー10/CANZ（Canada, Argentina, New Zealand）[1990-1995]. シーズン前のテストマッチ含む.
　＊現在はラグビーチャンピオンシップ大会 [国際]
　RWC：ラグビーワールドカップ
出典：ニュージーランドラグビー年鑑 [1975-2002, 2010, 2017].

名な選手は，ほぼ一年中の競技シーズンから全面的な休養を取るために，最大8
～9カ月の休暇期間のオプションを含む契約を交渉している．

　オールシーズンのスポーツ施設の開発は，スポーツシーズンの拡大を促したも
う1つの変化である．例として，スカンジナビアの夏のスキー施設，カーディフ
（ウェールズ）のオールシーズンミレニアムスタジアム，気候制御や新技術を用い
た小規模レジャースポーツ施設の急増が挙げられる [Bale, 1989]．屋外で行われ
るスポーツの場合，さまざまな用具やウェアの革新により，快適に活動できる気
候条件の範囲が拡大している．

　これらの変化にもかかわらず，スポーツにはまだ季節的なパターンが存在する
ことは明らかである．これは，雪を必要とするウィンタースポーツや，温かな海

が人々にとって魅力的となるセーリングやスキューバダイビングなどのサマース
ポーツの場合に，最も顕著である．これらのスポーツシーズンの現実は，スポー
ツツーリズムの季節性に直接影響するものである．

観光季節性の要因としてのスポーツ

　一般的なレベルでは，観光季節性は「自然的」および「制度的」要因に起因し
ている［Baron, 1975 ; Cannas, 2012 ; Koenig-Lewis & Bischoff, 2005 ; Martin et al., 2014］．
自然的季節性とは，自然現象の定期的な時間的変動，特に 1 年を通した周期的な
気候変動に関連する現象を指す［Butler, 1994 ; Gomez-Martin, 2005］．これらの変動
は，需要と供給に影響を与える．例えば，気候は高緯度の目的地でのスポーツツ
ーリズムにとって基本的に重要であるが，多くの場合は観光開発に対する厄介事
または阻害要因と見なされる．Kreutzwiser［1989 : 29-30］は以下のように述べて
いる．

　　　気候と気象条件は，特定のレクリエーション（スポーツ）の屋外活動の満足度
　　　に影響する．気温，湿度，降水量，曇量，日射し，視界，風，水温，および
　　　氷雪は重要であると考えられている．……夏には気温と湿度の組み合わせが
　　　激しい活動にとって不快な状態を作り出し，冬には風と気温が風冷えによる
　　　危険を引き起こす可能性がある．

これらの気候変動は，スポーツツーリズム行動に直接的または間接的に影響を与
える可能性のある植物の成長，動物の行動，水の流れ，その他の目的地特性など
の自然界の周期的事象と，密接に関連している．

　対照的に，制度的要因は社会的規範および慣習を反映している［Hinch & Hickey,
1996 ; Koenig-Lewis & Bischoff, 2005］．これらには，宗教，学校，休日に代表される
宗教的，文化的，民族的，社会的，および経済的慣習が含まれる．スポーツツー
リズムのスケジューリングに関する最もよく見られる制度的阻害要因の 2 つは，
学校と仕事へのコミットメントである［Cannas, 2012 ; Martin et al., 2014］．慣習は，
これらの休暇のスケジューリングにも大きな役割を果たす．宗教的見解，社会的
規範，交通手段，技術的進歩の変化は，これらの力を和らげる可能性を示してい
る．

　Butler［1994, 2001］は，季節性のさらなる 3 つの要因を特定している．1 つ目
は，社会的圧力または流行であり，これは通常，社会の著名人や他の特権階級に
よって設定されるものである．スポーツに関するこの要因の例は，ヨットのレガ
ッタや競馬において著名人がメディアの注目を集めることである．慣性または慣

習は，2番目の季節性の要因である［Cannas, 2012も参照］．人々は習慣を拠り所とする生き物であり，習慣的に特定の時期に休暇を取っている場合，彼らはおそらくそうし続けると思われる．例えば，多くの人は退職後であっても，仕事による拘束のために取らされていた期間と同じ期間に「年次休暇」を取得すると考えられる．最後の要因は，スポーツシーズンのスケジュール自体である．Butler ［2001］は，スポーツシーズンが観光シーズンに直接影響を与えると主張している．スキー，スノーボード，スノーモービルなどのウィンタースポーツは，おそらく最も明らかな例であるが，サーフィンやゴルフなどのサマースポーツも，観光者がスポーツへの情熱を追求するために最高の季節条件を探す際の旅行パターンに影響を与えている．気候条件がこれらすべての例に影響を与えているように，バスケットボール競技のような気候的に制御された環境で行われるスポーツでさえ，通常，明確な季節性を持っている．季節性のパターンの「制度的」要因の包括的な定義を踏まえた場合，スポーツシーズンはこの要因と密接に関連していると考えられる．実際，スポーツ社会学者は，スポーツは社会的制度であると長年主張してきている［Giulianotti, 2016］．

　Butler ［2001：8］は以下のように述べている．

　　　特定の目的地で観察される観光季節性のパターンを生み出すものは，公的機関と民間の活動によって形づくられた出発地と到着地における，観光季節性の自然的要素と制度的要素を決める力の相互作用によるものである．

自然的要因と制度的要因は，相互に作用して季節的なパターンを作り出すプル要因およびプッシュ要因と考えることができる［Butler & Mao, 1996; Cannas, 2012; Koenig-Lewis & Bischoff, 2005］．スポーツツーリズムの季節パターンに影響を与える要因間の相互作用は複雑であるが，それらの基本的な関連性は比較的単純である（図9.2）．自然的要因と制度的要因は，観光需要と観光供給に影響を与える．政策立案者，計画者，および管理者は，気候制御を取り入れたスポーツ施設の開発などの戦略を通じて供給特性を変更することにより，このプロセスに介入することが可能である．また，潜在的な観光者が閑散期のスポーツ参加について持つかもしれない誤解を払拭するプロモーションなどの戦略を通じて，需要側の自然的要因および制度的要因を変化させる可能性がある．制度的要因を社会レベルで操作できるかどうか，またはそれらが非妥協的であるかどうかについては，わからないままである．後者の対応が当てはまる場合，これらの要因をコントロールする戦略的アプローチは困難となる．

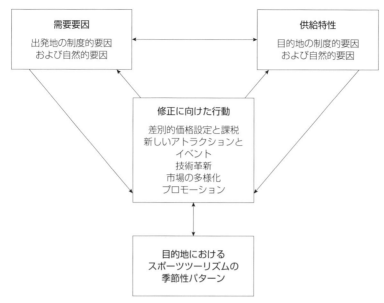

図9.2　観光者の季節性パターンに及ぼすスポーツの影響

出典：Butler［2001］を基に作成．

スポーツアトラクションのレベル間で異なる影響

　スポーツ活動の観光における季節性への影響度は，旅行者のアトラクションレベルでの，そのスポーツの重要度合いによってある程度決定される（第2章）．観光行動は，観光アトラクションとしてのスポーツの中心性や，スポーツが旅行の動機づけとしてどの程度際立っているかによって異なる．スポーツが旅行の主な目的（主要アトラクション）である場合，旅行者は「オフシーズン」に旅行する傾向が強くなる［World Tourism Organization and International Olympic Committee, 2001］．よりカジュアルなスポーツツーリスト（スポーツを2次的または3次的アトラクションと見なす者）は，旅行の季節変動がより高くなる．スポーツが主な動機である場合，スポーツツーリストは，よりカジュアルなスポーツツーリストには難しい制度的および自然的な阻害要因を進んで乗り越えようとする［Hinch & Jackson, 2000; Hinch et al., 2001］．例えば，スポーツに熱心なドイツ，オランダ，フランスからのアウトバウンドツーリストは，気軽な気持ちでスポーツを扱うアウトバウンドツーリストよりも，1月から4月に旅行する可能性が高くなる．後者のグループは5月から8月に旅行する可能性がはるかに高くなる［World Tourism Organization and International Olympic Committee, 2001］．対照的に，カジュアルなスポーツツーリストは，これらの国の一般的な夏の観光ピークと一致する単一の季節性のピークパターンを示す．

同様の傾向はカナダのスポーツツーリストでも報告されている［Weighill, 2002］.

　スポーツ活動の特定の気候条件への依存度は, 活動の季節パターンの観点からも重要な要素である［Gomez-Martin, 2005］. スキーやセーリングなどのスポーツは, 雪や風などの特定の自然属性に, それぞれ直接結びつけられている. その他のスポーツは, 屋外で行われる場合でも, 自然の属性によって高められる場合もあるが, これらの属性は必ずしも経験の中心にはならない. 後者の場合, 旅行経験の本質に直接関係するのではなく, 天気などの自然要因が一般的な文脈として扱われるかもしれない［Scott et al., 2007］. マウンテンバイクやビーチバレーボールなどの場合, 理想として認識されているものから逸脱する自然条件は, 特定の時期からスポーツツーリズムを妨げる重要な要因になる可能性がある. 一方, 好都合あるいは極端な気象条件（雪解けと河川の増水につながる季節外れの暖かい気温など）は, 多くのエクストリームスポーツ（急流ラフティング, カヤックなど）にとってはポジティブな特性として喜ばれる可能性がある.

▶気候変動とスポーツツーリズムの季節性

　気候は「観測期間から推定される大気の一般的な条件」であり, 気象は「特定の時間における特定の場所の大気の状態」である［Gomez-Martin, 2005：572］. 旅行者は, 任意の時間と空間で気候を気象として経験している. つい最近まで, 観光産業は観光季節性の自然要因を安定していると見なしていたが, 気候変動は観光の時間的および空間的な偏りを生み出す原動力として, ますます認識されるようになった［Hartmann, 1986; Kennedy & Deegan, 2001; Koenig-Lewis & Bischoff, 2005］. 地球の気温の上昇傾向は, さまざまな面から観光季節性に影響を与えている. Amelung et al.［2007］は, 観光気候指数（TCI: Tourism Climate Index）を用いた2つの気候変動シナリオを基に, 現在の観光者が好む気候条件が高緯度に移ることを示している. 地中海のような場所への訪問は, 夏の繁忙期から春と秋の季節に移行する可能性が高く, 一方, 高緯度のスカンジナビアやその他の目的地はより長い夏の繁忙期によって特徴づけられることが予想されている. 同様に, Fang and Yin［2015］はTCIを使用して, 中国が現在, 北部における夏の繁忙期, 南部における冬の繁忙期, および中緯度における2回の繁忙期（春と秋）を支える気候条件に恵まれていることを明らかにしている. しかしながら彼らは, これらの季節性地域に対する気候変動の影響は深刻である可能性が高く, この分野においてより多くの研究が必要であることを指摘している.

　カナダのオンタリオ州での冬のレクリエーションに対する気候変動の潜在的影響に関する研究は, 4つの主要なウィンタースポーツの脆弱性を明らかにしてい

る［Scott et al., 2002］．気温の比較的小さな上昇でも，ノルディックスキー，スノーモービル，アイスフィッシング，ダウンヒルスキーの活動が大幅に減少することが示されている．これらの活動の中で影響が最も小さかった活動は，積雪を確保する気温領域を広げることができる人工降雪機が利用可能なダウンヒルスキーであった．この技術が使われるにもかかわらず，気温の比較的小さな上昇は，スキーシーズンの平均を21〜34％減少させることが示されている．他の活動の異なる性質を考えると，現在の人工降雪技術は，ウィンターリゾートにおける地球温暖化の潜在的および劇的な影響を緩和するための現実的な方法とは見なされていないことが報告されている．

　季節性への影響に基づく，好まれる観光気候のより高緯度への包括的変化は，物語の一部にすぎない．ダウンヒルスキーなどの特定のスポーツツーリズムの活動は，気温や降水量などの気候の側面に依存している［Tuppen, 2000］．Scott et al.［2007］は，そのような活動に望ましい場面が高緯度に移るだけではなく，高山の高地に移ることを示唆している（Case Study 9.1）．これらの問題に対応するために，さまざまなマネジメント戦略が考えられているにもかかわらず，多くの場所でスキーシーズンは変化している．

　空間的（より高い緯度への変化など）または時間的（暦年全体の変化）に現れる気候変動による季節的影響の相対的な程度は，予測が難しく，地域によって異なる．これは，前述した観光季節性を形成する制度的要因の柔軟性に大きく依存しているためである．これらの要因が柔軟性に欠ける場合は，気候変動が観光者の流れに空間的な影響を与える可能性があるが，一方で制度的要因が柔軟な場合は，旅行の流れに時間的な影響が生じやすくなることが報告されている［Amelung et al., 2007］．

▶戦略的対応

　観光管理者，企画者，および政策立案者は，さまざまな方法で季節性の問題に取り組んできた．対応には，市場の多様化，特定時期における観光サービス提供者への税制優遇措置の提供，時間差を用いた学校休暇の計画，異なる国内および国際シーズンの奨励，時期による価格変動の導入，観光サービス状況の調整，そして一般的に訪問者が少ない時期における新しいイベントや会議の導入による，メインシーズンの延長や新シーズンの確立といった試みが含まれる［Baum & Hagen, 1999; Butler, 2001; Koeing-Lewis & Bischoff, 2005; Lee et al., 2008; Parrilla et al., 2007］．これらの戦略は，季節性をもたらす複雑な相互作用における非常に限られた理解と，妥当な理論的理解の欠如によって，妨げられてきた［Amelung et al., 2007, Koenig

-Lewis & Bischoff, 2005］．この限界は，Weaver and Lawton［2002］の観光季節性へ
の戦略的アプローチの類型と，Hinch and Jackson［2000］の観光季節性へのレジ
ャーの阻害要因理論の適用を理解することで，部分的に対処できると考えられる．

戦略の類型

　Weaver and Lawton［2002］は，季節性に対する6つの基本的な戦略的対応を
明らかにしている．これは他の研究者によっても採用されている［Jang, 2004;
Koenig-Lewis & Bischoff, 2005］．これらの戦略は，3つの需要に基づいたアプロー
チ（増加，削減，または再配分）と3つの供給に基づいたアプローチ（増加，削減，ま
たは再配分）に分かれている．実際には，需要と供給のアプローチは密接に関連し
ており［Cannas, 2012］，以下の議論で結びつけられている．

　戦略の最初のセットは，繁忙期以外の訪問数の増加に焦点を当てている．この
戦略的アプローチは，すべての季節にわたって最少必要量のアトラクションを確
立しようとするため，周辺地域よりも都市部に有利であるとされている［Koenig-
Lewis & Bischoff, 2005］．商品／市場の開発と多様化がこのアプローチの中心にあ
り，スポーツイベントやフェスティバルの開催が最も一般的な戦略の1つである
［Getz, 2008］．スポーツイベントの導入による商品／市場の多様化のよい例は，マ
ン島である［Baum & Hagen, 1999］．マン島は伝統的にイギリスで人気のある夏の
観光地だったが，1980年代初頭の「サンシーカー（sun seeker）」市場の急激な減
少により，ショルダーシーズン（繁忙期と閑散期の間）のスポーツツーリズムを促
進するための商品多様化戦略の開発が行われた．5月下旬から6月初旬のショル
ダーシーズンに予定される Manx TT ロードレースなどのスポーツイベントの開
催は，他の関連イベントの導入につながる役割を果たした．Manx TT の評価報
告によると，年間約3万7000人の訪問者が目的地で1500万ポンド以上を費やして
いることが明らかになっている．この主要なイベントは，年間3000人から6000人
の訪問者を集める一連のモータースポーツイベントによって支えられている．繁
忙期以外の訪問を増やすために考えられたスポーツに基づく戦略のもう1つの例
は，スパ，スイミングプール，クライミングウォールなどの新しい屋内スポーツ
施設の提供である．

　これとは対照的に，スキーシーズンが短くなる見通しに応えて，ダウンヒルス
キーリゾートは，夏の間により多くの訪問者を呼び込む方法として，ゴルフコー
スとマウンテンバイクコースを開発している［Hudson & Hudson, 2016］（Focus Point
9.1）．1980年代の訪問者の減少に直面し，北米とヨーロッパのスキーリゾートは
商品の改善と多様化のために協力して取り組んできた［Tuppen, 2000］．主要な改
善点の1つは人工降雪機の大幅な展開で，これにより，上部斜面と，リゾートの

麓の間の頻繁に使用されるコースが，早めにオープンし遅くに閉鎖することで，スキーシーズンが延長されることになった．同様に重要なことは，アクティブなスポーツツーリズム市場内で，以前はシーズン終盤と考えられていた時期にリゾートに雪があるという消費者の信頼を築いたことである．多くのリゾートが，屋内スポーツやフィットネスセンター，スノーボード，クロスカントリースキー，スノーシューなどの他のウィンタースポーツの施設を提供することで，訪問者が参加できるウィンターアクティビティの範囲を拡大した．カナダのブリティッシュコロンビア州ウィスラーにあるような大規模リゾートは，ゴルフコースのような夏のアトラクションを開発して，オールシーズンの目的地になっている［Hudson & Hudson, 2016］．

　ゴルフ場開発は，他の観光の文脈でも季節性を変化させるために効果的に用いられている．例えば，Baum and Hagen［1999：309］は，カナダのプリンスエドワード島が春と秋の観光を促進する方法としてゴルフ観光を開発した成功事例を報告している．これは，公共および民間セクターへの投資と，ショルダーシーズン中に訪問可能かつゴルフに興味のあるシニアおよび退職者市場へとターゲットを絞ったプロモーションを特徴とする，計画的戦略であった．しかし，さらなる注意点として，Garau-Vadell and Borja-Sole［2008］が報告しているスペインのマヨルカでの同様の戦略に基づく成功が挙げられる．彼らの縦断的研究は，ゴルフ市場の成長率が鈍化し，ホテル予約を含むツアーパッケージの利用が減少し，販売経路が従来の情報源からインターネット利用に移行したことを明らかにしている．彼らの調査結果は，個々のスポーツはダイナミックであり，人気が上下動する可能性があるという事実を強調している（第10章を参照）．この動きは，適切な投資収益率が達成されることを検証するために，特に地方の目的地の場合，スポーツ施設の多様化戦略の慎重な評価が必要であることを示唆している．新しいイベント戦略による商品多様化のコストの安さは，資本集約的な再開発戦略よりもこのアプローチが好まれる理由となっている．

　これらの戦略の需要側には，新しいが補完的な市場区分の利用が含まれる［Cannas, 2012; Koenig-Lewis & Bischoff, 2005］．観光季節性の文脈では，従来から旅行のタイミングに関する阻害要因が少ないと認識されている市場区分がいくつかある．これらのグループには，高齢者，会議参加者，インセンティブ旅行者，子どもが巣立っていった親，アフィニティグループ（類縁団体），特別な関心を持つ旅行者が含まれる［Baum & Hagen, 1999］．市場多様化の別の形態は，スポーツ市場が1年のさまざまな時期に直面する制度上の阻害要因に対処する．観光季節性の問題解決に対するこの種類のアプローチのよい例は，Eurocamp による地理的市場区分の使用によって説明される［Klemm & Rawel, 2001］．この会社はヨーロッ

パでの自主独立型の休暇を専門としており，道路沿いのキャンプ場でアクティブなスポーツの楽しみを提供している．当初，この会社はイギリスの家族を対象としていたが，学校休暇の制度上の阻害要因により，予約は8月に集中していた．学校休暇の期間が異なる他のヨーロッパ諸国に商品を宣伝するための意識的戦略が，15年間にわたり成功裏に行われた．市場多様化戦略の結果は，繁忙期の8月ではなく，5月から9月までの一貫して安定した訪問者の流れに見られる．Jang [2004] は，現代ポートフォリオ理論の適用による市場分散戦略のバリエーションを提案している．彼は，需要リスクの対象を考慮して，マーケティング担当者は季節的な需要効率的フロンティア（Seasonal Demand Efficient Frontier）に沿った観光区分の組み合わせを選択する必要があると主張している．少なくとも，目的地のマーケティング担当者が，これらの区分に関して戦略的な優先順位を特定する必要があることがうかがえる．

　観光季節性の課題に対応するための2つ目の戦略は，繁忙期の訪問者数の減少を目的としており，価格の引き上げや公的所有のアトラクションへのアクセス制限のような単純なものがある [Cannas, 2012; Koenig-Lewis & Bischoff, 2005]．多くの場合，市場は価格の上昇により短期的に過剰需要に反応する．繁忙期に収容能力を超過している目的地では，新規サービス提供者の参入を制限するために開発管理を実施することが求められている．これは，カナダのロッキーマウンテン国立公園において，観光者が利用できる宿泊施設とサービスの容量を厳密に管理することで達成されている [Ritchie, 1999]．スポーツの視点から見ると，繁忙期間は主要なスポーツイベントを開催しなかったり，レクリエーション区域などのスポーツインフラの利用を制限したりする積極的な方策が，この戦略に貢献している．学校休暇を年間を通じてより均等に分配するなどの，制度的要因の変更を達成することもできる [Cannas, 2012]．同様に，伝統的なスポーツシーズンの調整も可能である．これらの種類の調整の多くは，観光地管理者の直接的影響を超えて，州，国，または国際レベルで行う必要があるが，その他の戦略は現地レベルでも達成することができる．例えば，地元観光地は，通常の繁忙期以外に，特定スポーツの合宿地として売り出すことも可能である [Yamaguchi et al., 2015]．

　最後の観光季節性の課題に対処するための3つ目の戦略は，既存の訪問を年間を通じてより均等に「再配分」することである．スポーツイベントのスケジュール変更や個々のスポーツの固有の季節パターンの利用を通して，目的地での観光者の季節分布を操作することが可能である．これらのアプローチは，訪問者を繁忙期から他の期間に移すように考えられたプロモーションである差別的価格設定や，ターゲットマーケティングと組み合わせることが可能である [Koenig-Lewis & Bischoff, 2005]．公的管理のレクリエーション区域では，空間ゾーニングの実践に

よる時間的変化が実施可能である．このアプローチでは，利用制限は時間的および空間的な必要に応じて変更可能である．

レジャーの阻害要因理論

　上述した成功事例があるにもかかわらず，観光の季節変動は，観光業界の顕著な特徴であり続けている．これらのパターンの「頑固さ」は，季節性について，より説得力のある理論的理解が必要であることを示唆している［Amelung et al., 2007］．レジャーの阻害要因理論は，この領域に関する異なる知見を提供する１つの枠組みを示している［Hinch & Jackson, 2000; Hinch et al., 2001］．この理論は，望む頻度でレジャー活動に参加することを妨げる障害について説明している．スポーツツーリズムの季節性の文脈では，レジャーの阻害要因理論は「年間の特定の時期に人々がスポーツのために旅行することを妨げる要因はどういったものか？」という質問を提起している．この質問に対する回答は，スポーツツーリストの季節ごとの行動をよりよく理解し，管理者が対応可能な阻害要因を特定することにつながる．

　Hudson et al.［2010］は，レジャーの阻害要因の枠組みを用いて，カナダのスノーボードとスキーにおける障害を調査している．彼らの枠組みは観光の文脈に位置づけられ，レジャーの阻害要因の階層的モデル［Crawford et al., 1991; Walker & Virden, 2005］を基に，ダウンヒルスキーの参加者増加のために考えられた管理オプションを特定している．例えば，彼らが見つけた阻害要因の１つは，スキーヤー以外の人が，スキー場は寒く心地良くないと感じていることであった．これに対する論理的な管理対応は，スキーの快適性を向上させるスキーウェア製造の技術的進歩について，消費者の意識を高めることである．図9.3は，レジャーの階層的阻害要因モデル［Jackson et al., 1993］を修正し，スポーツツーリズムの季節性研究における関連性を強調したものである．

　このモデルの重要な特徴の１つは，季節的な阻害要因が発生し，折衝される順番である．スポーツツーリズムの季節性の文脈では，スポーツの嗜好が出発点となる．この段階での主要な考慮事項は，旅行動機に関する季節要因の中心性である．気候条件などの自然の季節的要因がスポーツツーリストの主なアトラクションまたは動機である場合（カジュアルなスポーツツーリストにとって日当たりが良く暖かい状況，シリアスなスノーボーダーにとって好ましい雪の状態など），特定期間において目的地でそれらに恵まれないことは，重要かつ，おそらく乗り越えることのできない阻害要因になると考えられる．Jackson et al.［1993］は，これらを個人的阻害要因と名づけている．これらの阻害要因が存在しない場合，スポーツツーリストは対人的阻害要因レベルに進むことになる．チームスポーツまたは友人の参加者と

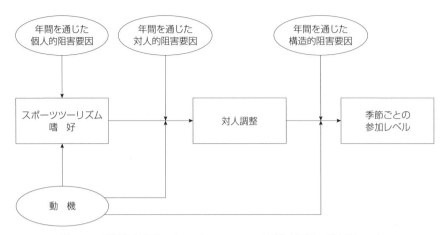

図 9.3　季節性を考慮したスポーツツーリズム阻害要因の階層的モデル
出典：Jackson et al.［1993］を基に作成.

共に行うスポーツでは，潜在的なスポーツツーリストが自分の旅行計画を他者と
調整する必要が出てくる．旅行仲間やスポーツ仲間を探しても見つけることので
きない潜在的なスポーツツーリストは，当初は動機を持っていたとしても参加し
ない可能性がある．最後に，構造的阻害要因は，高額な旅費，宿泊施設の不足，
学校や仕事へのコミットメントなどで構成されている．この最終レベルの阻害要
因については，潜在的なスポーツツーリストが折衝によってそれらを解決する可
能性はあるが，乗り越えられない可能性もある．目的地による革新的なパッケー
ジサービスは，年間を通じてこの折衝プロセスを促進することができる．このレ
ジャーの阻害要因の枠組みを理解することにより，スポーツツーリズムの目的地
は，適切な季節の目標市場を特定し，年間を通じてさまざまな時期に直面する特
定の阻害要因との折り合いをつけることを可能にするのである．

▶おわりに

　観光とスポーツの両者の特徴は，年間の季節変動である．これらの変動は一般
的に観光の文脈では望ましくないと見なされているが，スポーツの文脈では季節
変動についてはあまり懸念がない．やや逆説的に，観光シーズンのパターンは，
スポーツシーズンがかなりの変化を遂げ（特に年間を通じての延長という点で），それ
を修正しようとしているにもかかわらず，安定している傾向にある．さまざまな
自然的要因および制度的要因がこれらの両領域の季節性に影響を及ぼし，気候変
動が観光季節性に影響を与えていることが，ますます認識されてきている．本章

では，季節性におけるスポーツの役割とそれらの気候変動と観光季節性の課題に，より戦略的に取り組む可能性について概説してきた．

スポーツは観光季節性の要因であるだけでなく，年間を通じて観光者の訪問パターンを修正する手段として利用できる可能性が明らかである．観戦型スポーツの競技シーズンを延長し，ショルダーシーズンにスポーツイベントを開催することは，これらの期間中に目的地への訪問者を増やす直接的な方法である．アクティブスポーツツーリズムは，目的地の観光季節性に意識的に影響を与える機会でもある．これは，スポーツサブカルチャーグループの意欲の高いメンバーであるスポーツツーリストに特に当てはまる．目的地は，これらのグループにとって魅力的であるかもしれない，ショルダーシーズンに地域に眠る観光資源を考慮すべきである．独特な特性の組み合わせを提供する目的地は，地理的に分散しているが熱心な訪問者のグループを，繁忙期以外に効果的に呼び込む隙間マーケティング戦略を採用することが可能である．最後の点として，本章ではノスタルジアスポーツツーリストについて詳しく述べていないが，季節性に関する観光文献は，博物館や類似する施設が夏の数カ月以外に訪問者を惹きつける可能性について言及している［Stevens, 2001］．

観光管理者は季節性を変更することによる経済的利益を長い間追求してきたが，スポーツ管理者も同様のアプローチを採用し始めている．スポーツには従来とは異なる時期に訪問者を惹きつける金銭的利益がある．これらの利益のいくつかは，スポーツ会場の入り口で直接回収される場合があるが，他の収益は観光産業を通じて得ることができる．例えば，オフシーズン中に旅行するスポーツツーリストは，空室率が高いため宿泊料金が安くなる可能性がある．特定スポーツにおける集団的行動において，この期間中に訪問するスポーツツーリストが相当数存在することを示すことができれば，これらの利益を最大化することが可能となる．そして，団体料金と関連旅行パッケージを交渉することができる．

本章冒頭で述べた観光季節性のポジティブな側面は，季節性の「問題」の解決方法の模索を通して失われるべきではない．スポーツツーリズムの目的地は，自然資源と人的資源の再生を可能にする「休閑期間」の恩恵を受けることができる．多くのスポーツシーズンがスケジュールをほぼ一年中埋めるまで拡大する傾向があるが，これには欠点もある．観戦者や競技者は，オフシーズン中に活力を回復する機会がない場合，燃え尽きてしまう可能性がある．スポーツは参加者の情熱がピークに達する時に観光アトラクションとして最も効果的に機能するが，このピークを無期限に延長または持続することは不可能である．スポーツの持続可能性，スポーツツーリズム，およびこの活動が行われる目的地の利益のために，年間を通じて何らかの形の季節変動を維持することは，戦略的に賢明である．

chapter 10

スポーツツーリズムの発展の傾向

> いくつかの点において，登山家らが20世紀にお返しとして観光スキーを紹介する前に，
> （フランスへの）観光者が18世紀と19世紀にスポーツ愛好家に登山を伝えたのであっ
> た．［Bourdeau et al., 2002：23］

▶はじめに

　本章では，長期にわたるスポーツツーリズムの変遷を検証する．それは，観光とスポーツのライフサイクルの議論から始まる．サーフィンの発展と旅行パターンへの影響に関する Adam Doering の事例研究は，これらのライフサイクルの相互関係を際立たせている（Case Study 10.1）．その次に，スポーツヘリテージとノスタルジアが観光アトラクションとして機能する特別な種類の相互作用を表している，ヘリテージスポーツツーリズムを検討する．代表例として，スポーツの殿堂，過去のスポーツイベント会場，ファンタジースポーツキャンプやプログラムを通じて心に描く過去を訪れる旅行を含む．ライフサイクル間の相互作用も，ヘリテージスポーツツーリズムも，より広い状況に見られる他の要因とは無関係ではない．したがって，本章はスポーツツーリズムの将来に影響を与える可能性のある世界的な傾向の複雑な関係に焦点を当てて締めくくる．

▶スポーツと観光のライフサイクルの交わり

　目的地と商品のライフサイクルは，観光の主要な特徴である［Butler, 2006；Chapman & Light, 2016］．Butler［1980］の観光地ライフサイクルモデルは，この考えを探索期，関与期，発展期，確立期，停滞期，再生期または衰退期の6段階で要約している．Butler のモデルの再考を通して，Johnston［2001a］は，観光以外のいくつかの制度的枠組みが目的地に影響を及ぼしていることから，このサイクルの初期部分がプレ観光時代として分類できることを示唆している．対照的に，停滞期と衰退期の後期は，ポスト観光時代と言える．これらのポイントの間に，目的地で一連の小規模の観光商品サイクルが発生する可能性がある．このサイク

ルの一般的な傾向は，目的地の資源が悪影響を受けるか，アトラクションが単に人気を失うまで，訪問者数が増加し，その後訪問者数が減少する，といったものである（第4章）．これらのサイクルからさまざまな影響が生じるが，最も重要なことは，目的地のライフスパンを延ばすためには，観光資源を維持するために管理介入が必要だということである．

　スポーツアトラクションは，多くの目的地のライフサイクルにおいて重要な役割を果たしている．例えば，ハワイのコナの目的地ライフサイクルの詳細な分析を通じて，Johnson [2001b] は1980年代初頭にもともとの「アイアンマン」レースがホノルルからコナに移転されたことについて言及している．この移転はコナの発展期の最後の期間に対応し，目的地のイメージ創出の機能を果たした．「way of life（生き方）」という目的地イメージを「active sports（アクティブスポーツ）」のイメージに置き換えることで，コナの発展における重要な転換点として記録されている．同様に，宮崎県でのサーフィンは，日本のこの地域の観光産業の活性化に大きな役割を果たしている [Doering, 2018]．宮崎は，1930年代から50年代にかけて「南国の楽園」として位置づけられ，1960年代と70年代には新婚旅行リゾート地として変貌を遂げた．サーフィンは1960年代に導入され，その後の40年間で徐々に機運を高めてきた．70年代の終わりまでにはハネムーン観光は他の目的地に移行してしまったが，その後の30年間で宮崎のサーフ文化は組織的に発展し，2010年までにサーフ文化と観光の明らかなまとまりが見られるようになり，宮崎を日本の秀でたサーフ観光地として位置づけることになった．2020年の東京オリンピックでのオリンピック公開競技としてのサーフィンの導入により，サーフ観光地としての宮崎の地位は今後も発展し，変遷していくことが予測される（Case Study 10.1）．

スポーツの発展の変遷

　スポーツを観光地活性化に向けた仕組みに使用する場合，スポーツがどのように発展してきたかを理解することが重要である．

　　観光商品のように，個々のスポーツ，スポーツ領域，およびスポーツイベントには独自のライフサイクルがある．それらも「時代遅れ」になるのである．そして，それらはますます他のレジャー活動やイベントと競争しなければならないことになる．……スポーツにおいても，スポーツマン，スポーツウーマン，そして観戦者の変化する要望に，個々のスポーツやイベントを適応させる必要性が常にある．[Keller, 2001 : 4, 5]

観光目的地ライフサイクルの主要な指標が訪問者数であるように，スポーツのライフサイクルの主要な指標は関連する参加者と観戦者の数である．ライフサイクル内のスポーツ状況に関する他の尺度には，ルール制度の高度化，技術向上と身体パフォーマンスのレベル，そして商品化とプロ化の程度が含まれる．

　近年，多くの組織的チームスポーツ競技の成長の低迷と，個人およびエクストリームスポーツの人気向上によって，スポーツの変遷が明確に表されている [Breivuk, 2010; Gilchrist & Wheaton, 2016; Klostermann & Nagel, 2014; Wheaton, 2004]．この展開は，2000年代初頭に本格的に始まり，Keller［2001 : 13-14］が次のように指摘している．

　　　従来通り，トップレベルのスポーツが若者を引きつけてきたように，組織的
　　　スポーツの会員は減少傾向にある．新しい世代は，滑ったり，滑空したり，
　　　回転したりする世代である．彼らのスポーツは，インラインスケート，スト
　　　リートバスケットボール，スノーボードなどのフリースタイルイベントであ
　　　り，多くのスポーツが若年世代のサブカルチャーに関連している．パフォー
　　　マンスと順位はもはや役割を持たない．重要なのは，審美的で「気持ち良
　　　い」雰囲気である．

Breivik［2010］はこれらの新興スポーツを，リスク，難関な自然・人工的環境を含む活動場所，自由な組織，支配的スポーツ文化との隔たり，発展中のサブカルチャーへの個人参加，という観点から特徴づけている．このようなスポーツは，従来のスポーツで見られる差別化の高まりにも現れ，登山（屋内クライミング，ボルダリング，スポーツクライミングなど）（Focus Point 10.1），エアースポーツ（パラグライダー，ハンググライダー，スカイダイビング，ベースジャンプ，スカイボーディング，空中アクロバット），新しいボードスポーツ（スノーボード，スケートボード，ウェイクボード），自転車（トリック，マウンテン，BMX），スケート（インライン），およびルージュ（ストリートルージュ）のバリエーションが挙げられる．これらのスポーツのそれぞれの人気と寿命を予測することは困難であるが，スポーツの革新的形態が出現し続けると想定することは容易である．

　個人的でより快楽的なスポーツへの移行の理由は多岐にわたる．ドイツのスポーツ参加の変化に関する研究において，Klostermann and Nagel［2014］は，個人主義への移行や健康と身体文化への関心の高まりなど，価値観の社会的変化が個人スポーツの発展につながったことを示唆している．Breivik［2010］は，その他の3つの可能性を明らかにしている．その最初の可能性は「代償」である．一部の社会がより管理され，安全志向になるにつれて，一部の個人，特に若者は，

対抗手段や退屈への対策としてエクストリームスポーツに目を向けることになる．あるいは，この変化は，エンターテイメント，料理，旅行などに見られるように，多くの感覚刺激を特徴とする現代生活の延長または「適応」と見なされることもある．スポーツに変化を求めることは，その他の生活領域で求められている変化の単純な延長かもしれない．最後に，3つ目に考えられる説明は，現代社会およびポストモダン社会の変化が表面的で，しばしば仮想的と見なされる点である（パソコンゲームなど）．そのため，エクストリームスポーツは参加者に，自分の心だけでなく身体を通して，本当の意味で自分を表現する機会を提供していると言える．

　エクストリームスポーツ参加者が直面するジレンマの1つは，そのようなスポーツがカウンターカルチャーからメインストリームの活動に発展する傾向である．通常，これらのスポーツは「他の誰か」のルールや規制から逃れ，自律的で反抗的な独自のグループを作る人やそのグループに入りたい人のために出現する．しかし，これらのスポーツ自体は発展過程の一部である．スポーツ組織，メディア，用具・衣料メーカー，および観光産業が相互作用するにつれて，エクストリームスポーツはサブカルチャーからメインストリームに移行する傾向がある［Breivik, 2010；Hoffer, 1995］．この発展は，あるグループが新しい何かを始めるために再び離脱するまで，商品化を促進する方法に基づき，スポーツ活動が管理される体制とルールの導入に結びつくのである［Wheaton, 2013］．このパターンを認識したうえで，Gilchrist and Wheaton［2016：25］は，若いライフスタイルスポーツの参加者が，スポーツの消費者であり生産者でもあることを指摘している．そのため，彼らには「大人や公的機関，企業利益，または社会文化的規範によって決定されることのない方法で，独自の文化，アイデンティティ，および経験を作り上げる」能力がある．

　スノーボードは，このプロセスのよい例である．1980年代までにメインストリームになったアルペンスキーの支配的文化に抵抗するサブカルチャー活動として，スノーボードは登場した．非伝統的なスポーツ観が，スノーボードの特徴であった．しかし，スノーボードの初期の根本的な特徴は，商品化の圧力により着実に緩和されていったのである．この点は，ESPNによるテレビビジネスの商品としてのスノーボードの開発に表れている．サブカルチャーからメインストリームスポーツへのスノーボードの発展におけるもう1つの基準は，1998年の冬季オリンピックにスノーボードが含まれたことであった．その他の新たな問題には，これらの活動と自然との関係がある．当初は環境にやさしいと見られていたが，地方でのエクストリームスポーツ参加の増加は環境ストレスを引き起こしている．地方の自然地域が切迫した状況下に置かれているのと同時に，パルクール（都市部

を走り抜ける身体活動）などの新しい都市型エクストリームスポーツが人気を集めてきている．より一般的に，エクストリームスポーツは西洋人の若い男性が中心になる傾向があり，これが将来大きく変化するかどうかは興味深い点である．また，レッドブルのような企業が考案・後援するエクストリームスポーツの数が増えていることも注目に値する．これらのスポーツの多くの参加者はスポーツサブカルチャーと見なすことができるが，彼らは，これらの積極的な企業のブランドと市場を構築するサブカルチャーでもある [Gorse et al., 2010]．

観光の発展の変遷

　観光は，世界的レベルで，国内および国際旅行の相互作用を通じて堅実な成長を示しているという点において比較的ユニークである．Butler [2006] は，この成長を目的地レベルでのサイクル（人生など），起伏（連続したサイクルなど），推進力（起伏内のサイクル）の観点から特徴づけている．彼はカオス理論が予測の難しさを示唆していると注意を促しているが，世界的な経済不況，テロ攻撃，自然災害などの大きな混乱にもかかわらず観光が成長し続けていることを指摘している．この反発性から，人々が日常生活で余暇にかける高い価値が，観光システムに内在する目的地や活動の多様性に根ざしていることがうかがえる．

　この安定的な成長の文脈において，観光のサイクルと起伏は，スポーツの発展に大きな影響を及ぼしている．例えば，過去20年にわたって，ゴルフは観光開発戦略として多くの温暖な気候の観光地に導入されてきた [Garau-Vadell & de Borja-Sole, 2008; Humphreys, 2014]．この開発過程で，ゴルフに参加する機会が地元住民にも広がり，彼らがゴルフを始めるきっかけになった．下記の通り，観光が提供する相互関係も存在している．

　　レジャー活動を普及させる機会を提供するといった点についてである．人気が高まるにつれて，その活動は正式に組織化されたスポーツ活動へと発展してきた．レジャー活動からオリンピックの領域へと進んだ人さえいた．ビーチバレーとスノーボードはこの良い例である．[de Villiers, 2001 : 13]

　観光は，スポーツを新しい土地に伝えるだけでなく，スポーツ内の革新も促進する．図10.1は，スポーツの変化が，レクリエーション的な，また競技的な場面で発生することを示しており，前者は後者よりも重要な革新を促進する．両場面は，経済，環境，政治，社会，および技術に関連する外部の動向の影響を受ける．スポーツの革新は，多くの場合，生活環境の外の世界から始まる．レクリエーションスポーツは多くのレジャーや観光の場で試されるため，制度化されたス

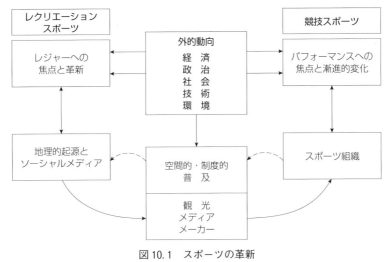

図 10.1　スポーツの革新

出典：Keller［2001］を基に作成.

ポーツよりも革新を促進する傾向がある．休暇中に観光者が楽しむ場の変化と，妨げられることのない自由時間は，スポーツの革新を導くと Keller［2001］は強く主張している．

　競争的な環境では，一般的な身体的スキルと戦略の観点からパフォーマンスに重点が置かれている．ルールと慣習は，根本的な変化を妨げ，調和を促すような形で構築されている．レクリエーションスポーツ場面の主要な革新は，特定の地理的地域に特有であり，自発性と自由を特徴とするレジャーパターンによって具現化される．レクリエーションの文脈における比較的制約の少ない場面とは対照的に，多くの正式なスポーツ組織は，競技スポーツにおける環境の変化とバリエーションを積極的に抑制する．スポーツの主要な革新と漸進的変化の空間的および制度的普及は，ソーシャルメディア，伝統的なメディア，およびスポーツ用品メーカーのマーケティング活動によって行われる．観光者は，革新と普及の重要な媒介としても機能する．彼らは観光地に新しいスポーツを持ち込む可能性があり，一方で，旅行中に経験した新しいスポーツを居住地域に持ち帰るかもしれない．

▶ヘリテージスポーツツーリズム

　スポーツツーリズムと同様に，ヘリテージツーリズムは観光活動の主要な分類であると同時に，学問の重要な領域として認識されている［Timothy & Boyd, 2002］．

Ramshaw and Gammon［2007, 2016］は，これらの領域の結びつきがヘリテージスポーツツーリズムの現象であることを示唆している．Gibson［1998］などの他の研究者は，ノスタルジアスポーツツーリズムというやや限られた概念を使用している．

　ノスタルジアスポーツツーリズムは，スポーツヘリテージを観光アトラクションとして位置づけている（Focus Point 10.2）．この種類のスポーツツーリズムは，スポーツのライフサイクルがスポーツの殿堂や博物館，有名なスポーツ会場，さまざまなテーマのプログラムといった，観光アトラクションとしての形を表しており，観光に直接影響を与えている明白な証拠を提供している［Delpy, 1998］．基本的に，ノスタルジアとは「……過去に戻りたいという欲求を伴うほろ苦い感情である」［Cho et al., 2014 : 149］．このように，スポーツは人々がより活発であった青年時代と再び結びつけてくれるため，常にノスタルジアと密接な関係性を持っているのである［Gammon, 2002］．Snyder［1991 : 229］はスポーツのノスタルジアが人間の死すべき運命を反映し，しばしば過去の理想化をもたらすことを示唆している．

　　　表面的には，殿堂や博物館は偶像化された人物や過去の記念品など，スポーツへの強い興味が人々を魅了していることがうかがえる．しかし，これは真相の一部にすぎない．魅力は過去と現在の不一致のコントラストによっても，もたらされるかもしれない．このように過去と現在が隣り合わせになることによって，ノスタルジアの文脈が生み出されるのである．

過去のスポーツ経験は，スポーツ志向の人々が人生の意味を引き出す基点になる可能性がある．この意味は，過去の集団的および個人的見解の両方に起因する．前者の場合，有力メディアやさまざまなスポーツ関連団体が，スポーツに関わる勝利，イベント，著名人を，大衆の意識に印象づける方法で称賛する．後者の場合，スポーツのノスタルジアは，人生のさまざまな時点での個々のスポーツ関与とアイデンティティの基準点として結びつけられ，多くの場合，彼らのソーシャルメディア活動に反映されている．Fairley and Gammon［2005］は，このノスタルジアはスポーツの記念品やその他のスポーツヘリテージの具体的存在に焦点を当てているだけでなく，一部はスポーツに関連した社会的経験を再現したいといった願望によるものであると指摘している．集団的かつ個別化されたノスタルジアの組み合わせは，商業的発展の機会を創出するために，スポーツおよび観光産業によってますます利用され，強力な力を生み出している．

　予想通り，中年層以上の人々は，ノスタルジアツーリズムの主要な年代層とよ

く見なされている．Snyder [1991 : 238] は，下記のように述べている．

　　……多くの人々にとってスポーツは，スポーツに関連する楽しい経験をした
　　過去への憧れの気持ちを引き起こす．この回顧はより多くのスポーツ経験を
　　積んだ中年および高齢者にとって最も明らかであるが，おそらくより重要な
　　ことは，この期間は彼らが死について考えるうえで重要な人生の期間だとい
　　うことである．その結果，スポーツに関わる人々にとって，ノスタルジアは
　　安らぎの源となり，人生における不確実性を解決する手段となるのかもしれ
　　ない．

Gammon [2002] は，「新しい」傾向を確立するために過去を利用するという大
衆文化の一面から，ノスタルジアは若者にとっても興味深いものであると述べ，
この点に反論している．スポーツ博物館や殿堂は，ノスタルジアスポーツツーリ
ズムの主要な現れである [Ramshaw, 2010a, 2010b]．ニューヨークのクーパースタ
ウンにある野球殿堂はそのよい例である．1939年に設立され，年間約40万人の訪
問者を集め [Gammon, 2002]，延べ1400万人を超える訪問者を記録している．新し
い殿堂入り選手の発表は，アメリカで毎年注目を集めるメディアイベントとなっ
ている．
　過去，現在，そして場合によっては未来のスポーツイベントや活動の場所 [オ
リンピック開催予定会場など] が，ノスタルジアスポーツツーリズムのアトラクショ
ンの主な種類の 2 つ目となる [Ramshaw & Gammon, 2010]．これらの場所は，ヒー
ローが競技し伝説が作られた特別な場所として，特有の魅力を持つことになる
[Stevens, 2001]．そのようなオーラは，場所とスポーツパフォーマンスの関係に
焦点を当てた感情的なノスタルジックな経験を促進する．しかし，文化遺産と近
代性の間の緊張関係は一般的である．新しい施設の開発を通した近代的施設は，
競技選手のパフォーマンス，観戦者の経験，および収入の機会を向上させるが，
スポーツ施設が持つアイデンティティの喪失は高い代償として認識されている．
古い施設の魂を新しい施設に注入するよう設定された精巧な戦略には，古い施設
で活躍した元競技者が比喩的または文字通りに聖火トーチを新しい施設の現役競
技者に引き継ぐといった演出的セレモニーが含まれる [Belanger, 2000]．ノスタル
ジアをもたらすもう 1 つのアプローチは，スポーツ博物館や殿堂を新しい施設に
含めることである．例えば，1984年から一般公開されたカンプノウ（FC バルセロ
ナのサッカースタジアム）のスポーツ博物館は，2016年に3000万人目の訪問者を迎え
ている [FC Barcelona, 2016]．
　ファンタジースポーツプログラムは，ノスタルジアスポーツツーリズムの 3 つ

目であり，かつ特に興味深い種類である［Gammon & Ramshaw, 2007］．疑似キャンプからテーマクルーズ，レストラン，バーまで用意されている．Gammon [2002] は，ファンタジースポーツキャンプへの旅行には次の 5 つの主な動機があることを示唆している：① 有名なイベントに関連したいという欲求，② 有名または重要な施設においてトレーニングする機会，③ 特定のチームまたはクラブとの同一性の向上，④ スポーツヒーローとの結びつきの強化，⑤ スポーツおよびスキル向上に関しての一般的関心．ノスタルジアスポーツツーリストにとって，これらのキャンプは参加者が日常生活の繰り返しから逃れることを可能にする．これらのキャンプは，ノスタルジアスポーツツーリストに過去の現実を再訪させるのではなく，青年時代の経験を追体験させ，スポーツに関する夢を再び経験させることで，それらを再構築する機会を提供するのである．これらのノスタルジアスポーツツーリズムの現れは顕著だが，幅広いバリエーションが存在する．Cho et al. [2014] はこれらのバリエーションへのさらなる洞察を提供するため，スポーツツーリズムの文脈におけるノスタルジア概念モデルを提示している．彼らのモデルは，次の 4 種類のノスタルジアを強調している：スタジアムなどの「スポーツの物体」によって引き起こされる過去の個人的経験としてのノスタルジア，ノスタルジアに基づく「社会的相互作用」を通じたアイデンティティ構築といった社会化としてのノスタルジア，自己アイデンティティ形成のために意識的に用いられるスポーツノスタルジア，集団の所属意識と帰属意識の確立のために用いられるスポーツノスタルジア．

　ヘリテージスポーツツーリズムはスポーツがネガティブな行為を特徴としていたことを認識することにより，スポーツヘリテージのより重要な視点を含めている．ヘリテージスポーツツーリズムに関する研究は，ノスタルジアを超えて，紛争の記念行為，人々の疎外，スポーツヘリテージと現代の観光振興間の不協和の描写といった洞察を提供するために行われている［Ramshaw, 2014］．さらに広く言えば，Ramshaw and Gammon [2016] は，「スポーツのヘリテージ」と「スポーツとしてのヘリテージ」は異なるものであると指摘している．前者ではスポーツアトラクションはスポーツ自体の成果とイベントの称賛とされているが，後者ではスポーツは目的地に住む人々の集合的アイデンティティの反映として認識されている．両視点とも，ノスタルジアの限界を超えるスポーツツーリズムの長期の時間的側面を反映している．

▶スポーツツーリズムに影響を与える主な動向

　スポーツと観光の自由裁量的性質により，将来予測は広く複雑な環境下で行わ

れる必要があるため，困難である．ただし，動向分析はスポーツツーリズムが進む方向についての洞察をもたらしてくれる．継続的な成長は，スポーツツーリズムイベント [Getz & Page, 2016]，広く言えばスポーツツーリズムの領域で予測されている．しかし，この成長は，既存のスポーツツーリズム参加パターンに基づく，単純な一次関数的発展の形をとることはあまりないと考えられる．観光はさまざまな大きな課題と機会に直面するが，観光システムの複雑さとその運営環境は，観光開発が一次関数的ではないことを確かなものにしている [Buckley et al., 2015]．例えば，環境上の課題は将来の観光開発に対する大きな制約となっているが，経験経済と活動指向の旅行への傾向は，環境への悪影響を緩和する可能性がある [Tolkach et al., 2016]．

　本章で述べたように，スポーツ参加は競技的チームスポーツから個人的アドベンチャースポーツへの移行によって特徴づけられている [Bourdeau et al. 2002; Breivuk, 2010; Gilchrist & Wheaton, 2016; Klostermann & Nagel, 2014; Wheaton, 2004]．スポーツにはさまざまなバリエーション（サーフィン：ショートボード，ロングボード，パドルボード，ボディサーフィンなど）や，スポーツのキャリアパスが進むにつれて旅行パターンが変化する，洗練されるスポーツキャリアがある [Getz & McConnell, 2014]．これらの変化の理由は，社会的動向の拡大（流動性の向上，ポストモダン的生産と消費活動）とそれらへの反動（具現化された経験，リスクへの露出など）のいずれかによるところが大きい [Brevik, 2010]．新しいスポーツの機会は，需要と技術に基づく都市環境で引き続き現れるであろうが，地方でも不確実性とリスクを伴うスポーツの場としての地位が向上するかもしれない．これらの動向自体は，スポーツと観光の文脈よりも，より広い文脈に根ざしている．

経済的動向

　収入の増加は観光需要を掘り起こす最大の要因であり，逆に経済が不安定な時期に収入が減少し所得の安定性が低下することは，観光の流れを変える重要な決定要因である [Dwyer, et al., 2008]．経済の活性化と悪化は，スポーツツーリズム活動に反映される．観光のポジティブな経済的要因には，規制緩和，貿易拡大，情報技術発展，活動的な民間セクターが含まれるが，ネガティブな要因には，景気循環の悪化，保護主義的な取引慣行，国と地域間の成長と開発の大きな格差が含まれる．

　グローバル化は，おそらく20世紀後半から出現した最も支配的な経済動向である（第4章; Higham & Hinch [2009]）．グローバル化はスポーツと観光の商品化に対する圧力を高めている．特に重要なのは，観光，レジャー，スポーツ，エンターテイメントの収束傾向である．これは，プロ化主義と「ショービジネス」への傾

向が明らかな組織化されたエリートスポーツに特に当てはまる [de Villiers, 2001; Keller, 2001]. グローバル化のもう1つの影響は, 経験経済の出現であり, その結果, 観光の文脈でアクティブな経験が求められるようになった [Tolkach, et al., 2016]. アクティブスポーツツーリズムの成長はこうした動向を反映しており, アクティブな関与, 祝祭, 共同体を含むスポーツイベントの発展につながっている [Chalip, 2006].

　イギリスでの欧州連合からの離脱投票や, 保護主義的な貿易と移民政策を支持するアメリカ大統領選挙などの, グローバル化を後退させるような大衆運動が近年いくつか見られたが, グローバル化のプロセスが反転する可能性は低いと考えられる. 実際に, グローバル化のプロセスを通して発展した中国とインドの経済は, それぞれの国を観光の需要側において影響力を持つ国にしている [Buckley et al., 2015; Tolkach et al., 2016]. このことは, スポーツツーリズムの観点では, これらの国の人々のスポーツに対する文化的理解と動機が, スポーツツーリストの分布と活動に大きな影響を与えることを意味している. グローバル化はこの後概説する環境危機でも大きな役割を果たしたが, その影響は経済にも波及している. Buckley et al. [2015] によると, この結果の1つは原油価格の上昇であり, 長距離観光旅行のフライトは高額になり, 社会的に受け入れられなくなるため, 長距離観光旅行の減少につながることを指摘している [Higham et al., 2016も参照].

　メディアはこのプロセスで重要な役割を果たしている. 有力メディアは, 新聞, ラジオ, テレビの黄金時代からスポーツと長い関係性がある. この中で, エリートスポーツに最も大きな影響を与えたと考えられるのはテレビである [McKay & Kirk, 1992]. 当初, スポーツのテレビ放送は, ファンが快適な自宅からスポーツを観ることを好み, 実際の競技会場に行くのをやめるのではないかという懸念を生み出した. この懸念の根底にあったのは, スポーツの収益が従来のスポーツ関連団体から放送局に移るという考えであった.

　　　スポーツ経済学は, 多くの人々が家を出て, 周囲を囲まれたスポーツ会場に
　　　移動し, プロの競技者によるさまざまな形の組織的競技や身体的競技を観戦
　　　するために入場料を支払うという原則に基づいている. [Rowe, 1996：569]

歴史は放送局が実際にかなりの金銭的報酬を得てきたことを示しているが, テレビ放映されたスポーツの所有者や管理者, およびこれらのスポーツが行われた目的地にも, 大きな金銭的利益をもたらしている. プロスポーツのテレビ収入は現在, 入場料収入をはるかに超えている. このように経済状況が変化しているにもかかわらず, メディアが独自の目的のためにスポーツを腐敗させ, そうすること

によってこれらのスポーツの高潔性を損なっているといった懸念が，いまだにある．例えば，Rowe［1996：573］は次のように述べている．

> テレビは，イベントが「時間をかけ」過ぎないようにし，退屈な時間を解消することで視聴者をダイヤル（後のリモコン）に手を伸ばさせないようにするために，放送予定に便利な時間に試合を開催したり，試合結果を保証するためにルール改正をしたりするような圧力をスポーツに徐々にかけている．例えば，スポーツテレビの世界的普及は，最大かつ最も収益性の高いテレビ市場の都合の良い時間に「ライブ」スポーツを可能な限り送信することを要求するといった厳しい圧力をスポーツにかけている．

ペイ・パー・ビュー（PPV: pay-per-view）テレビ，オンラインストリーミング，ソーシャルメディア，テレビゲームなどの双方向性技術は，スポーツツーリズムにとって重要な課題である．25年以上前，Johnson［1991］は快適な自宅からスポーツを観るといった双方向的経験が，最終的にはスポーツ会場に刺激的な雰囲気を作り出すために，テレビ放映される試合を観に来る観戦者にお金を支払う必要性が出てくると推測している．この予測はまだ一般的な現実とはなっていないが，先行販売チケットの売れ行きが良くないイベントにおける観戦者数と雰囲気を高めるための無料チケット配布は，特に多くの放送視聴者が予測される場合にしばしば行われている．スポーツツーリストにとって，現地での経験のベネフィットは，旅行に関連する費用を明らかに上回らなければならない．スポーツツーリズム担当者にとって，スポーツを際立たせるものの維持を訴えることも重要である．スポーツ特有の真正性［Hinch & Higham, 2005］は，その活動の性質が演出されたエンターテイメントに移行すると失われてしまうため，多くの観光地に競争的優位性をもたらしてくれるのである．

　影響力を持つメディアの役割は，メインストリームスポーツに限定されない．サブカルチャースポーツもメディアと密接に結びついているのである．今日のポストモダン社会では，「……専門の報道機関は，スポーツ『部族』のアイデンティティの基礎を形成する技術，用具，文化的コード，言語を参加者に伝える点で，基本的な役割を果たすのである」［Bourdeau et al., 2002：27］．したがって，このメディアは，スポーツサブカルチャーがスポーツへの情熱を追求する旅行の行先に影響を与えるため，スポーツツーリズム担当者にとって特に興味深いものとなるのである．

環境的動向

　長期的には，スポーツと観光の相互作用は環境の動向に強く影響される（第7章と第9章を参照）．関連する環境の動向は数多くあるが，気候変動は特に重要である [Buckley et al., 2015]．その測定，原因，および影響については多くの政治的議論が残っているが，その存在と観光およびスポーツへの影響に対する懸念は広く認識されている [Hall & Higham, 2005]．この分野のほとんどの研究の焦点は，訪問者の流れと影響の分布にあるが，最近ではこの変化の過程における原因としての観光の役割が考慮されている．

　観光者数と観光支出の程度と分布に対する気候変動の影響に関する研究は，一般的に数学的なモデル化に基づいている．気候条件の変化について予測が行われ，その後，観光者が好む気候条件を探すように，観光者数の分布変化の図表に変換される．一部の場所では状況が改善し，他の場所ではあまり魅力的にならないことを考えると，この再分布の結果として勝者と敗者の両方が生まれることになる [Hein et al., 2009; Iordache & Cebuc, 2009]．一般的に観光はこれらの変化の影響を受けやすいが，冬と夏に特化したスポーツ活動に関連する観光は，これらの変化に特に敏感であると見られている [Dodds & Graci, 2009]．これは確かに，雪に依存するスキー産業の場合に当てはまる（Case Study 9.1を参照）．Moen and Fredman [2007] は，積雪量が減少するにつれて，スウェーデンの既存のスキーリゾートへのスキーヤーの数と支出が減少すると予測している．Scott and McBoyle [2007] は，他のスキー業界が直面している同様の課題を認識する一方で，これらの影響は需要と供給の観点に基づいた戦略的対応によって緩和できることを指摘している．需要側では，気候条件の変化に対する対応は，スキーヤーが実施できるさまざまな阻害要因折衝戦略（スキー休暇のタイミング変更など）につながる天気予報の改善によって緩和できる．供給側では，一連の技術的実践を使用して，変化する自然の積雪状態の影響を緩和することができる．これらには，①人工降雪機の使用，②スキー場の景観と運用の改善，③人工降雨，が含まれる．ビジネス戦略には，①スキー複合企業，②収益の多様化，③マーケティング手法の修正，などの展開が含まれる．より極端であるが，既存の代替手段として，屋内スキー場の開発も挙げられる．

　観光は気候変動の重要な要因としてますます認識されており，世界のCO_2排出量の約4～6％が観光活動から生じていると推定される [Dodds & Graci, 2009]．この合計の約70～75％は，バランスよく宿泊，飲食，およびアトラクション部門の輸送部門に起因している [Iordache & Cebuc, 2009]．したがって，観光産業はCO_2排出量を積極的に削減しなければ，規制当局の標的となる立場にいるのである．残念ながら，観光産業は気候変動と環境悪化の長期的な影響を理解するの

に多くの時間をかけてしまった [Tolkach et al., 2016]．しかし，2010 FIFA ワールドカップの調査研究において，Otto and Heath [2009] はワールドカップなどのメガイベントを開催することで，観光およびスポーツ関係者の気候変動に対する活動の影響についての意識レベルが向上したことを明らかにしている．この意識は，イベント中およびその後の活動中の CO_2 排出量を削減するために考案された具体的な戦略と取り組みにつながっている．

政治的動向

　政治的安定性は，観光開発の前提条件である [Dwyer et al., 2008; Tolkach et al., 2016]．アメリカとヨーロッパは世界的な政治に大きな影響を与えるが，中国，インド，ロシアの経済成長に伴い，これらの国との競争の激化に直面している．非国家主体（倫理的，文化的，先住民的，宗教的視点など）はますます関与するようになり，おそらくスポーツツーリズムの空間的および時間的要素を作り変えると考えられる．発展途上国と先進国の内外での所得格差の拡大は，スポーツツーリズムの流れと分布に影響を与え続けている．権力と影響力の均衡の変化は，政治的動向を促進する．アメリカが最近とった保護主義的立場を無視した国際自由貿易の議題の継続は，世界を通じた権力構成の変化を強調している．しかし，自由貿易の経済的利益が均等に分配される可能性は低いのが現実である．Hall [2000: 88] は，以下のような予測を述べている．

　　発展途上国の多くの人々にとっては，人口と資源の制約により西洋的なライフスタイルを持てないことが明らかになるため，世界経済開発戦略をめぐって発展途上国と先進国の間で対立が増加するであろう．

グローバル化の下での経済変化の結果として，いくつかの地域が利益を得る一方で，その他地域が苦しむため，同様の格差が国内にも現れてくる．こうした感情やその他の政治的不満の影響は，観光やスポーツに直接影響を与える抗議活動の観点からすでに感じられている．グローバル化のこれらの問題にもかかわらず，そしておそらくそれらの問題によって，地政学的戦略の手段としても使用されるように，観光とスポーツにもポジティブな影響をもたらすかもしれない．Buck-ley et al. [2015] は，異なる集団を団結させるための「フレンドリーな大会」としてブランド化されたコモンウェルスゲームズといったスポーツ大会の例を挙げている．

　テロ行為は観光における新たな挑戦ではなく [Hall, 2000; Sommez et al., 1999]，また，スポーツにとっても異質なものではない．おそらく，スポーツツーリズム

の文脈で最も注目すべきテロ事件は，1972年のミュンヘンオリンピック村でのイスラエル競技者に対しての死者を出した攻撃である［Wedemeyer, 1999］．しかし，テロリストの標的としてのスポーツイベントの注目度は高いものの，スポーツに対する政治的動機の攻撃は驚くほど少ないのが現状である．実際，2001年9月11日のアメリカのテロ攻撃の余波で，スポーツツーリズムは，より回復性の高い種類のツーリズムの1つであることが示唆されている［World Tourism Organization, 2001］．これに関する最も明白な意味合いは，主要なスポーツイベントがますます高いレベルのセキュリティを必要としているということである．例えば，2020年東京オリンピックのセキュリティ費用は，オリンピック総予算の推定126億米ドルの11％以上の14億4000万米ドルにのぼると2016年に見積もられている．この予算項目の莫大さと国益を考慮して，日本政府はオリンピック組織委員会にこれらの費用を賄う支援を行う予定である［*The Japan News*, 2017］．このような多額の費用は，多くの都市でこれらのイベント開催を妨げるだけでなく，観戦者が，危険を感じたりセキュリティ対策に不満を感じたりした場合，会場内での観戦よりも会場外の観戦を選択する傾向を高める可能性がある．分散した参加空間パターンを特徴とするアクティブスポーツは，主要な観戦型または参加型イベントスポーツツーリズムに比べて人気が高まる可能性がある．同様に，イベントスポーツツーリズム消費の従来のパターンが変化すると，ノスタルジアツーリズムが拡大するかもしれない．

社会人口統計的動向

　社会人口統計的傾向も，スポーツツーリズムの将来に大きな影響を与える可能性が高い［Delpy, 2001］．Dwyer et al. ［2008: viii］は，「観光者は，訪問先の日常生活を見つけ，経験し，参加し，学習し，より密接に関わることにますます関心を持っている」ことを示唆している．スポーツはこの欲求を満たす仕組みをもたらす．特定の人口動態の動向に関して，移住はスポーツ活動傾向の変化につながっている．これは，カナダのスキー産業において，アジア系移民がアングロサクソン系住民よりもスキーリゾートをひいきにする可能性が非常に低いなどの，スポーツツーリズム活動の課題にも表れている［Hudson et al., 2010］．下記の通り，北米の高齢化に関しても同様の課題が存在している．

　　1946年から1964年の間に生まれた人々は，北米人口の約3分の1を占め，彼らの年齢を重ねた身体は高山での厳しい活動に対応できなくなり，スノーシューやクロスカントリースキーなどのより穏やかなウィンタースポーツに切り替え始めた．先端技術を用いて設計されたスキーと用具は，高齢のアウト

表 10.1　近代スポーツとポストモダンスポーツの比較

側面／要素	近代スポーツ	ポストモダンスポーツ
大会構造	神聖なルール	ルールの変更と試行
チームリーダーシップ	保守的	大　胆
価値と慣習	アマチュア主義，権威の尊重，人格形成	プロ主義，革新
組織とマネジメント	中央集権	権限の拡散
財政構造	入場料収入	スポンサーシップ，放映権料，入場料収入，ビジネスとしてのスポーツ
会場と施設	競技場の一般的な座席	カスタマイズされた座席，映像サポート
プロモーション	制　限	広範囲
視　聴	ライブ観戦者	多数のテレビ／ライブストリーミング視聴者
観戦者の嗜好	伝統的技能の露出	多岐にわたったエンターテイメント
ファンの忠誠心	単一的および地域的な忠誠心	複数の忠誠心──すべての空間規模
スポーツ市場	区別されていない大衆消費市場	断片的および隙間市場
指導とトレーニング	柔軟性に欠けた反復的な練習	多様性のある科学を取り入れた自然主義の練習

出典：Stewart and Smith［2000］を基に作成.

　　　ドア愛好者でも，より安全で簡単にスキーを学び，楽しむことができるが，
　　　近年その傾向はいくらか抑制されている．［Loverseed, 2000 : 53］

　この傾向に直面して，スポーツツーリズム事業者は市場の需要に合わせて商品を
調整する必要がある．この調整には，困難なアドベンチャー活動から身体的負担
の少ない気楽な野外スポーツ活動への移行が含まれる．高齢者は健康志向が強く
なる可能性が高いため，リスクを負うのではなく，心身の健康を維持，あるいは
取り戻すために役立つスポーツ活動を求めるだろう．
　近代社会からポストモダン社会への移行は，スポーツツーリズムの文脈をも介
在している．あるレベルではこの移行は，競争，自由貿易，グローバル化を支持
する福祉国家や統制市場の新自由主義的への拒絶に，その経済的根源を持ってい
る［Dwyer et al., 2008; Steward & Smith, 2000］．隙間市場，個人主義，柔軟性，時間
の断片化，新技術，革新的な通信ネットワーク，商業化はすべて，現代の社会を
特徴づけている．ポストモダンスポーツにおける場所の役割も変化している．
「ホームチーム」に基づく地元住民の忠誠心は，企業のアイデンティティやブラ
ンドへの愛着に移行している．表10.1は，現代からポストモダン時代に組織化

されたスポーツの変化する一面を要約したものである.

技術的／コミュニケーション的動向

　技術革新は，スポーツと観光の外見を取り返しのつかないほど変化させた．それらはスポーツのパフォーマンスを向上させ，観光経験を豊かなものにした．さらに，技術はスポーツと観光の境界線をこれまで以上に曖昧なものに変化させた．例えば，ソーシャルメディアの進歩により，スポーツ関連ウェブサイトは不活発な情報の溜まり場から，多くの場合，それ自体でレジャー経験を生み出すことが可能な相互作用性を持つブランド化されたウェブサイトに変貌している［Gilchrist & Wheaton, 2016］．これらの新しい技術は，時間と空間の壁を取り払っている．Dwyer et al.［2008：36］は，情報通信技術の進歩が観光にとって最も重要な意味を持っていると指摘している．基本的に，彼らはこの領域の進歩が，「個人の嗜好に対応し，観光消費を刺激するための手段を企業に提供している」と主張する．この新しい技術が生み出す力の良い例は，旅行者の意思決定におけるソーシャルネットワーキングの役割の増大である［Xiang & Gretzel, 2010］．同様に，ライフスタイルスポーツ参加者は，それぞれのスポーツの「動き，操作，スタイルを共有することでスポーツの意味を理解し，進化する慣習とより深い哲学的意味について，ウェブ上の場で活発な議論を行っている」［Gilchrist & Wheaton, 2016：24］．このような慣行は，世界中の新しい傾向の分散を加速させている．

　より基本的なレベルでは，仮想現実とサイバー空間の技術は，人々がレジャーを経験する方法に直接影響を与えている［Buckley et al., 2015］．サイバー空間でのスポーツ経験が実際の空間でのスポーツ経験に置き換わることができる程度は，推測の域を出ていない．現在，サイバー空間で行われるスポーツ経験の例には，ライブのオンラインスポーツ解説，ファンタジースポーツリーグ，オンラインギャンブル，スポーツ放送中のリアルタイム視聴者調査，およびスポーツイベントの即時的な状況更新とライブビデオ画像が含まれる．別のレベルでは，多くのコンピューターゲームは身体的活動要素を含むスポーツの定義（第2章）と大きく一致している（Focus Point 10.3）．これらのゲームの身体的活動要素は現時点では比較的基本であるが，コンピューター技術の仮想現実の側面が進歩するにつれて，ますます高度になる可能性がある．放送技術の発展は，スポーツイベントの大画面放送が実際の競技会場の観戦者数に匹敵する，会場外の「ファンパーク」の出現につながっている．この傾向により，Weed［2010］は，スポーツツーリズムの動機に関連したこれまでの基本的仮定がいまだに正しいのかどうか疑問視している．Buckley et al.［2015］は，私たちの身体的および感覚的能力が新たな機器によって強化されるにつれて，観光者はますますサイボーグの特性を持ち始めると

予測している．これは，観光関連のスマートフォンアプリやスポーツ放送を視聴する時に視聴者がカメラアングルを操作できる Google Glass や Samsung Gear ヘッドセットなどのウェアラブル機器を通じて，すでに起こっている．

　輸送における過去の技術的進歩は，観光発展において重要な役割を果たしており，今後もその傾向は続くだろう．例えば，航空輸送業界は CO_2 排出量の削減という大きな圧力にさらされている．未来学者の Robin Manning は，この分野の業界の改善に役立ついくつかの傾向に注目している．

> ナノテクノロジー，バイオテクノロジー，情報技術，認知科学の研究は，ますます多くの機会をもたらしている．例えば，新しい軽量で頑丈な複合材料，プラスチック・エレクトロニクス，成長する植物から直接作られる燃料（大気の不要炭素を効果的に除去），よりスマートなコンピューター，および航空電子システムと輸送情報が挙げられる．[Nusca, 2010: np]

地球大気圏より上では，宇宙旅行の継続的な進歩により無重力環境へのアクセスが増加し，まったく新しい世代のスポーツ活動が生まれる可能性がある．海洋環境における同様の開発でも，その領域でのスポーツツーリズムに劇的な新しい機会を提供する可能性がある．

▶おわりに

　スポーツと観光は，それら自体がそれぞれダイナミックである．オリンピックや FIFA ワールドカップなどの伝統的かつ愛国的イベントや，それらが象徴する伝統的な競技スポーツは成長を続けているが，競技性が低い個人的なアドベンチャースポーツやライフスタイルスポーツよりもゆったりしたペースで成長している．観光の文脈でも多くの変化が見られるが，より重要な変化の１つは経験経済への顕著な変化である．両領域にわたるこれらの動向の相互作用は，スポーツツーリズムを，遊び，仕事，勉強にとっての非常に革新的で刺激的な環境へと変化させている．スポーツは観光地のライフサイクルの性質とペースに影響を与え，観光はスポーツのライフサイクルにも同様の影響を与えている．これらの力の意識的な操作は，持続可能な開発戦略を追求するための強力な手法を提供してくれる．

　ヘリテージスポーツツーリズムは，スポーツツーリズムの時間的側面におけるもう１つの主要な原動力を表しており，スポーツのヘリテージに満ちた場所の訪問や過去を回顧させるプログラムへの参加を通して，観光者は理想的な過去を探

求するのである．スポーツツーリズム産業は，観光者が興味を持つようなこれら
の商品の幅広さについて認識し始めたばかりである．ヘリテージスポーツツーリ
ズムは，スポーツツーリストが想像力だけでタイムトラベラーになる機会をもた
らしてくれる．研究者や実務家は，スポーツツーリズムの地理的側面のような短
絡的焦点ではなく，スポーツツーリズムの可能性を飛躍的に拡大するため，スポ
ーツツーリズム経験の時間的側面を認識する必要がある．

　また，スポーツツーリズムが他と関わりを持たなくては機能しないことも明ら
かである．経済的，環境的，政治的，社会人口学的，および技術的な分野にはさ
まざまな動向があり，スポーツツーリズムに直接的，かつ，場合によっては劇的
な影響を与える可能性がある．他の影響は間接的で，それほど劇的ではないが，
時間をかけて蓄積されると，重大な革新的影響となる可能性がある．気候変動は
そのよい例である．前年比ベースでは，気候変動の徐々に進む影響は，季節や天
候の通常の変動の中では見落とされることがよくある．ただし，長期的な気候変
動は，世界や地域レベルでのスポーツと観光の，空間的および時間的分布に大き
な影響を及ぼしている．外部環境内の動向を研究することによって，スポーツツ
ーリズムの実務家は，持続可能なスポーツツーリズムの開発目標と目的を設定し，
効果的な実行計画を策定しやすくなるのである．スポーツツーリズムを通じた持
続可能な開発を追求するには，これらの動向を認識し，理解し，それらに基づい
て行動する必要がある．

PART 5

結　論

chapter 11

目標の動向と変化：絶え間なく 発展するスポーツツーリズム領域

▶はじめに

　社会におけるスポーツの普及は普遍的である．実際に，国際オリンピック委員会はスポーツは人権であると主張しており，国連はスポーツを，人道主義と人間開発のための低コストで影響の大きいツールであると考えている［United Nations, 2017］．スポーツは個人の生活と個人が生活する社会を形成するとの主張があるが，スポーツが社会を反映していることもそれと同様に真実である．スポーツは，観光と同様に，社会的に構築された現象である［Andrews, 2006］．スポーツは学術的用語として定義することができるが，スポーツ現象はそれらの時空間的背景を反映している．アレクサンドロス３世が紀元前334年にペルシャへの軍事行動の前夜に開催したスポーツ，および古代オリンピックの開催を通じて飾り付けられた象徴性とイメージは，それらの古典時代に特有のものであった．同様に，今日，スポーツの意味，アイデンティティ，ライフスタイルに関連する現代の慣習は，絶えず進化している社会の特異性および多様性を反映している．

　この点で，本書の２つの旧版発行以降に展開されてきた私たち自身の社会の急速な変化を，本書は反映しているといえる．それは，「シリアスレジャー」競技者によるスポーツイベントのサブエリート関与の増加，結果志向型ではなく自己言及型の個人パフォーマンスの計測，オンラインゲームおよび仮想スポーツの成長，単一スポーツからハイブリッドフォームへの継続的な進化，そしておそらく最も注目すべき，個人的かつ非組織的なフリースタイルスポーツの驚異的な成長と多様性である［Andrews, 2006; Coakley, 2017］．これらの新世代のスポーツには強力なサブカルチャーとの関連性があり，参加者に個人的または集団的アイデンティティの感覚を構築する機会をもたらし［Hagen & Boyes, 2016］，そこではパフォーマンスや結果はほとんど重要ではなく，少なくとも，審美性，スタイル，意味の派生的なものとなっている［Falcous, 2017］．これらのスポーツの原動力は，混乱した個人のアイデンティティとグローバル化の力によって侵食された国家のアイデンティティを反映している［Higham & Hinch, 2009］．

　この社会的にダイナミックな文脈の中で，本書の最初の貢献は，スポーツの定義の基準，およびこれらの基準がスポーツと観光の現代的な慣習に関連してどの

ように進化したか，を検討したことである．スポーツの学術的定義は，議論の余地がない普遍的かつ時空を超えた不変性を持つこれらの定義の基準に基づいている．この点で，筆者らは，スポーツが「構造化された，目標指向で，競争的な，勝敗に基づく，遊戯的な身体活動」であると述べる McPherson et al.［1989：15］の定義を長い間使用している．もちろん，これらの不変的な学術的基準はさまざまな解釈が可能であり，再解釈されるため，幅広いスポーツの多様性とスポーツへの関与形態が生まれる［Hinch & Higham, 2004］．そのため，スポーツは参加ルールによって構成されるが，ルールの履行は厳密に強制されるものから，慣習的，暗黙的，または意図的に無視され，強制されないものとなっている．ルールは覚えられるために成文化され，そして定期的に改訂される．または，暗黙的にスポーツサブカルチャーのメンバーのみに利用されている場合もある［Wheaton, 2004］．

McPherson et al.［1989］は，スポーツの目標志向にも言及しており，参加者は特定のレベルの達成や能力の達成に努めるが，上述したように，目標志向についてもさまざまな主観的解釈が可能であることを指摘している．目標志向は一般的に，対戦相手を通した勝利や敗北の観点から表現されるが，これはエゴ志向（一番になること）や役割志向（最善を尽くすこと）を考慮しないと［Duda & Nicholls, 1992］，結果重視や自己言及型のような不十分な目標志向の見方となってしまうかもしれない［Falcous, 2017］．これらは，観光経験との関係において非常に重要な区別できる特徴である．競争は通常，個々の対戦相手またはライバルチームに対するパフォーマンスで判別されるが，個人記録，難易度，仮想対戦相手，自然の力，または難易度の高いコース，との競争にまで及ぶ．競技に関連する結果の不確実性は，雰囲気，ドラマの可能性，視聴者の継続的関与に関して，スポーツが一番であり，他の追随を許さないことを確実にしている．

動作は身体活動の要件ではあるが，観戦者と参加者は，スポーツ関与と競技にとって適切で，望ましく，象徴的な場所と会場を探すため，空間的移動性もスポーツの要件となっている．これらはスポーツの質を定義するものであり［Hinch & Higham, 2004］，スポーツの技術的要素によって絶え間なく進化する解釈は，ダイナミックで魅力的な研究分野となっている．この分野の研究はスポーツツーリズムに関する一連の個別的なエッセイとして他の章で取り上げてきたが，これまでの章は本書を構成する概念的枠組みによって集合的に統合されている．本書はスポーツと観光のダイナミックな時空間構造に基づき，空間と時間に関連したスポーツと観光の現代的な活動を考察してきた．導入（第1章）に続いて，スポーツと観光研究の概念的基盤（第2章），スポーツツーリズム市場（第3章），持続可能なスポーツツーリズムの発展プロセス（第4章）という3章から構成されるパート（第2-4章）を提示した．これらの3つの章は，2つのパートに分けられた後続

の章の基盤となっている．第5章から第7章では，地理的概念から見た空間（場所と旅行の流れ），場所（スポーツと文化），環境（景観，資源，影響）といったスポーツツーリズムの空間的側面を取り上げた．次に，第8章から第10章では，短期的（スポーツと観光経験），中期的（季節性，スポーツ，観光），長期的（スポーツツーリズムの発展の傾向）な時間的枠組みを考慮しながら，スポーツツーリズムの時間的側面を検討した．

　スポーツツーリズムの発展の研究は，この現象が時空を越えて変化し，変化し続ける成り行きについて，多様で重要な洞察をもたらす．第1章では，「観光開発の焦点としてスポーツを特有にするものは何か？」，「空間においてスポーツツーリズムはどのように現れるのか？」，「これらの兆候は時間の経過とともにどのように変化するのか？」といった3つの基本的な質問を提起した．これらの質問に答えることで，本書はスポーツツーリズムの発展においてますます多様化する現象を捉え，批判的に分析することを目的とした．スポーツにおける個人の可動性の拡大と，ますます多様化する関与により，この2つの交わりは研究者の大きな関心を集めている [Gibson, 2005; Glyptis, 1982; Maguire, 1993, 1994; Standeven & De Knop, 1999; Weed & Bull, 2004]．これまで，研究者はメガスポーツイベントに持続的に焦点を当ててきたが [Getz, 1997; Ritchie, 1984]，スポーツツーリズムの現象には，観戦型イベントだけでなく，それをはるかに超えるものが含まれると，長い間主張されてきている．実際に，Cornelissen [2004 : 40] は，「メガイベントの大部分は先進国が主催しているため，これらのイベントプロセスと影響に関する論文と研究は，先進国に特有の経済的および政治的状況を中心に組み立てられている」と述べている．本書では，スポーツのより広い存在の仕方，およびスポーツツーリズムの幅広い多様性を取り入れた重要な学術研究の必要性に注目している．

▶スポーツツーリズムの発展の基盤

　スポーツツーリズムの発展の研究には，スポーツと観光の関係を明らかにする基礎的枠組み，スポーツツーリズム市場の評価，基本的な開発コンセプトと課題の理解などの基盤が必要となる．本書のパート2の冒頭の章で，一定の期間生活圏から離れ，独自のルール，優れた身体能力に基づく競争，遊び戯れるといった特徴を持つスポーツの要素を含む旅行としてスポーツツーリズムを概念化した．この観点から，スポーツは Leiper [1990] の観光アトラクションシステムの修正版に基づく観光アトラクションと見なされ，スポーツツーリストの主要なカテゴリーとスポーツアトラクションの4類型（観戦型イベント，参加型イベント，レクリエーションスポーツへのアクティブな関与，スポーツヘリテージ）を明確にしている．スポ

ーツを特有の観光アトラクションとして意識的に扱うことによって，私たちはスポーツツーリズムの発展の性質を理解し，その発展傾向に影響を与えることができるようになる．この観点は，代替的見解と同様，ますます多くの研究や学術的提供物に基づいている［Gibson, 2006; Weed, 2006, 2009など］．Case Study 2.1（Richard Shipway）は，ボーンマス大学のスポーツツーリズムカリキュラムで明らかになっているスポーツツーリズム研究の発展と，この分野の学生のために興味深い雇用可能性が組み込まれ，高められた戦略を示している．

　スポーツツーリズム市場の本質を批判的に評価することも，スポーツツーリズムの発展の研究にとって非常に重要である．スポーツツーリズムは観光市場の専門領域であるだけでなく，実際には複数の隙間市場によって構成されている．これらの隙間市場の性質は，スポーツ関与のさまざまな形態によって異なり，観光動機と観光経験に影響している．本書は，スポーツ休暇（アクティブ），複数のスポーツによるイベントと世界大会（イベント），スポーツの殿堂と博物館（ノスタルジア）の形でスポーツツーリズムが存在すると考える，Redmond［1990］とGibson［1998a］によって提示されたスポーツツーリズムの3分類の，その先を進んでいる．本書では，観戦型イベント，参加型イベント，レクリエーションスポーツへのアクティブな関与，スポーツヘリテージを含むスポーツツーリズムの4分類によって議論を広げている．この章では，レジャースポーツ市場について検討し，Case Study 3.1ではEiji Ito が，文化，理想的感情，スポーツツーリズムの動機づけの関連性について検討した．具体的には，この区分は観戦型と参加型イベントの異なる扱いも可能にし，これに対する正当性として，参加型スポーツイベントの近年の驚異的な成長と，この時代に存在する多様性の増加が挙げられている．参加型イベントの発展は，2010年の本書旧版の発刊以降のスポーツツーリズムの進化の特徴であると考えられる．そのような参加者の多くは，目標とする大会に向けて本格的なトレーニングスケジュールに取り組んでいるが，結果指向とは対照的に，実際のパフォーマンスは自己言及型である［Falcous, 2017］．他の人たちにとって，参加型スポーツイベントへの参与は，「緩く構造化され，競争的ではなく，社交的関係性がある」という点で「スポーツ化されていない」と見なされる場合がある［Falcous, 2017 : 1］．この概要は，第3章（スポーツツーリズム市場）および後の第8章（スポーツと観光経験）での議論の基礎となっている．

　スポーツツーリズムの発展とは，経済成長を超えて，個人の成長と充実，生活の質の向上，個人的および社会的幸福のさまざまな指標までが評価される進歩を意味している．望ましい将来の状態を得るためには，発展過程を導く，および指示するための計画が必要となる．持続可能な開発のための国連の目標と足並みをそろえて，スポーツツーリズムの発展を持続可能なものにするためには，長期的

な視野と積極的な介入が必要である．本書では，発展に関する 3 つの重要な課題を精査した．1 つ目は，商品化と真正性に関する課題である．観光はスポーツを商品化する力の 1 つにすぎないが，重要なものとして認識されている．観光アトラクションとしてのスポーツの主な利点は，真正性という性質である．これは，不確実性の結果，パフォーマンスの一部としての露出，身体的基盤と全感覚的性質，自己形成と自我の確立，および地域を育てる能力に見られる．スポーツは，観戦者であれ競技者であれ，地元住民が観光客のための演技を中断する目的地の「舞台裏」へのアクセスを訪問者に提供してくれる．この意味で，スポーツは「リアル」な地域への扉を提供するのである．

　グローバル化は，2 番目に重要な発展課題である．世界各地から選手を募るプロリーグを特徴とするように，スポーツはますます国境を越え，グローバル化の顕著な兆候となっている．サッカーなどのスポーツは世界的な事象であるが，世界のさまざまな地域で競技の行い方には重要な違いが残っている．これらの違いは，スポーツツーリズムが発展する機会を表している．そのような場合，スポーツは場所の独自の地域特性に貢献することができ，それによって観光競争での優位性をもたらすのである．2010年の FIFA ワールドカップの南アフリカ開催など，スポーツイベントへの大規模な投資は，都市や国を世界市場に位置づける手法として正当化されている（Case Study 4.1, Brendon Knott）．浮き彫りになった 3 番目の主要な発展課題は，組織の断片化の問題であった．スポーツツーリズム推進機構の創設を通じて断片化の問題を克服する試みは，明るい話題である．連携・協働の利点を継続的に明確にしていくことが必要である．これらの利点を明示できない場合，スポーツイベントの主催者や興行主，スポーツ協会，スポーツ会場の管理者，開催地の管理者，観光マーケティングの担当者など，スポーツツーリズムのさまざまな利害関係者が協力して働くことは考えられない．

▶スポーツツーリズムの発展と空間

　スポーツに関連する場所と旅行の流れに関する研究，スポーツが空間に意味を持たせ特有の観光地を作る方法，スポーツツーリズムの資源要件と影響は，スポーツツーリズムの発展の空間分析において重要なテーマである．第 5 章では，システムと規模の地理的概念，中心地理論，場所の階層，空間的な旅行の流れ，都市と地域という視点から，スポーツツーリズムの空間的要因を具体的に議論した．スポーツ，観光，空間の側面は，リオデジャネイロ（ブラジル）2016年オリンピックと除外地域に関連する Case Study 5.1 (Arianne Reis)，スタジアム地域の序列に関連する Focus Point 5.1，開催地の変動に関連する Focus Point 5.2で，批

判的に取り上げられた．これらの空間地理的手法は，都市のスポーツ施設，イベント，プロスポーツチームの場所の傾向を説明するのに非常に役立つ．地域でのスポーツツーリズムは，まったく異なる空間基準によって特徴づけられるのである．

　本書では，場所は意味を持つ空間として説明された．スポーツを用いて目的地を売り込む観光マーケティングの担当者にとっては，特に魅力的な要素である．受入者と訪問者は，その場所の特性への依存と彼らのアイデンティティへの貢献度合いの組み合わせに基づき，その場所への愛着を高めるのである．Case Study 6.1（Daniel Evans）は，グローバルとローカルの相互作用によって生じ得る緊張関係について言及している．この事例では，リバプールのサッカーチームの地元サポーターの場所へのアイデンティティが，多くの国際的なファン層の存在によって脅かされていることが報告されている．これらの国際的なファンの多くは，リバプールへの巡礼を行い，市内に居住していないにもかかわらず「彼ら」のチームを応援している．同様に，均質化されたスポーツ景観の悪影響は，スポーツに基づく特有の地域の意味を破綻させるため，観光を脅かしている．そのため，グローバル市場に参加しながらも，スポーツ施設やスポーツ活動に関連する地域固有の意味やアイデンティティを保持するという課題が残るのである．観光の利益は，スポーツの「高潔さ」を守るスポーツ実務家の努力を支援するものでなければならない．また，スポーツツーリズムの目的地を宣伝するために使用されるイメージと，居住者が自分の地域を認識する方法には，一貫性がなければならない．相反する場所の見方は，対立する態度や行動につながる可能性がある．

　環境に関して，より具体的には，景観，資源，および影響が，空間テーマの最終章の焦点であった（第7章）．ここで，スポーツは文化的形態であり，スポーツの景観は文化的景観の一部であるという Bale［1989］の主張を引用した．したがって，自然環境の要素を利用するスポーツは，それらの景観にさまざまな程度の人為的な変化をもたらす可能性がある．この章では，スポーツと観光の資源基盤を検討し，これらの資源の持続可能な管理の重要性について言及した．スポーツツーリズムの世界的に分散した影響から生じる差し迫った課題についても検討した．Case Study 7.1（Debbie Hopkins）は，ウィンタースポーツの目的地について，スポーツ関連の可搬性と，ウィンタースポーツリゾートが依存する天然資源（雪）の減少に具体化される環境的皮肉さを考察している．これらの課題は Focus Point 7.1（Michelle Rutty）に反映され，水を多用するゴルフの性質で強調された．この章では，景観とスポーツスケープの概念に関連したスポーツ施設開発の影響に関わる問題について検討し，構築された環境でのスポーツツーリズムについても議論を重ねた．

▶スポーツツーリズムの発展と時間

　スポーツツーリズムの時間的側面には，スポーツの観光経験，スポーツと観光の季節変動，およびスポーツツーリズム現象の長期的な進化の原動力が含まれる．第8章には2つの注目すべき特徴がある．1点目として，スポーツツーリズム経験についての考慮事項は，スポーツ経験をもたらす2つの対照的なアプローチを示す Morgan［2007］の経験空間モデルを用いて概説した．Morgan［2007］が説明した経営的アプローチは，商品またはサービスとして経験を取り扱い，事前に決められ標準化された方法でスポーツ競技に経験的価値を付随させる．演出され，脚本が用意され，十分に準備されるオリンピックの開会式と閉会式は，このアプローチの例である．もう1つの消費者行動的アプローチでは，情熱的な社会的相互作用に基づくスポーツ経験の共創を可能にする，受入側および訪問側にとってイベントが持つ個人的，社会的，文化的意味を育むことができれば，スポーツツーリストの経験は感情的，象徴的，変容的となることを示唆している．これらのアプローチによる利点の考慮が重要であることは，2019年のラグビーワールドカップ（Focus Point 8.1）に関する日本の計画についての議論によって概説された．2点目として，観戦型イベント，参加型イベント，レクリエーションスポーツへのアクティブな関与，スポーツヘリテージを含むスポーツツーリズムの4分類が，この章を構成していることが挙げられる．参加型スポーツイベントの成長もこの章の特徴であり，この点に関して，Case Study 8.1（Moyle et al.）は，アマチュア競技者が自分自身の経験と配偶者や周囲の人々の経験の両方に関連する，シリアススポーツの追求についての洞察を提供している．

　スポーツと観光の季節傾向は，スポーツツーリズムの発展の時間的側面を明確に表している．観光の実務家は，通常，訪問者の季節変動を，稼働率の低い収容力と閑散期の収益減少における問題と見なしている．観光管理の観点から見ると，スポーツは季節性に影響を与える戦略として活用可能であり，かなりの成功を収めることができると考えられる．ショルダーシーズン（繁忙期と閑散期の間）でのスポーツイベントの開催は，イベントの制作と企画の側面からも，ますます重要となっている．アクティブスポーツツーリズムの観点では，オフシーズン中に利用可能な専門的な資源を特徴とする目的地は，スポーツサブカルチャーグループにとって特に魅力的である．同様に，ノスタルジアスポーツツーリズムアトラクションは，主要な観光シーズン以外でも活用され続ける．適切に宣伝されれば，これらのアトラクションも目的地への季節的な訪問傾向を変更する機会をもたらしてくれる．より最近では，気候変動がスポーツツーリズムの季節性に大きな影響を及ぼしていることが報告されている．これは，場所によって差はあるが，

「自然的」なシーズンの短縮といった一般的な課題に直面しているスキーなどの，気候条件に直接結びつくスポーツ活動に特に当てはまる（Case Study 9.1, Robert Steiger）．

　観光地サイクルとスポーツライフサイクルは，スポーツと観光の長期的な発展に関する貴重な理論的洞察を提供している．スポーツがライフサイクルを通して進歩するにつれ，スポーツは開催地に影響を与えるようになる．例えば，従来の競技スポーツから個人スポーツやライフスタイルスポーツへの移行は，新しい資源需要に基づき新たな場所が開発されるため，スポーツツーリズム発展の分布に影響を与えることになる．Case Study 10.1（Adam Doering）は，サーフィンが，スポーツおよびスポーツツーリズム両方の普及要因として現れてきたことを明確に示すよい例である．観光は，個人スポーツのライフサイクルにも影響を及ぼす．サーフィンのようなレジャー活動が人気の観光活動として成長するにつれ，2020年の東京オリンピックでのサーフィンの追加を含む競技性の高い大会などのバリエーションが現れてきている．

　ヘリテージスポーツツーリズムは，スポーツの発展がどのように観光に直接影響するかを示している．スポーツのノスタルジアは，急速に変化する社会に対する反応の一部である．それは，観光者が青年期を再訪する機会であるだけでなく，しばしばより単純な時代へと戻る機会でもある．これらの時間的な旅は，旅行者が，スポーツの殿堂，スポーツの歴史的瞬間の場，歴史を再現または追体験できるファンタジープログラムなどを探す，空間の旅によって促進される．より一般的には，スポーツツーリズムの将来に影響を与えるさまざまなマクロレベルの動向がある．グローバル化の過程は，これらの動向の大部分の根底にあることがうかがえる．ダイナミックな経済的，環境的，政治的，社会人口学的および技術／通信の領域は，スポーツツーリズムの発展の機会と課題を提示している．これらの各領域が変化する特性によって特徴づけられるだけでなく，これらの特性は他の領域の特性との相互作用を通して，因果関係の特定および予測を困難にしている．実際には難しいかもしれないが，スポーツツーリズムの発展に及ぼす影響力は，ある程度因果関係の特定と予測ができるかどうかにかかっている．

▶ 最後に

　スポーツは，観光研究に特有かつダイナミックで興味深い焦点を提供する．社会におけるスポーツ関与は非常に広範囲であり，スポーツツーリズムへの関与はダイナミックな現象である．ローカルからグローバルの範囲まで，メディア市場でのスポーツの重要な側面は，スポーツ，メディア，観光への興味の相互作用を

示している．より重要なことは，スポーツの基本的なルール構造，競争の次元，および遊戯的な性質が，観光開発に関連する複雑な一連の機会と課題を示していることである．そのため，スポーツは，他の観光形態の市場と区別された，市場および専門の研究や出版物が求められている発展課題によって特徴づけられている．

　本書は，独特で潜在的に影響力のある観光アトラクションとしてのスポーツの機能を精査してきた．スポーツの定義の特質は，観光産業の関心とスポーツツーリズム研究者に多くの研究課題をもたらす，非常に特有で魅力的な中核を提供している．観光アトラクションとしてのスポーツの人間的要素は，その多様性から注目に値する．スポーツツーリストが概念化される多くの次元または連続体の中では，エリート選手とレクリエーション参加者，イベント競技者とスポーツ観戦者，スポーツチームと個人競技者，自己言及型競技者とレクリエーションスポーツ参加者の枠組みは，ほんの1例である．多様な隙間市場，望ましい訪問経験，および（ソーシャルな）メディア到達という観点から，発展し続けるスポーツツーリズムを探求することが可能である．

　スポーツを独特で特色を示す観光アトラクションとして扱うことで，スポーツツーリズムが空間と時間に本質的に表れることを本書は示してきた．スポーツツーリズムは，旅行パターン，スポーツ開催地や観光地，観光地にもたされた意味，および景観に影響を与え，建造物（スタジアムやアリーナなど）や自然（海洋環境やスキー場など）はスポーツの舞台として機能するのである．また，スポーツツーリズムは，旅行経験の性質，季節の訪問パターン，スポーツや観光の発展，スポーツツーリズムが行われる観光地開発にも影響を及ぼす．スポーツツーリズムの変化するパターンを認識することは重要であるが，理論的手法に基づき，ダイナミックな変化の原動力を批判的に理解することも重要である．スポーツツーリズム研究は，単純な記述を超え，理論によってもたらされる説明と予測の領域まで進歩している．

　スポーツツーリズム研究の発展におけるこの段階では，理論的な洞察は，その他の進んだ学問分野からもたらされる傾向がある．本書で提示した理論的洞察は，主に地理学から得られたものである．これらの理論がスポーツツーリズム現象に関してさらなる知見をもたらす限り，それらを援用し，応用し，発展させ，スポーツツーリズム研究で用いる必要がある．このような理論構築の背後にある原動力には，スポーツツーリズムの実践に関連する現実的問題および潜在的問題を解決する明らかな必要性を含めるだけでなく，目標となる成果に関連していなくても，新しい知見を提供する現象に関するような好奇心に基づいた研究も含めるべきである．これらの原動力の評価は，利害関係者がスポーツツーリズムの発展の

過程において，受動的な観察者または反応的な関係者でもある必要がないことを意味している．理論構築と実証研究への積極的な関与は，スポーツと観光のダイナミックな関係についての理解をさらに前進させるであろう．

　本書は，紀元前334年のアレクサンドロス 3 世のマケドニア社会におけるスポーツの機能の一部を詳述して幕を開けた．したがって，今日のスポーツと観光の現代的な慣習を構成する現在の社会についての考察で本章を締めくくるのが適切であると考える．スポーツと観光は社会的に構築された現象であり，機会と包括の原則に基づいていることが広く認識されている．United Nations [2017] は，スポーツは人間の健康に必要不可欠な身体活動といった基本的人権の考えを示しているが，観光は，生活の質と主観的幸福感 [McCabe, 2009; McCabe & Johnson, 2013; McCabe et al., 2010] および社会資本と家族資本 [Minnaert et al., 2009] と，ますます関連させて捉えられるようになった．しかし，多くのスポーツやレクリエーション活動への参加は，社会階級，人種，性別によって厳しく定義されたままである [Gibson, 2005]．「文化や時代に関係なく，人々はスポーツを用い，自分自身を際立たせ，自分の地位と名声を反映してきた」[Booth & Loy, 1999 : 1]．身体活動への参加には，ますます座りがちで不健康なライフスタイルと，一部の社会における肥満などの懸念がつきまとっている [Coakley, 2017]．また，排除は多くの現代スポーツの特徴であり続けている．同時に，自分の決断を下すには幼すぎる多くの子どもたちは，野心的な保護者，結果主義のコーチ制度，および非常に競争的なスポーツ開発プログラムによる搾取に対して弱い立場にある．

　Booth and Loy [1999] は，類似する社会集団は一般的にライフスタイルと消費傾向を共有していると述べている．これは，観光輸送のエネルギー需要と排出についての懸念にもかかわらず [Becken, 2007; Buckley et al., 2015]，旅行頻度と距離が社会階層と確立された中流階級との社会的関係を区別するために使用され続けているように [Cohen, 1984]，観光慣習にも同じことが当てはまる．高い個人の移動性 [Burns & Novelli, 2008; Hall, 2004] と身体活動における受動的および能動的関与への関心の高まり [Glytpis, 1991] は，20世紀後半と21世紀初頭で広く認識される 2 つの特徴でありながら，多くの社会で個人のモビリティと旅行の自由は阻害され，制限されている [Hall, 2004]．このため，もしまだの場合，政府は，持続可能性に向けた社会変容に関連する一連の重要な現代的課題を具現化した国連の持続可能な開発目標（SDGs: United Nations [2015]）に沿った，国および地域の政策（データ，測定，報告システム）を開発しなければならない．スポーツと観光の両方において，社会的包摂が依然として問題であることは明らかである．社会的包摂への取り組みは，SDGs 3 （健康と福祉），5 （ジェンダー平等），10 （不平等の是正），12 （責任ある消費と生産），16 （公正，平和，包摂的社会の促進），17 （持続可能なパートナー

シップ開発）と直接関連している．同様に，私たちの社会は，不平等の拡大，世界的な健康への脅威，環境悪化，天然資源の枯渇，気候変動など，持続可能な開発に関連する大きな課題に直面していることを強く認識することが重要である．スポーツと観光の慣習を形づくる社会的および政治的な力は，これらの課題を解決するために社会を変革するうえで重要な役割を果たすのである．

文献一覧

Allen Collinson, J. and Hockey, J. (2007) 'Working out' identity: Distance runners and the management of disrupted identity. *Leisure Studies* 26(4), 381-398.

Amelung, B., Nicholls, S. and Viner, D. (2007) Implications of global climate change for tourism flows and seasonality. *Journal of Travel Research* 45(3), 285-296.

Andrews, D. (2006) *Sports-Commerce-Culture : Essays on sport in late capitalist America*. New York: Peter Lang.

Archer, B. and Cooper, C. (1994) The positive and negative impacts of tourism. In W. Theobald (ed.) *Global tourism : The next decade* (pp. 73-91). Oxford: Butterworth Heinemann.

Atkisson, A. (2000) *Believing cassandra : An optimist looks at a pessimists world*. New York: Scribe Publishers.（枝廣淳子監訳『カサンドラのジレンマ——地球の危機，希望の歌』PHP 研究所，2003年.）

Bagheri, A. and Hjorth, P. (2007) Planning for sustainable development: A paradigm shift towards a process-based approach. *Sustainable Development* 15(2), 83-96.

Baker, C. (2015) Beyond the island story? The opening ceremony of the London 2012 Olympic Games as public history. *Rethinking History* 19(3), 409-428.

Bale, J. (1982) *Sport and place : A geography of sport in England, Scotland and Wales*. London: C. Hurst & Co. Ltd.

Bale, J. (1989) *Sports geography*. London: E&FN Spon.

Bale, J. (1993) The spatial development of the modern stadium. *International Review for the Sociology of Sport* 28 (2/3), 121-133.

Bale, J. (1994) *Landscapes of modern sport*. Leicester: Leicester University Press.

Bale, J. (2002) *Sports geography* (2nd ed.). London: Routledge.

Bale, J. and Maguire, J. (2013) *The global sports arena : Athletic talent migration in an interdependent world*. London: Routledge.

Barney, R. K., Wenn, S. R. and Martyn, S. G. (2002) *The international Olympic committee and the rise of Olympic commercialism*. Salt Lake City, UT: University of Utah Press.

Baron, R. R. V. (1975) *Seasonality in tourism : A guide to the analysis of seasonality and trends for policy making*. London: Economist Intelligence Unit.

Baum, T. and Hagen, L. (1999) Responses to seasonality: The experiences of peripheral destinations. *International Journal of Tourism Research* 1(5), 299-312.

Becken, S. (2007) Tourists' perception of international air travel's impact on the global climate and potential climate change policies. *Journal of Sustainable Tourism* 15(4), 351-368.

Belanger, A. (2000) Sport venues and the spectacularization of urban spaces in North America. *International Review for the Sociology of Sport* 35(3), 278-397.

Bellan, G. L. and Bellan-Santini, D. R. (2001) A review of littoral tourism, sport and leisure activities: Consequences on marine flora and fauna. *Aquatic Conservation : Marine and Freshwater Ecosystems* 11(4), 325-333.

Bernstein, A. (2000) Things you can see from there you can't see from here: Globalization, media, and the Olympics. *Journal of Sport and Social Issues* 24(4), 351-369.

Bieger, T. and Laesser, C. (2002) Market segmentation by motivation: The case of Switzerland. *Journal of Travel Research* 41(1), 68-76.

Black, D. (2008) Dreaming big: The pursuit of 'second order' games as a strategic response to globalization. *Sport in Society* 11(4), 467-480.

Bodet, G. and Lacassagne, M. F. (2012) International place branding through sporting events: A British perspective of the 2008 Beijing Olympics. *European Sport Management Quarterly* 12 (4), 357-374.

Boniface, B. G. and Cooper, C. (1994) *The geography of travel and tourism* (2nd ed.). Oxford:

Butterworth Heinemann.

Boorstin, D. J. (1975) *The image : A guide to pseudo-events in America.* New York: Atheum.

Booth, D. and Loy, J. W. (1999) Sport, status, and style. *Sport History Review* 30(1), 1-26.

Borland, J. and MacDonald, R. (2003) Demand for sport. *Oxford Review of Economic Policy* 19(4), 478-502.

Bourdeau, P., Corneloup, J. and Mao, P. (2002) Adventure sports and tourism in the French mountains: Dynamics of change and challenges for sustainable development. *Current Issues in Tourism* 5(1), 22-32.

Bows-Larkin, A., Mander, S. L., Traut, M. B., Anderson, K. L. and Wood, F. R. (2016) Aviation and climate change: The continuing challenge. *Encyclopedia of Aerospace Engineering.* doi: 10.1002/97804700686652. eae1031.

Bramwell, B., Higham, J. E. S., Lane, B. and Miller, G. (2017) Twenty-five years of sustainable tourism: Looking back and moving forward. *Journal of Sustainable Tourism* 25(1), 1-9.

Breivik, G. (2010) Trends in adventure sports in a post-modern society. *Sport in Society* 13(2), 260-273.

Breuer, C., Hallmann, K. and Wicker, P. (2011) Determinants of sport participation in different sports. *Managing Leisure* 16(4), 269-286.

Briassoulis, H. (2007) Golf-centered development in coastal mediterranean Europe: A soft sustainability test. *Journal of Sustainable Tourism* 15(5), 441-462.

Brown, G. and Raymond, C. (2007) The relationship between place attachment and landscape values: Toward mapping place attachment. *Applied Geography* 27(1), 89-111.

Brown, G., Smith, A. and Assaker, G. (2016) Revisiting the host city: An empirical examination of sport involvement, place attachment, event satisfaction and spectator intentions at the London Olympics. *Tourism Management* 55, 160-172.

Brymer, E. (2009) Extreme sports as a facilitator of ecocentricity and positive life changes. *World Leisure Journal* 51(1)47-53.

Buckley, R., Gretzel, U., Scott, D., Weaver, D. and Becken, S. (2015) Tourism megatrends. *Tourism Recreation Research* 40(1), 59-70.

Bull, C. and Weed, M. (1999) Niche markets and small island tourism: The development of sports tourism in Malta. *Managing Leisure* 4(3), 142-155.

Bunning, R. J. and Gibson, H. J. (2016) The role of travel conditions in cycling tourism: Implications for destination and event management. *Journal of Sport & Tourism* 20 (3/4), 175-194.

Burgan, B. and Mules, T. (1992) Economic impact of sporting events. *Annals of Tourism Research* 19(4), 700-710.

Burns, P. M. and Novelli, M. (eds.) (2008) *Tourism and mobilities : Local-global connections.* CABI.

Butler, R. W. (1980) The concept of the tourist area lifecycle of evolution: Implications for the management of resources. *Canadian Geographer* 24(1), 5-12.

Butler, R. W. (1993) Tourism: An evolutionary perspective. In J. G. Nelson, R. W. Butler and G. Wall (eds.) *Tourism and sustainable development : Monitoring, planning, managing* (pp. 27-43). Waterloo, Canada: University of Waterloo — Department of Geography Publication Series No. 37.

Butler, R. W. (1994) Seasonality in tourism: Issues and problems. In A. V. Seaton (ed.) *Tourism : The state of the art* (pp. 332-339). Chichester: John Wiley and Sons.

Butler, R. W. (2001) Seasonality in tourism: Issues and implications. In T. Baum and S. Lundtorp (eds.) *Seasonality in tourism* (pp. 5-23). London: Pergamon.

Butler, R. W. (ed.) (2006) *The tourist area life cycle : Vol. 1 Applications and modifications.* Clevedon: Channel View Publications.

Butler, R. W. and Mao, B. (1996) Seasonality in tourism: Problems and measurement. In P. E. Murphy (ed.) *Quality management in urban tourism* (pp. 9-23). Chichester: John Wiley and Sons.

Campelo, A., Aitken, R., Thyne, M. and Gnoth, J. (2013) Sense of place: The importance for destination branding. *Journal of Travel Research* 53(2), 154-166.

Canadian Sport Tourism Alliance (2017) Sport tourism surges past $6.5 billion annually. Canadian Sport Tourism Alliance, Montreal, March 2, available at: http://canadiansporttourism.com/news/sport-tourism-surges-past-65-billion-annually.html (accessed 31 January 2020).

Cannas, R. (2012) An overview of tourism seasonality: Key concepts and policies. *Almatourism : Journal of Tourism, Culture and Territorial Development* 3(5), 40-58.

Cantelon, H. and Letters, M. (2000) The making of the IOC environmental policy as the third dimension of the Olympic movement. *International Review for the Sociology of Sport* 35(3), 294-308.

Carle, A. and Nauright, J. (1999) A man's game? Women playing rugby union in Australia. *Football Studies* 2(1), 55-73.

Carmichael, B. and Murphy, P. E. (1996) Tourism economic impact of a rotating sports event: The case of the British Columbia Games. *Festival Management and Event Tourism* 4(3/4), 127-138.

Carneiro, M. J., Breda, Z. and Cordeiro, C. (2016) Sports tourism development and destination sustainability: The case of the coastal area of the Aveiro region, Portugal. *Journal of Sport & Tourism* 20 (3/4), 305-334.

Carter, J., Dyer, P. and Sharma, B. (2007) Dis-placed voices: Sense of place and place identity on the Sunshine Coast. *Social and Cultural Geography* 8(5), 755-773.

Casey, M. E. (2010) Low cost air travel: Welcome aboard? *Tourist Studies* 10(2), 175-191.

Chadwick, G. (1971) *A systems view of planning.* Oxford: Pergamon Press.

Chalip, L. (2001) Sport tourism: Capitalising on the linkage. In D. Kluka and G. Schilling (eds.) *Perspectives : The business of sport* (pp. 77-89). Oxford: Meyer and Meyer.

Chalip, L. (2004) Beyond impact: A general model for host community event leverage. In B. Ritchie and D. Adair (eds.) *Sport tourism : Interrelationships, impacts and issues* (pp. 226-252). Clevedon: Channel View Publications.

Chalip, L. (2006) Towards social leverage of sport events. *Journal of Sport & Tourism* 11(2), 109-127.

Chalip, L. and Costa, C. A. (2005) Sport event tourism and the destination brand: Towards a general theory. *Sport in Society* 8(2), 218-237.

Chalip, L. and McGuirty, J. (2004) Bundling sport events with the host destination. *Journal of Sport & Tourism* 9(3), 267-282.

Chalip, L., Green, B. C. and Vander Velden, L. (1998) Sources of interest in travel to the Olympic Games. *Journal of Vacation Marketing* 4(1), 7-22.

Chalip, L., Green, B. C. and Hill, B. (2003) Effects of sport event media on destination image and intention to visit. *Journal of Sport Management* 17(3), 214-234.

Chapin, T. S. (2004) Sports facilities as urban redevelopment catalysts: Baltimore's camden yards and Cleveland's gateway. *Journal of the American Planning Association* 70(2), 193-209.

Chapman, A. and Light, D. (2016) Exploring the tourist destination as a mosaic: The alternative lifecycles of the seaside amusement arcade sector in Britain. *Tourism Management* 52, 254-263.

Chernushenko, D. (1996) Sports tourism goes sustainable: The lillehammer experience. *Visions in Leisure and Business* 15(1), 65-73.

Cho, H., Ramshaw, G. and Norman, W. C. (2014) A conceptual model for nostalgia in the context of sport tourism: Re-classifying the sporting past. *Journal of Sport & Tourism* 19(2), 145-167.

Christaller, W. (1963/64) Some considerations of tourism location in Europe: The peripheral regions — underdeveloped countries — recreation areas. *Papers, Regional Science Association* 12 (1), 95-105.

Chung, J. Y. (2009) Seasonality in tourism: A review. *E-review of Tourism Research* 7(5), 82-96.

Clawson, M. and Knetsch, J. (1966) *The economics of outdoor recreation.* Baltimore, MD: Johns Hopkins Press.

Coakley, J. (2017) *Sports in society : Issues and controversies* (12th ed.). Boston, MA: McGraw

Hill Higher Education.

Cohen, E. (1984) The sociology of tourism: Approaches, issues, and findings. *Annual Review of Sociology* 10(1), 373-392.

Cohen, E. (1988) Authenticity and the commoditization of tourism. *Annals of Tourism Research* 15(3), 371-386.

Cohen, E. and Cohen, S. (2012) Authentication: Hot and cool. *Annals of Tourism Research* 39(3), 1295-1314.

Cole, S. (2007) Beyond authenticity and commodification. *Annals of Tourism Research* 34, 943-960.

Collier, A. (1989) *Principles of tourism : A New Zealand perspective* (5th ed.). Auckland: Longman.

Collins, A., Jones, C. and Munday, M. (2009) Assessing the environmental impacts of mega sporting events: Two options ? *Tourism Management* 30(6), 828-837.

Collins, M. F. (1991) The economics of sport and sports in the economy: Some international comparisons. In C. P. Cooper (ed.) *Progress in tourism, recreation and hospitality management* (pp. 184-214). London: Belhaven Press.

Collins, M. F. and Jackson, G. (2001) Evidence for a sports tourism continuum. Paper presented at the Journeys in Leisure: Current and Future Alliances, Luton, UK.

Commonwealth Department of Industry, Science and Resources (2000) Towards a National Sport Tourism Strategy (Draft report). Canberra: Commonwealth Department of Industry, Science and Resources.

Cooper, C., Fletcher, J., Gilbert, D. and Wanhill, S. (1993) *Tourism : Principles and practice.* Harlow: Longman Group Limited.

Cornelissen, S. (2004) *The global tourism system : Governance, development and lessons from South Africa.* New York: Routledge.

Cornelissen, S. (2010) The geopolitics of global aspiration: Sport mega-events and emerging powers. *International Journal of the History of Sport* 27 (16/18), 3008-3025.

Cornelissen, S., Bob, U. and Swart, K. (2011) Towards redefining the concept of legacy in relation to sport mega-events: Insights from the 2010 FIFA World Cup. *Development Southern Africa* 28(3), 307-318.

Cowell, R. (1997) Stretching the limits: Environmental compensation, habitat creation and sustainable development. *Transactions of the Institute of British Geographers* 22(3), 292-306.

Crawford, D. W., Jackson, E. L. and Godbey, G. (1991) A hierarchical model of leisure constraints. *Leisure Sciences* 13(4), 309-320.

Creutzig, F., Jochem, P., Edelenbosch, O. Y., Mattauch, L., van Vuuren, D. P., McCollum, D. and Minx, J. (2015) Transport: A roadblock to climate change mitigation ? *Science* 350(6263), 911 -912.

Crompton, J. L. (1979) Motivations for pleasure vacation. *Annals of Tourism Research* 6(4), 408-424.

Crouch, D. (2000) Places around us: Embodied lay geographies in leisure and tourism. *Leisure Studies* 19(2), 63-76.

Csikszentmihalyi, M. (1992) *Flow : The classic work on how to achieve happiness.* London: Rider Paperbacks.

Daniels, M. J. (2007) Central place theory and sport tourism impacts. *Annals of Tourism Research* 34(2), 332-347.

Dann, G. M. S. (1981) Tourist motivation: An appraisal. *Annals of Tourism Research* 8(2), 187-219.

Darcy, S. (2003) The politics of disability and access: The Sydney 2000 Games experience. *Disability & Society* 18(6), 737-757.

Dauncey, H. and Hare, G. (2000) World Cup France '98: Metaphors, meanings and values. *International Review for the Sociology of Sport* 35(3), 331-347.

Davidson, L. and Stebbins, R. (2011) *Serious leisure and nature : Sustainable consumption in the outdoors.* New York: Palgrave Macmillan.

Davies, J. and Williment, J. (2008) Sport tourism: Grey sport tourists, all black and red experiences. *Journal of Sport & Tourism* 13(3), 221-242.

Davis, J. and Thornley, A. (2010) Urban regeneration for the London 2012 Olympics: Issues of land acquisition and legacy. *City, Culture and Society* 1(2), 89-98.

de Villers, D. J. (2001) Sport and tourism to stimulate development. *Olympic Review* 27(38), 11-13.

Delia, E. B. (2015) The exclusiveness of group identity in celebrations of team success. *Sport Management Review* 18(3), 396-406.

Delpy, L. (1997) An overview of sport tourism: Building towards a dimensional framework. *Journal of Vacation Marketing* 4(1), 23-38.

Delpy, L. (1998) Editorial. *Journal of Vacation Marketing* 4(1), 4-5.

Delpy, L. (2001, 22-23 February) Preparing for the rise in sports tourism. Paper presented at the World Conference on Sport and Tourism, Barcelona, Spain.

Denham, D. (2004) Global and local influences on English Rugby League. *Sociology of Sport Journal* 21(2), 206-182.

Derom, I. and Ramshaw, G. (2016) Leveraging sport heritage to promote tourism destinations: The case of the Tour of Flanders Cyclo event. *Journal of Sport & Tourism* 20(3/4), 263-283.

Devine, A. and Devine, F. (2004) The politics of sports tourism in Northern Ireland. *Journal of Sport Tourism* 9(2), 171-182.

Dietvorst, A. G. J. (1995) Tourist behaviour and the importance of time-space analysis. In G. J. Ashworth and A. G. J. Dietvorst (eds.) *Tourism and spatial transformations : Implications for policy and planning.* Wallingford: CABI.

Dietvorst, A. G. J. and Ashworth, G. J. (1995) Tourism transformations: An introduction. In G. J. Ashworth and A. G. J. Dietvorst (eds.) *Tourism and spatial transformations : Implications for policy and planning* (pp. 1-13). Wallingford: CABI.

Dodds, R. and Graci, S. (2009) Canada's tourism industry ― Mitigating the effects of climate change: A lot of concern but little action. *Tourism and Hospitality Planning and Development* 6(1), 39-51.

Doering, A. (2018) Mobilising stoke: A genealogy of surf tourism development in Miyazaki, Japan. *Tourism Planning & Development* 15(1), 68-81.

Dolnicar, S. (2002) A review of data-driven market segmentation in tourism. *Journal of Travel & Tourism Marketing* 12(1), 1-22.

Donnelly, P. and Young, K. M. (1988) The construction and confirmation of identity in sport subcultures. *Sociology of Sport Journal* 5(3), 223-240.

Duda, J. L. and Nicholls, J. G. (1992) Dimensions of achievement motivation in schoolwork and sport. *Journal of Educational Psychology* 84(3), 290-299.

Dwyer, L. (2014) Transnational corporations and the globalization of tourism. In A. A. Lew, C. M. Hall and A. M. Williams (eds.) *The wiley blackwell companion to tourism* (pp. 197-209). Chichester: John Wiley & Sons.

Dwyer, L., Edwards, D., Mistilis, N., Roman, C., Scott. N. and Cooper, C. (2008) Megatrends underpinning tourism to 2020: Analysis of key drivers for change. CRC for Sustainable Tourism Pty Ltd. See http://crctourism.com.au/WMS/Upload/Resources/bookshop/80046%20Dwyer_TourismTrends2020%20WEB.pdf (accessed 23 April 2010).

Echtner, C. M. and Ritchie, J. B. R. (1993) The measurement of destination image: An empirical assessment. *Journal of Travel Research* 31(4), 3-13.

Edensor, T. and Richards, S. (2007) Snowboarders vs skiers: Contested choreographies of the slopes. *Leisure Studies* 26(1), 97-114.

Eid, M. and Diener, E. (2001) Norms for experiencing emotions in different cultures: Inter-and intranational differences. *Journal of Personality and Social Psychology* 81(5), 869-884.

Esfahani, N., Goudarzi, M. and Assadi, H. (2009) The analysis of the factors affecting the development of Iran sport tourism and the presentation of a strategic model. *World Journal of Sport Sciences* 2(2), 136-144.

Evans, D. and Norcliffe, G. (2016) Local identities in a global game: The social production of football space in Liverpool. *Journal of Sport & Tourism* 20 (3/4), 217-232.

Fairley, S. (2003) In search of relived social experience: Group-based ostalgia sport tourism. *Journal of Sport Management* 17(3), 284-304.

Fairley, S. and Gammon, S. (2005) Something lived, something learned: Nostalgia's expanding role in sport tourism. *Sport in Society* 8(2), 182-197.

Fairley, S. and Tyler, B. D. (2009) Cultural learning through a sport tourism experience: The role of the group. *Journal of Sport Tourism* 14(4), 273-292.

Falcous, M. (2017) Why we ride: Road cyclists, meaning, and lifestyles. *Journal of Sport and Social Issues* 41(3), 239-255.

Falcous, M. and Newman, J. I. (2016) Sporting mythscapes, neoliberal histories, and postcolonial amnesia in *Aotearoa/*New Zealand. *International Review for the Sociology of Sport* 51(1), 61-77.

Fang, Y. and Yin, J. (2015) National assessment of climate resources for tourism seasonality in China using the tourism climate index. *Atmosphere* 6, 183-194.

Faulkner, B., Tideswell, C. and Weston, A. M. (1998) Leveraging tourism benefits from the Sydney 2000 Olympics. Paper presented at the Sport Management Association of Australia and New Zealand, Gold Coast, Australia, 26-28 November.

FC Barcelona (2016) FC Barcelona Museum preparing for 30 millionth visitor. See https://www.fcbarcelona.com/club/news/2016-2017/fc-barcelona-museum-preparing-for-30-millionth-visitor (accessed 14 July 2017).

Flagestad, A. and Hope, C. A. (2001) Strategic success in winter sports destinations: A sustainable value creation perspective. *Tourism Management* 22(5), 445-461.

Flognfeldt, T. (2001) Long-term positive adjustments to seasonality: Consequences of summer tourism in the Jotunheimen area, Norway. In T. Baum and S. Lundtorp (eds.) *Seasonality in Tourism* (pp. 109-118). New York: Pergamon.

Fougere, G. (1989) Sport, culture and identity: The case of rugby football. In D. Novitz and B. Willmott (eds.) *Cultural identity in New Zealand* (pp. 110-122). Wellington: GP Books.

Fourie, J. and Santana-Gallego, M. (2011) The impact of mega-sport events on tourist arrivals. *Tourism Management* 32(6), 1364-1370.

Francis, S. and Murphy, P. E. (2005) Sport tourism destinations: The active sport tourist perspective. In J. E. S. Higham (ed.) *Sport tourism destinations : Issues, opportunities and analysis* (pp. 73-92). Oxford: Elsevier.

Funk, D. C. and Bruun, T. J. (2007) The role of socio-psychological and culture-education motives in marketing international sport tourism: A cross-cultural perspective. *Tourism Management* 28(3), 806-819.

Fyall, A. and Jago, L. (eds.) (2009) Sustainability in sport and tourism. *Journal of Sport & Tourism* 14 (2/3), 77-81.

Gammon, S. (2002) Fantasy, nostalgia and the pursuit of what never was. In S. Gammon and J. Kurtzman (eds.) *Sport tourism : Principles and practice* (pp. 61-72). Eastbourne: Leisure Studies Association.

Gammon, S. (2015) Sport tourism finding its place? In S. Gammon and S. Elkington (eds.) *Landscapes of leisure* (pp. 110-122). London: Palgrave Macmillan.

Gammon, S. and Fear, V. (2005) Stadia tours and the power of backstage. *Journal of Sport Tourism* 10(4), 243-252.

Gammon, S. and Ramshaw, G. (2007) *Heritage, sport and tourism : Sporting pasts-tourist futures*. New York: Routledge.

Gammon, S. and Ramshaw, G. (2013) *Heritage, sport and tourism : Sporting pasts-tourist futures*. London: Routledge.

Gammon, S., Ramshaw, G. and Waterton, E. (2013) Examining the Olympics: Heritage, identity and performance. *International Journal of Heritage Studies* 19(2), 119-124.

Gammon, S. and Robinson, T. (1997) Sport and tourism: A conceptual framework. *Journal of*

Sport Tourism 4(3), 8-24.

Gammon, S. and Robinson, T. (2003) Sport and tourism: A conceptual framework. *Journal of Sport & Tourism* 8(1), 21-26.

Garau-Vadell, J. B. and de Borja-Sole, L. (2008) Golf in mass tourism destinations facing seasonality: A longitudinal study. *Tourism Review* 63(2), 16-24.

García, B. (2010) The concept of the Olympic cultural programme: Origin, evolution and projection. Centre d'Estudis Olímpics (CEO-UAB), Barcelona. International Chair in Olympism (IOC-UAB). See http://ceo.uab.cat.

Garmise, M. (1987) *Proceedings of the international seminar and workshop on outdoor education, recreation and sport tourism*. Natanya: Emmanuel Gill Publishing.

Garrod, B. (2009) Understanding the relationship between tourism destination imagery and tourist photography. *Journal of Travel Research* 47(3), 346-358.

Gee, S. (2014) Sport and alcohol consumption as a neoteric moral panic in New Zealand: Context, voices and control. *Journal of Policy Research in Tourism, Leisure and Events* 6(2), 153-171.

Getz, D. (1991) *Festivals, special events and tourism*. New York: Van Nostrand Reinhold.

Getz, D. (1997) *Event management and event tourism*. New York: Cognizant Communications Corporation.

Getz, D. (2008) Event tourism: Definition, evolution, and research. *Tourism Management* 29(3), 403-428.

Getz, D. and McConnell, A. (2011) Serious sport tourism and event travel careers. *Journal of Sport Management* 25(4), 326-338.

Getz, D. and McConnell, A. (2014) Comparing trail runners and mountain bikers: Motivation, involvement, portfolios, and event-tourist careers. *Journal of Convention & Event Tourism* 15(1), 69-100.

Getz, D. and Page, S. J. (2016) *Event studies : Theory, research and policy for planned events* (3rd ed.). London: Routledge.

Gibson, H. J. (1998) Sport tourism: A critical analysis of research. *Sport Management Review* 1(1), 45-76.

Gibson, H. J. (2002) Sport tourism at a crossroad? Considerations for the future. In S. Gammon and J. Kurtzman (eds.) *Sport Tourism : Principles and Practice* (Vol. 76; pp. 111-128). Eastbourne: Leisure Studies Association.

Gibson, H. J. (2005) Understanding sport tourism experiences. In J. E. S. Higham (ed.) *Sport tourism destinations : Issues, opportunities and analysis* (pp. 57-72). Oxford: Elseiver Butterworth Heinemann.

Gibson, H. J. (ed.) (2006) *Sport tourism : Concepts and theories*. London: Routledge.

Gibson, H. J., Attle, S. P. and Yiannakis, A. (1998) Segmenting the active sport tourist market: A life-span perspective. *Journal of Vacation Marketing* 4(1), 52-64.

Gibson, H. J., Kaplanidou, K. and Kang, S. J. (2012) Small-scale event sport tourism: A case study in sustainable tourism. *Sport Management Review* 15(2), 160-170.

Gilbert, D. and Hudson, S. (2000) Tourism demand constraints: A skiing participation. *Annals of Tourism Research* 27(4), 906-925.

Gilchrist, P. and Wheaton, B. (2011) Lifestyle sport, public policy and youth engagement: Examining the emergence of parkour. *International Journal of Sport Policy and Politics* 3(1), 109-131.

Gilchrist, P. and Wheaton, B. (2016) Lifestyle and adventure sports among youth. In K. Green and A. Smith (eds.) *Routledge handbook on youth sport* (pp. 186-200). New York: Routledge.

Gillett, P. and Kelly, S. (2006) 'Non-local' Masters Games participants: An investigation of competitive active sport tourist motives. *Journal of Sport Tourism* 11(3/4), 239-257.

Gilmore, J. H. and Pine, B. J. (2007) *Authenticity : What consumers really want*. Boston, MA: Harvard Business School Press.（林正訳『ほんもの——何が企業の「一流」と「二流」を決定的に分けるのか?』東洋経済新報社，2009年.）

Giulianotti, R. (1995a) Football and the politics of carnival: An ethnographic study of Scottish fans in Sweden. *International Review for the Sociology of Sport* 30(2), 191-223.

Giulianotti, R. (1995b) Participant observation and research into football hooliganism: Reflections on the problems of entree and everyday risks. *Sociology of Sport Journal* 12(1), 1-20.

Giulianotti, R. (1996) Back to the future: An ethnography of Ireland's football fans at the 1994 World Cup finals in the USA. *International Review for the Sociology of Sport* 31(3), 323-347.

Giulianotti, R. (2016) *Sport : A critical sociology* (2nd ed.). Oxford: Polity Press.

Glyptis, S. A. (1982) *Sport and tourism in Western Europe.* London: British Travel Education Trust.

Glyptis, S. A. (1989) Leisure and patterns of time use. Paper presented at the Leisure Studies Association Annual Conference, Bournemouth, England, 24-26 April 1987.

Glyptis, S. A. (1991) Sport and tourism. In C. P. Cooper (ed.) *Progress in tourism, recreation and hospitality management* (pp. 165-187). London: Belhaven Press.

Go, F. M. (2004) Tourism in the context of globalization. In S. Williams (ed.) *Tourism : Critical concepts in the social sciences* (pp. 49-80). London: Routledge.

Gold, J. R. and Gold, M. M. (eds.) (2016) *Olympic cities : City agendas, planning, and the World's Games, 1896-2020.* London: Routledge.

Gomez Martin, M. B. (2005) Weather, climate and tourism a geographic perspective. *Annals of Tourism Research* 32(3), 571-591.

Gorse, S., Chadwick, S. and Burton, N. (2010) Entrepreneurship through sports marketing: A case analysis of Red Bull in sport. *Journal of Sponsorship,* 3(4), 348-357.

Graburn, N. H. H. (1989) Tourism: The sacred journey. In V. L. Smith (ed.) *Hosts and guests : The anthropology of tourism* (2nd ed.). Philadelphia, PA: University of Pennsylvania Press. (「観光——聖なる旅」, 市野澤潤平・東賢太朗・橋本和也監訳『ホスト・アンド・ゲスト——観光人類学とはなにか』ミネルヴァ書房, 2018年, pp. 25-46.)

Graefe, A. R., Vaske, J. J. and Kuss, F. R. (1984) Social carrying capacity: An integration and synthesis of twenty years of research. *Leisure Sciences* 6(4), 395-431.

Gratton, C., Shibli, S. and Coleman, R. (2005) Sport and economic regeneration in cities. *Urban Studies* 42 (5/6), 985-999.

Gratton, C., Shibli, S. and Coleman, R. (2006) The economic impact of major sports events: A review of ten events in the UK. *The Sociological Review* 54(2), 41-58.

Green, B. C. (2001) Leveraging subculture and identity to promote sport events. *Sport Management Review* 4(1), 1-19.

Green, B. C. and Chalip, L. (1998) Sport tourism as the celebration of subculture. *Annals of Tourism Research* 25(2), 275-291.

Green, P. (1992) *Alexander of macedon, 356-323 BC : A historical biography.* Berkeley, CA: University of California Press.

Greenwood, D. J. (1989) Culture by the pound: An anthropological perspective on tourism as cultural commodification. In V. L. Smith (ed.) *Hosts and guests : The anthropology of tourism* (pp. 17-31). Philadelphia, PA: University of Pennsylvania Press. (「切り売りされる文化——文化の商品化としての観光に関する人類学的展望」, 市野澤潤平・東賢太朗・橋本和也監訳『ホスト・アンド・ゲスト——観光人類学とはなにか』ミネルヴァ書房, 2018年, pp. 215-236.)

Gu, H. and Ryan, C. (2008) Place attachment, identity and community impacts of tourism: The case of a Beijing hutong. *Tourism Management* 29(4), 637-647.

Hagen, S. and Boyes, M. (2016) Affective ride experiences on mountain bike terrain. *Journal of Outdoor Recreation and Tourism* 15, 89-98.

Halberstam, D. (1999) *Playing for keeps : Michael Jordan and the world he made.* New York: Random House.

Hall, C. M. (1992a) *Hallmark tourist events : Impacts, management and planning.* London: Belhaven Press. (須田直之訳『イベント観光学——イベントの効果, 運営と企画』信山社, 1996年.)

Hall, C. M. (1992b) Review: Adventure, sport and health tourism. In B. Weiler and C. M. Hall (eds.) *Special interest tourism* (pp. 186-210). London: Belhaven Press.

Hall, C. M. (1993) The politics of leisure: An analysis of spectacles and mega-events. In A. J.

Veal, P. Johnson and G. Cushman (eds.) *Leisure and tourism : Social and environmental changes* (pp. 620-629). Sydney: World Leisure and Recreation Association.

Hall, C. M. (1998) Imaging, tourism and sports event fever: The Sydney Olympics and the need for a social charter for mega-events. In C. Gratton and I. P. Henry (eds.) *Sport in the city : The role of sport in economic and social regeneration* (pp. 166-183). London: Routledge.

Hall, C. M. (2000) The future of tourism: A personal speculation. *Tourism Recreation Research* 25 (1), 85-95.

Hall, C. M. (2004) Sport tourism and urban regeneration. In B. Ritchie and D. Adair (eds.) *Sport tourism : Interrelationships, impacts and issues* (pp. 192-205). Clevedon: Channel View Publications.

Hall, C. M. (2007) Sport tourism planning. In I. E. S. Higham (eds.) *Sport tourism destination : Issues, opportunities and analysis* (pp. 103-121). London: Elsevier.

Hall, C. M. (2008) *Tourism planning : Policies, processes and relationships*. Harlow: Pearson Education.

Hall, C. M. and Higham, J. E. S. (eds.) (2005) *Tourism, recreation and climate change : International perspectives*. Clevedon: Channel View Publications.

Hall, C. M. and Hodges, J. (1996) The party's great, but what about the hangover? The housing and social impacts of mega-events with special reference to the 2000 Sydney Olympics. *Festival Management and Event Tourism* 4(1/2), 13-20.

Hall, C. M. and Page, S. J. (2014) *The geography of tourism and recreation : Environment, place and space*. London: Routledge.

Hallmann, K., Zehrer, A. and Müller, S. (2015) Perceived destination image: An image model for a winter sports destination and its effect on intention to revisit. *Journal of Travel Research* 54(1), 94-106.

Halpenny, E. A., Kulczycki, C. and Moghimehfar, F. (2016) Factors effecting destination and event loyalty: Examining the sustainability of a recurrent small-scale running event at Banff National Park. *Journal of Sport & Tourism* 20(3/4), 233-262.

Hanna, S. and Rowley, J. (2008) An analysis of terminology use in place branding. *Place Branding and Public Diplomacy* 4(1), 61-75.

Harahousou, Y. (1999) Elderly people, leisure and physical recreation in Greece. *World Leisure and Recreation* 41(3), 20-24.

Harrison-Hill, T. and Chalip, L. (2005) Marketing sport tourism: Creating synergy between sport and destination. *Sport in Society* 8(2), 302-320.

Hartman, R. (1986) Tourism, seasonality and social change. *Leisure Studies* 5(1), 25-33.

Harvey, J. and Houle, F. (1994) Sport, world economy, global culture, and new social movements. *Sociology of Sport Journal* 11(4), 337-355.

Harvey, D. (2007) A brief history of neoliberalism. New York: Oxford University Press. (渡辺治監訳, 森田成也・木下ちがや・大屋定晴・中村好孝訳『新自由主義──その歴史的展開と現在』作品社, 2007年.)

Harvey, J., Rail, G. and Thibault, I. (1996) Globalization and sport: Sketching a theoretical model for empirical analyses. *Journal of Sport and Social Issues* 23(3), 258-277.

Hawkins, D. E. and Mann, S. (2007) The World Bank's role in tourism development. *Annals of Tourism Research* 34(2), 348-363.

Heath, E. T. and Kruger, E. A. (2015) Spectators' contribution to the environmental dimension of sustainable event sports tourism. (Doctoral dissertation).

Hede, A. M. and Kellett, P. (2010) Why develop Melbourne Park? In T. D. Hinch and J. E. S. Higham (eds.) *Sport tourism development* (2nd ed.). Bristol: Channel View Publications.

Hein, L., Metzger, M. and Moren, A. (2009) Potential impacts of climate change on tourism: A case study for Spain. *Current Opinion in Environmental Sustainability* 1(2), 170-178.

Heino, R. (2000) What is so punk about snowboarding? *Journal of Sport and Social Issues* 24(1), 176-191.

Henderson, J. C., Foo, K., Lim, H. and Yip, S. (2010) Sports events and tourism: The Singapore

Formula One Grand Prix. *International Journal of Event and Festival Management* 1(1), 60-73.

Higham, J. E. S. (1999) Sport as an avenue of tourism development: An analysis of the positive and negative impacts of sport tourism. *Current Issues in Tourism* 2(1), 82-90.

Higham, J. E. S. (2005) *Sport tourism destinations : Issues, opportunities and analysis.* Oxford: Elsevier Butterworth Heinemann.

Higham, J. E. S., Cohen, S. A., Cavaliere, C. T., Reis, A. C. and Finkler, W. (2016) Climate change, tourist air travel and radical emissions reduction. *Journal of Cleaner Production* 111 PartB, 336-347.

Higham, J. E. S. and Hinch, T. D. (2000) Sport tourism and the transition to professional Rugby Union in New Zealand: The spatial dimension of tourism associated with the Otago Highlanders, Southern New Zealand. In P. L. M. Robinson, N. Evans, R. Sharpley and J. Swarbrooke (eds.) *Reflections on international tourism : Motivations, behaviour and tourists types* (Vol. 4; pp. 145-158). Sunderland: Business Education Publishers Ltd.

Higham, J. E. S. and Hinch, T. D. (2002a) Sport, tourism and seasons: The challenges and potential of overcoming seasonality in the sport and tourism sectors. *Tourism Management* 23(2), 175-185.

Higham, J. E. S. and Hinch, T. D. (2002b) Sport and tourism development: Avenues of tourism development associated with a regional sport franchise at an urban tourism destination. In S. Gammon and J. Kurtzman (eds.) *Sport tourism : Principles and practice* (pp. 19-34). Eastbourne: Leisure Studies Association.

Higham, J. E. S. and Hinch, T. D. (2006) Sport and tourism research: A geographic approach. *Sport & Tourism : A Multidisciplinary Journal* 11(1), 31-49.

Higham, J. E. S. and Hinch, T. D. (2009) *Sport and tourism : Globalisation, mobility and identity.* Oxford: Butterworth Heinemann.

Hill, J. S. and Vincent, J. (2006) Globalisation and sports branding: The case of Manchester United. *International Journal of Sports Marketing and Sponsorship* 7(3), 61-78.

Hiller, H. H. (1998) Assessing the impact of mega-events: A linkage model. *Current Issues in Tourism* 1(1), 47-57.

Hinch, T. D. (2006) Canadian sport and culture in the tourism marketplace. *Tourism Geographies* 8(1), 15-30.

Hinch T. D. and Hickey, G. P. (1996). Tourism attractions and seasonality: Spatial relationships in Alberta. In K. Mackay. and K. R. Boyd (eds.) *Tourism for all seasons : Using research to meet the challenge of seasonality* (pp. 69-76). University of Manitoba, Winnipeg, Manitoba.

Hinch, T. D., Hickey, G. and Jackson, E. L. (2001) Seasonal visitation at Fort Edmonton Park: An empirical analysis using a leisure constraints framework. In T. Baum and S. Lundtorp (eds.) *Seasonality in tourism* (pp. 173-186). London: Pergamon.

Hinch, T. D. and Higham, J. E. S. (2001) Sport tourism: A framework for research. *The International Journal of Tourism Research* 3(1), 45-58.

Hinch, T. D. and Higham, J. E. S. (2005) Sport, tourism and authenticity. *European Sport Management Quarterly* 5(3), 243-256.

Hinch, T. D. and Higham, J. E. S. (2004) *Sport tourism development.* Clevedon: Channel View Publications.

Hinch, T. D., Higham, J. E. S. and Doering, A. (2018) Sport, tourism and identity: Japan, rugby union and the transcultural maul. In C. Acton and D. Hassan (eds.) *Sport and contested identities : Contemporary issues and debates* (pp. 191-206). London and New York: Routledge.

Hinch, T. D., Higham, J. E. S. and Moyle, B. D. (2016) Sport tourism and sustainable destinations: Foundations and pathways. *Journal of Sport & Tourism* 20(3/4), 163-173.

Hinch, T. D., Higham, J. and Sant, S. L. (2014) Taking stock of sport tourism research. In A. Lew, C. M. Hall and A. M. Williams (eds.) *The wiley blackwell companion to tourism* (pp. 414-424). Chichester: John Wiley.

Hinch, T. D. and Holt, N. L. (2017) Sustaining places and participatory sport tourism events. *Journal of Sustainable Tourism* 25(8), 1084-1099.

Hinch, T. D. and Ito, E. (2018) Sustainable sport tourism in Japan. *Tourism Planning & Development* 15(1), 96-101.

Hinch, T. D. and Jackson, E. L. (2000) Leisure constraints research: Its value as a framework for understanding tourism seasonality. *Current Issues in Tourism* 3(2), 87-106.

Hinch, T. D. and Kono, S. (2018) Ultramarathon runners' perception of place: A photo-based analysis. *Journal of Sport & Tourism* 22(2), 109-130.

Hjalager, A. (2007) Stages in the economic globalisation of tourism. *Annals of Tourism Research* 34, 437-457.

Hodeck, A. and Hovemann, G. (2016) Motivation of active sport tourists in a German highland destination: A cross-seasonal comparison. *Journal of Sport & Tourism* 20(3/4), 335-348.

Hodge, K. and Hermansson, G. (2007) Psychological preparation of athletes for the Olympic context: The New Zealand summer and winter Olympic teams. *Athletic Insight* 9(4), 1-14.

Hodge, K., Lonsdale, C. and Ng, J. Y. (2008) Burnout in elite rugby: Relationships with basic psychological needs fulfilment. *Journal of Sports Sciences* 26(8), 835-844.

Hodge, K., Lonsdale, C. and Oliver, A. (2010) The elite athlete as a 'business traveller/tourist'. In J. E. S. Higham and T. D. Hinch (eds.) *Sport and tourism : Globalisation, mobility and identity* (pp. 88-91). Oxford: Elsevier Butterworth Heinemann.

Hoffer, R. (1995) Down and out: On land, sea, air, facing questions about their sanity. *Sports Illustrated* 83(1), 42-49.

Holden, A. (2000) Winter tourism and the environment in conflict: The case of Cairngorm, Scotland. *International Journal of Tourism Research* 2(4), 247-260.

Hopkins, D. (2014) The sustainability of climate change adaptation strategies in New Zealand's ski industry: A range of stakeholder perceptions. *Journal of Sustainable Tourism* 22(1), 107-126.

Hopkins, D. and Higham, J. E. S. (2016) *Low carbon mobility transitions*. Oxford: Goodfellow Publishers.

Hopkins, D., Higham, J. E. S. and Becken, S. (2013) Climate change in a regional context: Relative vulnerability in the Australasian skier market. *Regional Environmental Change* 13(2), 449-458.

Hopwood, B., Mellor, M. and O'Brien, G. (2005) Sustainable development: Mapping different approaches. *Sustainable Development* 13(1), 38-52.

Hritz, N. and Ross, C. (2010) The perceived impacts of sport tourism: An urban host community perspective. *Journal of Sport Management* 24(2), 119-138.

Hsu, L-H. (2005) Revisiting the concept of sport. *Journal of Humanities and Social Sciences* 1(2), 45-54.

Hudson, S. and Cross, P. (2005) Winter sports destinations: Dealing with seasonality. In J. E. S. Higham (ed.) *Sport tourism destinations : Issues, opportunities and analysis* (pp. 188-204). Oxford: Elsevier.

Hudson, S., Hinch T., Walker, G. J. and Simpson, B. (2010) Constraints to sport tourism: A cross-cultural analysis. *Journal of Sport & Tourism* 15(1), 71-88.

Hudson, S. and Hudson, L. (2010) *Golf tourism*. Oxford: Goodfellow Publishing.

Hudson, S. and Hudson, L. (2016) The development and design of ski resorts: From theory to practice. In H. Richins and J. Hull (eds.) *Mountain tourism : Experiences, communities, environments and sustainable futures* (pp. 331-340). Wallingford: CABI.

Humberstone, B. (2011) Embodiment and social and environmental action in nature-based sport: Spiritual spaces. *Leisure Studies* 30(4), 495-512.

Humphreys, C. (2011) Who cares where I play ? Linking reputation with the golfing capital and the implication for golf destinations. *Journal of Sport & Tourism* 16(2), 105-128.

Humphreys, C. (2014) Understanding how sporting characteristics and behaviours influence destination selection: A grounded theory study of golf tourism. *Journal of Sport & Tourism* 19(1), 29-54.

Humphreys, C. J. and Weed, M. (2014) Golf tourism and the trip decision-making process: The influence of lifestage, negotiation and compromise, and the existence of tiered decision-making units. *Leisure Studies* 33(1), 75-95.

Hunter, C. (1995) Key concepts for tourism and the environment. In C. Hunter and H. Green (eds.) *Tourism and the environment : A sustainable relationship ?* (pp. 52-92). London: Routledge.

Ifedi, F. (2008) *Sport participation in Canada, 2005.* Ottawa: Statistics Canada.

Ingraham, C. (2018) Competition or exhibition ? The Olympic arts and cultural policy rhetoric. *International Journal of Cultural Policy* 24(2), 256-271.

International Olympic Committee and World Tourism Organisation (2001) *Conclusions of the World Conference on Sport and Tourism.* Barcelona: International Olympic Committee and World Tourism Organization, Lausanne: International Olympic Committee.

IOC (2015) *Olympic charter* (in force from 2 August 2016). Lausanne: International Olympic Committee.

Iordache, M. C. and Cebuc, I. (2009) Analysis of the impact of climate change on some European countries. *Analele Stiintifi ce ale Universitatii 'Alexandru Ioan Cuza' din Iasi* 56, 270-286. See http://anale.feaa.uaic.ro/anale/resurse/22_M03_Iordache_sa.pdf (accessed 24 April 2010).

Jackson, E. L. (1989) Environmental attitudes, values and recreation. In E. L. Jackson and T. L. Burton (eds.) *Understanding leisure and recreation : Mapping the past, charting the future* (pp. 357-384). State College, PA: Venture Publishing.

Jackson, E. L., Crawford, D. W. and Godbey, G. (1993) Negotiation of leisure constraints. *Leisure Sciences* 15(1), 1-11.

Jackson, G. and Reeves, M. (1998) Evidencing the sport tourism interrelationship: A case study of elite British athletes. In M. F. Collins and I. S. Cooper (eds.) *Leisure management : Issues and applications* (pp. 172-188). Wallingford: CABI.

Jackson, S. J. and Andrews, D. L. (1999) Between and beyond the global and local: American popular sporting culture in New Zealand. In A. Yiannakis and M. Melnik (eds.) *Sport sociology : Contemporary themes* (5th ed.; pp. 467-474). Champaign, IL: Human Kinetics.

Jackson, S. J., Batty, R. and Scherer, J. (2001) Transnational sport marketing at the global/local nexus: The Adidasification of the New Zealand All Blacks. *International Journal of Sports Marketing and Sponsorship* 3(2), 55-71.

Jang, S. S. (2004) Mitigating tourism seasonality: A quantitative approach. *Annals of Tourism Research* 31(4), 819-836.

Jeffrey, D. and Barden, R. D. (2001) An analysis of the nature, causes and marketing implications of seasonality in the occupancy performance of English hotels. In T. Baum and S. Lundtorp (eds.) *Seasonality and Tourism* (pp. 119-140). London: Pergamon.

Johnson, W. O. (1991) Sport in the year 2001: A fan's world. Watching sport in the 21st century. *Sports Illustrated* 75(4), 40-48.

Johnston, C. S. (2001a) Shoring the foundations of the destination life cycle model, part 1: Ontological and epistemological considerations. *Tourism Geographies* 3(1), 2-28.

Johnston, C. S. (2001b) Shoring the foundations of the destination life cycle model, part 2: A case study of Kona, Hawai'i Island. *Tourism Geographies* 3(2), 135-164.

Jones, C. (2001) Mega — events and host — region impacts: Determining the true worth of the 1999 Rugby World Cup. *International Journal of Tourism Research* 3(3), 241-251.

Jones, I. (2000) A model of serious leisure identification: The case of football fandom. *Leisure Studies* 19(4), 283-298.

Jones, I. and Green, B. C. (2005) Serious leisure, social identity and sport tourism in sport. *Sport in Society* 8(2), 164-181.

Kane, M. J. and Zink, R. (2004) Package adventure tours: Markets in serious leisure careers. *Leisure Studies* 23(4), 329-335.

Kang, Y. S. and Perdue, R. (1994) Long-term impacts of a mega-event on international tourism to the host country: A conceptual model and the case of the 1988 Seoul Olympics. *Journal of International Consumer Marketing* 6(3/4), 205-226.

Kaplanidou, K. and Vogt, C. (2007) The interrelationship between sport event and destination image and sport tourists' behaviours. *Journal of Sport & Tourism* 12(3/4), 183-206.

Kaspar, R. (1998) Sport, environment and culture. *Olympic Review* 20(20), 67-70.

Keller, P. (2001) Sport and tourism: Introductory report. Paper presented at the World Conference on Sport and Tourism, Barcelona, Spain, 22-23 February.

Kennedy, E. and Deegan, J. (2001) Seasonality in Irish tourism, 1973-1995. In T. Baum and S. Lundtorp (eds.) *Seasonality and tourism* (pp. 119-140). London: Pergamon.

Kennelly, M., Moyle, B. and Lamont, M. (2013) Constraint negotiation in serious leisure: A study of amateur triathletes. *Journal of Leisure Research* 45(4), 466-484.

Kennelly, M. and Toohey, K. (2014) Strategic alliances in sport tourism: National sport organizations and sport tour operators. *Sport Management Review* 17(4), 407-418.

Kerstetter, D. and Bricker, K. (2009) Exploring Fijian's sense of place after exposure to tourism development. *Journal of Sustainable Tourism* 17(6), 691-708.

Kirkup, N. and Sutherland, M. (2017) Exploring the relationships between motivation, attachment and loyalty within sport event tourism. *Current Issues in Tourism* 20(1), 7-14.

Klemm, M. and Rawel, J. (2001) Extending the school holiday season: The case of Europcamp. In T. Baum and S. Lundtorp (eds.) *Seasonality in Tourism* (pp. 141-152). London: Pergamon.

Klenosky, D., Gengler, C. and Mulvey, M. (1993) Understanding the factors influencing ski destination choice: A means-end analytic approach. *Journal of Leisure Research* 25(4), 362-379.

Klostermann, C. and Nagel, S. (2014) Changes in German sport participation: Historical trends in individual sports. *International Review for the Sociology of Sport* 49(5), 609-634.

Koenig-Lewis, N. and Bischoff, E. E. (2005) Seasonality research: The state of the art. *International Journal of Tourism Research* 7(4/5), 201-219.

Krein, K. (2008) Sport, nature and worldmaking. *Sports Ethics and Philosophy* 2(3), 285-301.

Kreutzwiser, R. (1989) Supply. In G. Wall (ed.) *Outdoor recreation in Canada* (pp. 19-42). Toronto: John Wiley & Sons.

Krippendorf, J. (1986) *The Holidaymakers : Understanding the impact of leisure and travel.* London: Heinemann.

Kulczycki, C. and Hyatt, C. (2005) Expanding the conceptualization of nostalgia sport tourism: Lessons learned from fans left behind after sport franchise relocation. *Journal of Sport Tourism* 10(4), 273-293.

Kyle, G. and Chick, G. (2007) The social construction of a sense of place. *Leisure Sciences* 29(3), 209-225.

Laidlaw, C. (2010) *Somebody stole my game.* New York: Hachette.

Lamont, M. (2014) Authentication in sports tourism. *Annals of Tourism Research,* 45, 1-17.

Lamont, M., Kennelly, M. and Moyle, B. (2014) Costs and perseverance in serious leisure careers. *Leisure Sciences* 36(2), 144-160.

Lamont, M. and McKay, J. (2012) Intimations of postmodernity in sports tourism at the Tour de France. *Journal of Sport & Tourism* 17(4), 313-331.

Laverie, D. A. and Arnett, D. B. (2000) Factors affecting fan attendance: The influence of identity salience and satisfaction. *Journal of Leisure Research* 32(2), 225-246.

Law, C. M. (2002) *Urban tourism : The visitor economy and the growth of large cities.* London: Continuum.

Lee, C., Bergin-Seers, S., Galloway, G., O'Mahony, B. and McMurray, A. (2008) Seasonality in the tourism industry: Impacts and strategies. CRC for Sustainable Tourism Pty Ltd.

Lee, J. J., Kyle, G. and Scott, D. (2012) Mediating effect of place attachment on the relationship between festival satisfaction and loyalty to the festival hosting destination. *Journal of Travel Research* 51(6), 754-767.

Leiper, N. (1979) The framework of tourism: Towards a definition of tourism, tourists, and the tourist industry. *Annals of Tourism Research* 51(6), 754-767.

Leiper, N. (1981) Towards a cohesive curriculum for tourism: The case for a distinct discipline. *Annals of Tourism Research* 8(1), 69-74.

Leiper, N. (1990) Tourist attraction systems. *Annals of Tourism Research* 17(3), 367-384.

Lesjo, J. H. (2000) Lillehammer 1994: Planning, figurations and the 'green' winter games. *International Review for the Sociology of Sport* 35(3), 282-293.

L'Etang, J. (2006) Public relations and sport in promotional culture. *Public Relations Review* 32 (4), 386-394.

Lew, A. A. (2001) Tourism and geography space. *Tourism Geographies* 3(1), 1.

Lew, A. A. (2014) Introduction: Globalizing people, places, and markets in tourism. In A. A. Lew, C. M. Hall and A. M. Williams (eds.) *The wiley blackwell companion to tourism* (pp. 191-196). Chichester: John Wiley & Sons.

Lewicka, M. (2011) Place attachment: How far have we come in the last 40 years? *Journal of Environmental Psychology* 31(3), 207-230.

Lima, G. N. and Morais, R. (2014) The influence of tourism seasonality on family business in peripheral regions (No. 03). Católica Porto Business School, Universidade Católica Portuguesa.

Liu, Z. (2003) Sustainable tourism development: A critique. *Journal of Sustainable Tourism* 11(6), 459-475.

Lopez Bonilla, J. M., Lopez Bonilla, L. M. and Sanz Altamira, B. (2006) Patterns of tourist seasonality in Spanish regions, *Tourism Planning & Development* 3(3), 241-256.

Loverseed, H. (2000) Winter sports in North America. *Travel and Tourism Analyst* 6, 45-62.

Loverseed, H. (2001) Sports tourism in North America. *Travel and Tourism Analyst* 3, 25-41.

Lubowiecki-Vikuk, A. P. and Basinska-Zych, A. (2011) Sport and tourism as elements of place branding: A case study on Poland. *Journal of Tourism Challenges & Trends* 4(2), 33-52.

MacCannell, D. (1973) Staged authenticity: Arrangements of social space in tourist settings. *American Journal of Sociology* 79(3), 589-603.

MacCannell, D. (1976) *The tourists : New theory of the leisure class.* New York: Schoken. (安村克己・須藤廣・高橋雄一郎・堀野正人・遠藤英樹・寺岡伸悟訳『ザ・ツーリスト——高度近代社会の構造分析』学文社, 2012年 [第3版の全訳].)

Maguire, J. (1993) Globalisation, sport and national identities: "The empires strike back"? *Loisir et societe/Society and Leisure,* 16(2), 293-321.

Maguire, J. (1994) Sport, identity politics, and globalization: Diminishing contrasts and increasing varieties. *Sociology of Sport Journal* 11(4), 398-427.

Maguire, J. (1999) *Global sport : Identities, societies and civilisations.* Cambridge: Polity Press.

Maguire, J. (2000) Sport and globalization. In J. Coakley and E. Dunning (eds.) *Handbook of Sports Studies* (pp. 356-369). London: Sage.

Maguire, J. (2002) *Sport worlds : A sociological perspective.* Champaign, IL: Human Kinetics.

Maier, J. and Weber, W. (1993) Sport tourism in local and regional planning. *Tourism Recreation Research* 18(2), 33-43.

Manfredo, M. J. and Driver, B. L. (1983) A test of concepts inherent in experience basedsettting management for outdoor recreation areas. *Journal of Leisure Research* 15(3), 263-283.

March, R. and Wilkinson, I. (2009) Conceptual tools for evaluating tourism partnerships. *Tourism Management* 30(3), 455-462.

Marshall, N. A., Marshall, P. A., Abdulla, A., Rouphael, T. and Ali, A. (2011) Preparing for climate change: Recognising its early impacts through the perceptions of dive tourists and dive operators in the Egyptian Red Sea. *Current Issues in Tourism* 14(6), 507-518.

Martín, J. M. M., Aguilera, J. D. D. J. and Moreno, V. M. (2014) Impacts of seasonality on environmental sustainability in the tourism sector based on destination type: An application to Spain's Andalusia region. *Tourism Economics* 20(1), 123-142.

Mason, D. S. and Duquette, G. H. (2008) Urban regimes and sport in North American cities: Seeking status through franchises, events and facilities. *International Journal of Sport Management and Marketing* 3(3), 221-241.

Mason, D. S., Duquette, G. H. and Scherer, J. (2005) Heritage, sport tourism and Canadian junior hockey: Nostalgia for social experience or sport place? *Journal of Sport Tourism* 10(4), 253-271.

Mason, D., Ramshaw, G. and Hinch, T. (2008) Sports facilities and transnational corporations: Anchors of urban tourism development. In C. M. Hall and T. Coles (eds.) *Tourism and international business : Global issues, contemporary interactions* (pp. 220-237). New York: Routledge.

May, V. (1995) Environmental implications of the 1992 Winter Olympic Games. *Tourism Management* 16(4), 269-275.

McCabe, S. (2009) Who needs a holiday? Evaluating social tourism. *Annals of Tourism Research* 36(4), 667-688.

McCabe, S. and Johnson, S. (2013) The happiness factor in tourism: Subjective well-being and social tourism. *Annals of Tourism Research* 41, 42-65.

McCabe, S., Joldersma, T. and Li, C. (2010) Understanding the benefits of social tourism: Linking participation to subjective well — being and quality of life. *International Journal of Tourism Research* 12(6), 761-773.

McConnell, R. and Edwards, M. (2000) Sport and identity in New Zealand. In C. Collins (ed.) *Sport and Society in New Zealand* (pp. 115-129). Palmerston North, New Zealand: Dunmore Press.

McGillivray, D. and Frew, M. (2015) From fan parks to live sites: Mega events and the territorialisation of urban space. *Urban Studies* 52(14), 2649-2663.

McGuirk, P. M. and Rowe, D. (2001) 'Defining moments' and refining myths in the making of place identity: The Newcastle Knights and the Australian Rugby League Grand Final. *Australian Geographical Studies* 39(1), 52-66.

McIntosh, A. J. and Prentice, R. C. (1999) Affirming authenticity: Consuming cultural heritage. *Annals of Tourism Research* 26(3), 589-612.

McKay, J. and Kirk, D. (1992) Ronald McDonald meets Baron De Coubertin: Prime time sport and commodification. *Sport and the Media* Winter, 10-13. *Reaching beyond the gold : The impact of the Olympic Games on real estate markets.* Chicago, IL: Jones Lang LaSalle IP, Inc.

McPherson, B. D., Curtis, J. E. and Loy, J. W. (1989) *The Social significance of sport : An introduction to the sociology of sport.* Champaign, IL: Human Kinetics Books.

Meinig, D. (1979) The beholding eye. In D. Meinig (ed.) *The interpretation of ordinary landscapes* (pp. 33-48). New York: Oxford University Press.

Melnick, M. J. and Jackson, S. J. (2002) Globalization American-style and reference idol selection: The importance of athlete celebrity others among New Zealand youth. *International Review for the Sociology of Sport* 37(3/4), 429-448.

Millington, K., Locke, T. and Locke, A. (2001) Adventure travel. *Travel and Tourism Analyst* 4, 65-97.

Milne, S. and Ateljevic, I. (2004) Tourism economic development and the global-local nexus. In S. Williams (ed.) *Tourism : Critical Concepts in the Social Sciences* (pp. 81-103). London: Routledge.

Minnaert, L., Maitland, R. and Miller, G. (2009) Tourism and social policy: The value of social tourism. *Annals of Tourism Research* 36(2), 316-334.

Miossec, J. M. (1977) L'image touristique comme introduction ý la gEographie du tourisme. *Annales de gÉographie* 86, 473.

Mitchell, L. S. and Murphy, P. E. (1991) Geography and tourism. *Annals of Tourism Research* 18 (1), 57-70.

Mitlin, D., Hickey, S. and Bebbington, A. (2007) Reclaiming development? NGOs and the challenge of alternatives. *World Development* 35(10), 1699-1720.

Moen, J. and Fredman, P. (2007) Effects of climate change on Alpine skiing in Sweden. *Journal of Sustainable Tourism* 15(4), 418-437.

Moragas Spa, M., Rivenburg, N. K. and Larson, J. F. (1995) *Television in the Olympics.* London: J. Libbey.

Morgan, M. (2007) 'We're not the barmy army!': Reflections on the sports tourist experience. *International Journal of Tourism Research* 9(5), 361-372.

Morgan, N. (2014) Problematizing place promotion and commodification. In A. A. Lew, C. M. Hall and A. M. Williams (eds.) *The wiley blackwell companion to tourism* (pp. 210-219). Chichester: John Wiley & Sons.

Moscardo, G. (2000) Cultural and heritage tourism: The great debates. In B. Faulkner, G. Moscardo and E. Laws (eds.) *Tourism in the 21st Century : Lessons from experience* (pp. 3-17). London: Continuum.

Moularde, J. and Weaver, A. (2016) Serious about leisure, serious about destinations: Mountain bikers and destination attractiveness. *Journal of Sport & Tourism* 20(3/4), 285-304.

Mowforth, M. and Munt, I. (2015) *Tourism and sustainability : Development, globalisation and new tourism in the third world.* London: Routledge.

Murphy, P. E. (1985) *Tourism : A community approach.* New York: Methuen. (大橋泰二監訳『観光のコミュニティ・アプローチ』青山社, 1996年.)

Mykletun, R. J. and Vedo, K. (2002) BASE jumping in Lysefjord, Norway: A sustainable but controversial type of coastal tourism. Paper presented at the Tourism Research 2002, Cardiff, UK, 4-7 September.

Nadel, J. R., Font, A. R. and Roselló, A. S. (2004) The economic determinants of seasonal patterns. *Annals of Tourism Research* 31(3), 679-711.

Nahrstedt, W. (2004) Wellness: A new perspective for leisure centres, health tourism, and Spas in Europe on the global health market. In K. Weiermair and C. Mathies (eds.) *The tourism and leisure industry : Shaping the future* (pp. 181-198). Binghampton, NY: The Haworth Press.

Nash, R. and Johnston, S. (1998) The case of Euro96: Where did the party go? Paper presented at the Sport in the City Conference, Sheffield, UK, 2-4 July.

National Association of Sports Commissions (2017) Economic Impact. See https://www.sportseta. org/blog/2017/04/13/national-association-of-sports-commissions-releases-annual-state-of-the-industry-report (accessed 31 January 2020).

Nauright, J. (1996) 'A besieged tribe'? Nostalgia, white cultural identity and the role of rugby in a changing South Africa. *International Review for the Sociology of Sport* 31(1), 69-89.

Netto, A. P. (2009) What is tourism? Definitions, theoretical phases and principles. In J. Tribe (ed.) *Philosophical Issues in Tourism* (pp. 43-61). Bristol: Channel View Publications.

Nogawa, H., Yamaguchi, Y. and Hagi, Y. (1996) An empirical research study on Japanese sport tourism in sport-for-all events: Case studies of a single-night event and a multiple-night event. *Journal of Travel Research* 35(2), 46-54.

Nowak, J., Petit, S. and Sahli, M. (2009) Tourism and globalization: The international division of tourism production. *Journal of Travel Research* 49(2), 228-245.

Nusca, A. (2010) The future of air transport: Airbus unveils concept airplane for 2030. See http://www.zdnet.com/article/the-future-of-air-transport-airbus-unveils-conceptairplane-for-2030/ (accessed 19 July 2017).

O'Brien, D. (2006) Event business leveraging the Sydney 2000 Olympic Games. *Annals of Tourism Research* 33(1), 240-261.

O'Brien, D. (2007) Points of leverage: Maximizing host community benefit from a regional surfing festival. *European Sport Management Quarterly* 7(2), 141-165.

O'Brien, D. and Chalip, L. (2007) Sport events and strategic leveraging: Pushing towards the triple bottom line. In A. Woodside and D. Martin (eds.) *Tourism management : Analysis, behaviour, and strategy* (pp. 318-338). Wallingford: CABI.

O'Reilly, N., Lyberger, M., McCarthy, L., Séguin, B. and Nadeau, J. (2008) Mega-special-event promotions and intent to purchase: A longitudinal analysis of the Super Bowl. *Journal of Sport Management* 22(4), 392-409.

Olds, K. (1998) Urban mega-events, evictions and housing rights: The Canadian case. *Current Issues in Tourism* 1(1), 2-46.

Olympic Co-ordination Authority (1997a) *Environment : Committed to conservation.* Homebush Bay, Sydney: Olympic Co-ordination Authority, New South Wales Government.

Olympic Co-ordination Authority (1997b) *Environment : Protecting nature's gift.* Homebush Bay,

Sydney: Olympic Co-Ordination Authority, New South Wales Government.

Osborne, A. C. and Coombs, D. S. (2013) Performative sport fandom: An approach to retheorizing sport fans. *Sport in Society* 16(5), 672-681.

Otto, I. and Heath E. T. (2009) The potential contribution of the 2010 Soccer World Cup to climate change: An exploratory study among tourism industry stakeholders in the Tshwane Metropole of South Africa. *Journal of Sport Tourism* 14 (2/3), 169-191.

Oxford English Dictionary (2017) See https://en.oxforddictionaries.com/definition/sport (accessed 28 August 2017).

Page, S. J. and Hall, C. M. (2003) *Managing urban tourism*. Harlow: Pearson Education Ltd.

Panchal, J. (2014) *Tourism, wellness and feeling good : Reviewing and studying Asian spa experiences*. Abingdon: Routledge.

Paramio, J. L., Buraimo, B. and Campos, C. (2008) From modern to postmodern: The development of football stadia in Europe. *Sport in Society* 11(5), 517-534.

Parrilla, J. C., Font, A. R. and Nadal, J. R. (2007) Accommodation determinants of seasonal patterns. *Annals of Tourism Research* 34(2), 422-436.

Pavlovich, K. (2003) The evolution and transformation of a tourism destination network: The Waitomo Caves, New Zealand. *Tourism Management* 24(2), 203-216.

Pawłowski, A. (2008) How many dimensions does sustainable development have? *Sustainable Development* 16(2), 81-90.

Pearce, D. G. (1987) *Tourism today : A geographical analysis*. Harlow: Longman Scientific and Technical. (内藤嘉昭訳『現代観光地理学』明石書店，2001年［第 2 版の全訳].)

Pearce, D. G. (1989) *Tourism development* (2nd ed.). Harlow: Longman Scientific and Technical.

Pearce, P. (1988) *The ulysses factor : Evaluating visitors in tourist settings*. New York: Springer-Verlag.

Pesqueux, Y. (2009) Sustainable development: A vague and ambiguous 'theory'. *Society and Business Review* 4(3), 231-245.

Pettersson, R. and Getz, D. (2009) Event experiences in time and space: A study of visitors to the 2007 World Alpine Ski Championships in Are, Sweden. *Scandinavian Journal of Hospitality and Tourism* 9(2/3), 308-326.

Pickering, C., Castley, J. and Burtt, M. (2010) Skiing less often in a warmer world: Attitudes of tourists to climate change in an Australian ski resort. *Geographical Research* 48(2), 137-147.

Pigeassou, C. (2002) Sport tourism as a growth sector: The French perspective. In S. Gammon and J. Kurtzman (eds.) *Sport tourism : Principles and practice* (Vol. 76; pp. 129-140). Eastbourne: Leisure Studies Association.

Pillay, U. and Bass, O. (2008) Mega-events as a response to poverty reduction: The 2010 FIFA World Cup and its urban development implications. *Urban Forum* 19(3), 329-346.

Porter, D. and Smith, A. (eds.) (2013) *Sport and national identity in the Post-War World*. London: Routledge.

Preuss, H. (2005) The economic impact of visitors at major multi-sport events. *European Sport Management Quarterly* 5(3), 281-301.

Preuss, H. (2007) The conceptualisation and measurement of mega sport event legacies. *Journal of Sport & Tourism* 12(3/4), 207-228.

Preuss, H. (2015) A framework for identifying the legacies of a mega sport event. *Leisure Studies* 34(6), 643-664.

Priestley, G. K. (1995) Sports tourism: The case of golf. In G. J. Ashworth and A. G. J. Dietvorst (eds.) *Tourism and spatial transformations : Implications for policy and planning* (pp. 205-223). Wallingford: CABI.

Pyo, S., Cook, R. and Howell, R. L. (1991) Summer Olympic tourist market. In S. Medlik (ed.) *Managing tourism* (pp. 191-198). Oxford: Butterworth-Heinemann.

Ramshaw, G. (2010a) Remembering the rink: Hockey, figure skating and the development of community league recreation in Edmonton. *Prairie Forum* 35(2), 27-42.

Ramshaw, G. (2010b) Living heritage and the sports museum: Athletes, legacy and the Olympic

Hall of Fame and Museum, Canada Olympic Park. *Journal of Sport & Tourism* 15(1), 45-70.

Ramshaw, G. (2011) The construction of sport heritage attractions. *Journal of Tourism Consumption and Practice* 3(1), 1-25.

Ramshaw, G. (2014) Sport, heritage, and tourism. *Journal of Heritage Tourism* 9(3), 191-196.

Ramshaw, G. and Gammon, S. (2007) 'More than just nostalgia? Exploring the heritage/sport tourism nexus'. In S. Gammon and G. Ramshaw (eds.) *Heritage, sport and tourism : Sporting pasts — tourist futures* (pp. 9-22). London: Routledge.

Ramshaw, G. and Gammon, S. (2010) On home ground? Twickenham stadium tours and the construction of sport heritage. *Journal of Heritage Tourism* 5(2), 87-102.

Ramshaw, G. and Gammon, S. J. (2016) Towards a critical sport heritage: Implications for sport tourism. *Journal of Sport & Tourism* 21(2), 115-131.

Ramshaw, G. and Hinch, T. (2006) Place identity and sport tourism: The case of the heritage classic ice hockey event. *Current Issues in Tourism* 9(4/5), 399-418.

Randles, S. and Mander, S. (2009) Practice(s) and rachet(s): A sociological examination of frequent flying. In S. Gössling and P. Upham (eds.) *Climate change and aviation : Issues, challenges, and solutions* (pp. 245-271). London: Earthscan.

Redmond, G. (1990) Points of increasing contact: Sport and tourism in the modern world. In A. Tomlinson (ed.) *Sport in society : Policy, politics and culture* (pp. 158-167). Eastbourne: Leisure Studies Association.

Redmond, G. (1991) Changing styles of sports tourism: Industry/consumer interactions in Canada, the USA and Europe. In M. T. Sinclair and M. J. Stabler (eds.) *The tourism industry : An international analysis* (pp. 107-120). Wallingford: CABI.

Reeves, M. R. (2000) Evidencing the sport-tourism relationship: A case study approach. Unpublished PhD thesis, Loughborough University.

Reisinger, Y. and Steiner, C. J. (2006) Reconceptualizing object authenticity. *Annals of Tourism Research* 33(1), 65-86.

Relph, E. (1976) *Place and placelessness*. London: Pion Limited. (高野岳彦・阿部隆・石山美也子訳 『場所の現象学』筑摩書房、1999年.)

Relph, E. (1985) Geographical experiences and being-in-the-world: The phenomenological origins of geography. In D. Seamon and R. Mugerauer (eds.) *Dwelling, place and environment* (pp. 15-38). Dordrecht: Nijhoff.

Reynolds, M. A. (2014) The geopolitics of Sochi. Foreign Policy Research Institute. https://www.fpri.org/article/2014/01/the-geopolitics-of-sochi/ (accessed 21 August 2018).

Richards, G. (1996) Skilled consumption and UK ski holidays. *Tourism Management* 17, 25-34.

Ritchie, J. B. R. (1984) Assessing the impact of hallmark events: Conceptual and research issues. *Journal of Travel Research* 13(1), 2-11.

Ritchie, J. B. R. (1999) Policy formulation at the tourism/environment interface: Insights and recommendations from the Banff-Bow Valley study. *Journal of Travel Research* 38(2), 100-110.

Robinson, J. S. (2010) The place of the stadium: English football beyond the fans. *Sport in Society* 13(6), 1012-1026.

Robinson, T., & Gammon, S. (2004) A question of primary and secondary motives: Revisiting and applying the sport tourism framework. *Journal of Sport & Tourism, 9*(3), 221-233.

Roche, M. (1994) Mega-events and urban policy. *Annals of Tourism Research* 21(1), 1-19.

Rodriguez-Diaz, J. A., Knox, J. W. and Weatherhead, E. K. (2007) Competing demands for irrigation water: Golf and agriculture in Spain. *Irrigation and Drainage* 56(5), 541-549.

Roehl, W., Ditton, R., Holland, S. and Perdue, R. (1993) Developing new tourism products: Sport fishing in the south-east United States. *Tourism Management* 14(4), 279-288.

Rogerson, C. M. (2014) Partnerships, tourism, and community impacts. In A. A. Lew, C. M. Hall and A. M. Williams (eds.) *The wiley blackwell companion to tourism* (pp. 600-610). Chichester: John Wiley & Sons.

Rooney, J. F. (1988) Mega sports events as tourist attractions: A geographical analysis. Paper presented at the Tourism Research: Expanding the Boundaries. Travel and Tourism Research Association, Nineteenth Annual Conference, Montreal, Quebec.

Rooney, J. F. (1992) *Atlas of american sport*. New York: Macmillan Publishing Co.

Rooney, J. F. and Pillsbury, R. (1992) Sports regions of America. *American Demographics* 14(10), 1-10.

Ross, S. D. (2007) Segmenting sport fans using brand associations: A cluster analysis. *Sport Marketing Quarterly* 16(1), 15-24.

Rowe, D. (1996) The global love-match: Sport and television. *Media, Culture & Society* 18(4), 565 -582.

Rowe, D. and Lawrence, G. (1996) Beyond national sport: Sociology, history and postmodernity. *Sporting Traditions* 12(2), 3-16.

Rowe, D., Lawrence, G., Miller, T. and McKay, J. (1994) Global sport? Core concern and peripheral vision. *Media, Culture and Society* 16(4), 661-675.

Ryan, C. and Lockyer, T. (2002) Masters' games ― The nature of competitors' involvement and requirements. *Event Management* 7(4), 259-270.

Saarinen, J. (2006) Traditions of sustainability in tourism studies. *Annals of Tourism Research* 33 (4), 1121-1140.

Sage, G. H. (2016) *Globalizing sport: How organizations, corporations, media, and politics are changing sport*. New York: Routledge.

Sant, S. L. and Mason, D. S. (2015) Framing event legacy in a prospective host city: Managing Vancouver's Olympic bid. *Journal of Sport Management* 29(1), 42-56.

Saveriades, A. (2000) Establishing the social tourism carrying capacity for the tourist resorts of the east coast of the Republic of Cyprus. *Tourism Management* 21(2), 147-156.

Scannell, L. and Gifford, R. (2010) Defining place attachment: A tripartite organizing framework. *Journal of Environmental Psychology* 30(1), 1-10.

Schollmann, A., Perkins, H. C. and Moore, K. (2001) Rhetoric, claims making and conflict in touristic place promotion: The case of central Christchurch, New Zealand. *Tourism Geographies* 3 (3), 300-325.

Schreyer, R., Lime, D. W. and Williams, D. R. (1984) Characterizing the influence of past experience on recreation behaviour. *Journal of Leisure Research* 16(1), 34-50.

Schulenkorf, N. (2009) An ex ante framework for the strategic study of social utility of sport events. *Tourism and Hospitality Research* 9(2), 120-131.

Scott, D., Hall, C. M. and Gössling, S. (2016a) A review of the IPCC Fifth Assessment and implications for tourism sector climate resilience and decarbonization. *Journal of Sustainable Tourism* 24(1), 8-30.

Scott, D., Hall, C. M. and Gössling, S. (2016b) A report on the Paris Climate Change Agreement and its implications for tourism: Why we will always have Paris. *Journal of Sustainable Tourism* 24(7), 933-994.

Scott, D., Jones, B. and Konopek, J. (2007) Implications of climate and environmental change for nature-based tourism in the Canadian Rocky Mountains: A case study of Wateron Lakes National Park. *Tourism Management* 28(2), 570-579.

Scott, D., Jones, B., Lemieux, C., McBoyle, G., Mills, B., Svenson, S. and Wall, G. (2002) The vulnerability of winter recreation to climatic change in Ontario's lakelands tourism region. (Occasional Paper Number 18.) Waterloo, Ontario: Department of Geography Publication Series, University of Waterloo.

Scott, D. and McBoyle, G. (2007) Climate change adaptation in the ski industry. *Mitigation and Adaptation Strategies for Global Change* 12(8), 1411-1431.

Scott, D., McBoyle, G. and Minogue, A. (2007) Climate change and Quebec's ski industry. *Global Environmental Change* 17(2), 181-190.

Selin, S. and Chavez, D. (1995) Developing an evolutionary tourism partnership model. *Annals of Tourism Research* 22(4), 844-856.

Shapcott, M. (1998) Commentary on 'Urban mega-events, evictions and housing rights: The Canadian case' by Chris Olds. *Current Issues in Tourism* 1(2), 195-196.

Sharpley, R. (2014) Tourism: A vehicle for development. In R. Sharpley and D. J. Telfer (eds.) *Tourism and development : Concepts and issues* (2nd ed., pp. 3-30). Bristol: Channel View Publications.

Sheard, R. (2014) *Sports architecture.* Oxford: Taylor & Francis.

Sherlock, K. (2001) Revisiting the concept of hosts and guests. *Tourist Studies* 1(3), 271-295.

Shipway, R. (2008) Road trip: Understanding the social world of the distance runner as sport tourist. In Proceedings of CAUTHE 2008 annual conference: Tourism and hospitality research, training and practice: 'Where the "bloody hell" are we ?', Griffith University, Gold Coast, Australia, 11-14 February.

Shipway, R., Holloway, I. and Jones, I. (2012) Organisations, practices, actors and events: Exploring inside the distance running social world. *International Review for the Sociology of Sport* 48(3), 259-276

Shipway, R. and Jones, I. (2007) Running away from home: Understanding visitor experiences and behaviour at sport tourism events. *International Journal of Tourism Research* 9(5), 373-383.

Shultis, J. (2000) Gearheads and golems: Technology and wilderness recreation in the twentieth century. *International Journal of Wilderness* 6(2), 17-18.

Silk, M. and Andrews, D. L. (2001) Beyond a boundary ? Sport, transnational adverstising, and the reimaging of national culture. *Journal of Sport and Social Issues* 25(2), 180-201.

Silk, M. and Jackson, S. J. (2000) Globalisation and sport in New Zealand. In C. Collins (ed.) *Sport in New Zealand society* (pp. 99-113). Palmerston North, New Zealand: Dunmore Press.

Simpson, J. A. and Weiner, E. S. C. (eds.) (1989) *The Oxford english dictionary* (2nd ed.; Vol. XVII). Oxford: Clarendon Press.

Smith, A. (2005) Reimaging the city: The value of sport initiatives. *Annals of Tourism Research* 32(1), 217-236.

Smith, A. (2010) The development of 'sports-city' zones and their potential value as tourism resources for urban areas. *European Planning Studies* 18(3), 385-410.

Snyder, E. (1991) Sociology of nostalgia: Halls of fame and museums in America. *Sociology of Sport Journal* 8(3), 228-238.

Sonmez, S. F., Apolstolopoulos, Y. and Talow, P. (1999) Tourism in crisis: Managing the effects of terrorism. *Journal of Travel Research* 38(1), 13-18.

Spinney, J. (2006) A place of sense: A kinaesthetic ethnography of cyclists on Mont Ventoux. *Environment and Planning D : Society and Space* 24(5), 707-732.

Spracklen, K. (2013) *Leisure, sports & society.* Basingstoke: Palgrave Macmillan.

Standeven, J. and De Knop, P. (1999) *Sport tourism.* Champaign, IL: Human Kinetics.

Stebbins, R. A. (2007) *Serious leisure : A perspective for our time* (Vol. 95). New Brunswick, NJ: Transaction Publishers.

Steiger, R. and Abegg, B. (2018) Ski areas' competitiveness in the light of climate change: Comparative analysis in the Eastern Alps. In D. K. Müller and M. Więckowski (eds.) *Tourism in transitions : Recovering decline, managing change* (pp. 187-199). Cham: Springer.

Stepchenkova, S. and Zhan, F. (2013) Visual destination images of Peru: Comparative content analysis of DMO and user-generated photography. *Tourism Management* 36, 590-601.

Stevens, T. (2001) Stadia and tourism-related facilities. *Travel and Tourism Analyst* 2, 59-73.

Stevens, T. and Wooton, G. (1997) Sports stadia and arena: Realising their full potential. *Tourism Recreation Research* 22(2), 49-56.

Stewart, B. (2001) Fab club. *Australian leisure management* October/November, 16-19.

Stewart, B. and Smith, A. (2000) Australian sport in a postmodern age. *International Journal of the History of Sport* 17(2/3), 278-304.

Stewart, B., Smith, A. and Nicholson, M. (2003) Sport consumer typologies: A critical review. *Sport Marketing Quarterly* 12(4), 206-216.

Stewart, J. J. (1987) The commodification of sport. *International Review for the Sociology of Sport* 22(3), 170-190.

Sttrashin, J. (2018) North Korea comes out of its shell – sort of – for the Olympics, CBC Sports – Posted Jan 15, 2018. See https://www.cbc.ca/sports/olympics/north-korea-olympics-1. 4484750

Su, C. (2014) From perpetual foreigner to national hero: A narrative analysis of US and Taiwanese news coverage of linsanity. *Asian Journal of Communication* 24(5), 474-489.

Swarbrooke, J. and Horner, S. (1999) *Consumer behaviour in tourism*. Oxford: Butterworth Heinemann.

Tabata, R. (1992) Scuba diving holidays. In B. Weiler and C. M. Hall (eds.) *Special interest tourism* (pp. 171-184). London: Belhaven Press.

Taks, M. (2013) Social sustainability of non-mega sport events in a global world. *European Journal for Sport and Society* 10(2), 121-141.

Taks, M., Chalip, L. and Green, B. C. (2015) Impacts and strategic outcomes from non-mega sport events for local communities. *European Sport Management Quarterly* 15(1), 1-6.

Taks, M., Chalip, L., Green, B. C., Kesenne, S. and Martyn, S. (2009) Factors affecting repeat visitation and flow-on tourism as sources of event strategy sustainability. *Journal of Sport & Tourism* 14(2/3), 121-142.

Taks, M. and Scheerder, J. (2006) Youth sports participation styles and market segmentation profiles: Evidence and applications. *European Sport Management Quarterly* 6(2), 85-121.

Tassiopoulos, D. and Haydam, N. (2008) Golf tourists in South Africa: A demand-side study of a niche market in sports tourism. *Tourism Management* 29(5), 870-882.

Teigland, J. (1999) Mega-events and impacts on tourism: The predictions and realities of the Lillehammer Olympics. *Impact Assessment and Project Appraisal* 17(4), 305-317.

Thamnopoulos, Y. and Gargalianos, D. (2002) Ticketing the large scale events: The case of Sydney 2000 Olympic Games. *Facilities* 20(1/2), 22-33.

The Japan News/Yomiuri (2017, April 3) Japan to shoulder part of the security costs for Tokyo Olympic Games. See http://www.standard.net/World/2017/04/03/Japan-toshoulder-part-of-security-costs-for-Tokyo-Olympic-Games (accessed 20 July 2017).

Thibault, L. (2009) Globalization of sport: An inconvenient truth. *Journal of Sport Management* 23 (1), 1-20.

Thomson, R. (2000) Physical activity through sport and leisure: Traditional versus noncompetitive activities. *Journal of Physical Education New Zealand* 33(1), 34-39.

Thornley, A. (2002) Urban regeneration and sports stadia. *European Planning Studies* 10(7), 813-818.

Thorpe, H. (2011) *Snowboarding bodies in theory and practice*. Basingstoke: Palgrave Macmillan.

Timothy, D. and Boyd, S. W. (2002) *Heritage tourism*. London: Prentice Hall.

Tokarski, W. (1993) Leisure, sports and tourism: The role of sports in and outside holiday clubs. In A. J. Veal, P. Jonson and G. Cushman (eds.) *Leisure and tourism : Social and environmental change* (pp. 684-686). University of Technology, Sydney: World Leisure and Recreation Association.

Tolkach, D., Chon, K. K. and Xiao, H. (2016) Asia Pacific tourism trends: Is the future ours to see? *Asia Pacific Journal of Tourism Research* 21(10), 1071-1084.

Trauer, B. and Ryan, C. (2005) Destination image, romance and place experience: An application of intimacy theory in tourism. *Tourism Management* 26(4), 481-491.

Tsai, J. L. (2007) Ideal affect: Cultural causes and behavioral consequences. *Perspectives on Psychological Science* 2(3), 242-259.

Tuan, Y. F. (1975) Place: An experiential perspective. *Geographical Review* 65(2), 151-165.

Tuan, Y. F. (1977) *Space and place : The perspective of experience*. Minneapolis, MN: University of Minnesota Press. (山本浩訳『空間の経験』筑摩書房, 1993年.)

Tuck, J. (2003) Making sense of emerald commotion: Rugby union, national identity and Ireland. *Identities : Global Studies in Culture and Power* 10(4), 495-515.

Tuppen, J. (2000) The restructuring of winter sports resorts in the French Alps: Problems, processes and policies. *International Journal of Tourism Research* 2(5), 227-344.

UNFCCC (2015) Adoption of the Paris Agreement. See https://unfccc.int/resource/docs/2015/cop21/eng/l09r01.pdf (accessed 31 May 2016).

United Nations (2008) International Recommendations for Tourism Statistics 2008. Statistics Division Series M No. 83/Rev. 1, Department of Economic and Social Affairs, New York.

United Nations (2015) Transforming our World: The 2030 Agenda for Sustainable Development. See https://sustainabledevelopment.un.org/post2015/transformingourworld (accessed 10 September 2011).

United Nations (2017) Sports and Human Rights. See http://www.ohchr.org/EN/NewsEvents/Pages/SportsandHumanRights.aspx (accessed 9 September 2017).

Unruh, D. (1980) The nature of social worlds. *Pacific Sociological Review* 23(3), 271-296.

Urry, J. (1990) *The tourist gaze : Leisure and travel in contemporary societies.* London: Sage. (加太宏邦訳『観光のまなざし——現代社会におけるレジャーと旅行』法政大学出版局，1995年.)

Usher, L. E. and Gomez, E. (2016) Surf localism in Costa Rica: Exploring territoriality among Costa Rican and foreign resident surfers. *Journal of Sport & Tourism* 20(3,4), 195-216.

Vincent, J., Hill, J. S. and Lee, J. W. (2009) The multiple brand personalities of David Beckham: A case study of the Beckham brand. *Sport Marketing Quarterly* 18(3), 173.

Walker, G. J. and Virden, R. J. (2005) Constraints on outdoor recreation. In E. Jackson (ed.) *Constraints to leisure* (pp. 201-219). State College, PA: Venture Publishing.

Walker, G. J., Hinch, T. D. and Higham, J. E. S. (2010) Athletes as tourists: The roles of mode of experience and achievement orientation. *Journal of Sport & Tourism* 15(4), 287-305.

Wall, G. (1997) Sustainable tourism: Unsustainable development. In S. Wahab and J. J. Pigram (eds.) *Tourism, development and growth* (pp. 33-49). London: Routledge.

Wall, G. and Mathieson, A. (2006) *Tourism : Change, impacts, and opportunities.* Harlow: Pearson Education.

Wang, N. (1999) Rethinking authenticity in tourism experience. *Annals of Tourism Research* 26 (2), 349-370.

Washington, R. E. and Karen, D. (2001) Sport and society. *Annual Review of Sociology* 27(1), 187 -212.

Watson, A. E. and Roggenbuck, J. W. (1991) The influence of past experience on wilderness choice. *Journal of Leisure Research* 23(1), 21-36.

WCED (1987) *Our common future.* Oxford: Oxford University Press.

Weaver, D. and Lawton, L. (2002) *Tourism management.* Brisbane: Wiley & Sons.

Wedemeyer, B. (1999) Sport and terrorism. In J. Riordan and A. Kruger (eds.) *The international politics of sport in the 20th century* (pp. 217-233). London: E&FN Spon.

Weed, M. E. (1999) 'More than sports holidays': An overview of the sport-tourism link. In M. Scarrott (ed.) *Exploring sports tourism : Proceedings of a SPRIG seminar held at the University of Sheffield on 15 April 1999* (pp. 6-28). Sheffield: Sheffield Hallam University.

Weed, M. E. (2003) Why the two won't tango! Explaining the lack of integrated policies for sport and tourism in the UK. *Journal of Sport Management* 17(3), 258-283.

Weed, M. E. (2005) Research synthesis in sport management: Dealing with 'chaos in the brickyard'. *European Sport Management Quarterly* 5(1), 77-90.

Weed, M. E. (2006) Sports tourism research 2000-2004: A systematic review of knowledge and a meta-evaluation of method. *Journal of Sport & Tourism* 11(1), 5-30.

Weed, M. E. (2007) *Olympic tourism.* London: Routledge.

Weed, M. E. (2009) Progress in sports tourism research? A meta-review and exploration of futures. *Tourism Management* 30(5), 615-628.

Weed, M. E. (2010) Sport fans and travel: Is 'being there' always important. *Journal of Sport & Tourism* 15(2), 103-109.

Weed, M. E. and Bull, C. (1997) Integrating sport and tourism: A review of regional policies in England. *Progress in Tourism and Hospitality Research* 3(2), 129-148.

Weed, M. E. and Bull, C. (2004) *Sport tourism : Participants, policy and providers.* Oxford: Butterworth Heinemann.

Weed, M. E. and Bull, C. (2009) *Sports tourism : Participants, policy and providers* (2nd ed.). Oxford: Butterworth-Heinemann.

Weed, M. E. and Bull, C. (2012) *Sports tourism : Participants, policy and providers* (2nd ed.). London: Routledge.

Weed, M. E., Bull, C., Brown, M., Dowse, S., Lovell, J., Mansfield, L. and Wellard, I. (2014) A systematic review and meta-analyses of the potential local economic impact of tourism and leisure cycling and the development of an evidence-based market segmentation. *Tourism Review International* 18(1), 37-55.

Weighill, A. J. (2002) Canadian domestic sport travel in 2001. Report prepared for Statistics Canada and the Canadian Tourism Commission, Ottawa, Canada.

Wellard, I. (2016) *Researching embodied sport : Exploring movement cultures.* London: Routledge.

Wheaton, B. (2000) 'Just do it ?' Consumption, commitment, and identity in the windsurfing subculture. *Sociology of Sport Journal* 17(3), 254-274.

Wheaton, B. (ed.) (2004) *Understanding lifestyle sport : Consumption, identity and difference.* London: Routledge.

Wheaton, B. (2007) After sport culture: Rethinking sport and post-subcultural theory. *Journal of Sport and Social Issues* 31(3), 283-307.

Wheaton, B. (2013) *The cultural politics of lifestyle sports.* London: Routledge. (市井吉興・松島剛史・杉浦愛監訳『サーフィン・スケートボード・パルクール――ライフスタイルスポーツの文化と政治』ナカニシヤ出版，2019年.)

Wheeler, K. and Nauright, J. (2006) A global perspective on the environmental impact of golf. *Sport in Society* 9(3), 427-443.

White, P. and Wilson, B. (1999) Distinctions in the stands. An investigation of Bourdieu's 'habitus', socioeconomic status and sport spectatorship in Canada. *International Review for the Sociology of Sport* 34(3), 245-264.

Whitson, D. (2004) Bringing the world to Canada: 'The periphery of the centre'. *Third World Quarterly* 25(7), 1215-1232.

Whitson, D. and Macintosh, D. (1996) The global circus: International sport, tourism and the marketing of cities. *Journal of Sport and Social Issues* 20(3), 278-295.

Wicker, P., Hallmann, K. and Breuer, C. (2013) Analyzing the impact of sport infrastructure on sport participation using geo-coded data: Evidence from multi-level models. *Sport Management Review* 16(1), 54-67.

Wiley, C. E., Shaw, S. M. and Havitz, M. E. (2000) Men's and women's involvement in sports: An examination of the gendered aspects of leisure involvement. *Leisure Sciences* 22(1), 19-31.

Williams, D. R. and Champ, J. G. (2015) Performing leisure, making place: Wilderness identity and representation in online trip reports. In S. Gammon and S. Elkington (eds.) *Landscapes of leisure : Space, place and identities* (pp. 220-232). Basingstoke: Palgrave Macmillan.

Williams, D. R. and Kaltenborn, P. (1999) Leisure places and modernity: The use and meaning of recreational cottages in Norway and the USA. In D. Crouch (ed.) *Leisure/tourism geographies : Practices and geographical knowledge* (pp. 214-230). London: Routledge.

Williams, A. M. and Shaw, G. (eds.) (1988) *Tourism and economic development : Western European experiences.* London: Belhaven. (廣岡治哉監訳『観光と経済開発――西ヨーロッパの経験』成山堂書店，1992年.)

Woods, R. (2016) *Social issues in sport.* Champaign, IL: Human Kinetics.

Woodman, T. and Hardy, L. (2001) A case study of organizational stress in elite sport. *Journal of Applied Sport Psychology* 13(2), 207-238.

World Tourism Organisation (1981) *Technical handbook on the collection and presentation of domestic and international tourism statistics.* Madrid: World Tourism Organization.

World Tourism Organisation (2001) *Tourism after 11 September 2001 : Analysis, remedial actions and prospects* (Special Report, Number 18, Market Intelligence Section). Madrid: World Tourism Organisation.

World Tourism Organisation and International Olympic Committee (2001) Sport and tourism:

Sport activities during the outbound holidays of the Germans, the Dutch and the French. Report published by the World Tourism Organisation and International Olympic Committee, Madrid.

Wright, J. and Clarke, G. (1999) Sport, the media and the construction of compulsory heterosexuality: A case study of women's rugby union. *International Review for the Sociology of Sport* 34(3), 227-243.

Wynveen, C. J., Kyle, G. T. and Sutton, S. G. (2012) Natural area visitors' place meaning and place attachment ascribed to a marine setting. *Journal of Environmental Psychology* 32(4), 287-296.

Xiang, Z. and Gretzel, U. (2010) Role of social media in online travel information search. *Tourism Management* 31(2), 179-188.

Yamaguchi, S., Akiyoshi, R., Yamaguchi, Y. and Nogawa, H. (2015) Assessing the effects of service quality, past experience, and destination image on behavioral intentions in the spring training camp of a Japanese professional baseball team. *Journal of Convention & Event Tourism* 16(3), 228-252.

Yang, L. and Wall, G. (2009) Ethnic tourism: A framework and an application. *Tourism Management* 30(4), 559-570.

Yeoman, I., Brass, D. and McMahon-Beattie, U. (2007) Current issue in tourism: The authentic tourist. *Tourism Management* 28(4), 1128-1138.

Yiannakis, A. (1975) A theory of sport stratification. *Sport Sociology Bulletin* 4, 22-32.

Yiannakis, A. and Gibson, H. (1992) Roles tourists play. *Annals of Tourism Research* 19(2), 287-303.

Yusof, A. and Douvis, J. (2001) An examination of sport tourist profiles. *Journal of Sport Tourism* 6(3), 1-10.

Zapata Campos, M. J. (2014) Partnerships, tourism, and community impacts. In A. A. Lew, C. M. Hall and A. M. Williams (eds.) *The wiley blackwell companion to tourism* (pp. 567-577). Chichester: John Wiley & Sons.

Zimbalist, A. (2016). *Circus maximus : The economic gamble behind hosting the Olympics and the World Cup*. Washington: Brookings Institution Press.

Zhu, P. (2009) Studies on sustainable development of ecological sports tour resources and its industry. *Journal of Sustainable Development* 2(2), 80-83.

索　引

214

《著者紹介》

ジェームス・ハイアム（James Higham）

　ニュージーランド，オタゴ大学観光学部教授．専門はスポーツツーリズムとサスティナビリティ．主な著書に *Low Carbon Mobility Transitions*（共編，Goodfellow，2016年）や *Sport and Tourism : Globalization, Mobility and Identity*（共著，Elsevier，2009年）がある．また，国際的学術誌 *Journal of Sustainable Tourism* の編集長を務める．

トム・ヒンチ（Tom Hinch）

　カナダ，アルバータ大学運動・スポーツ・レクリエーション学部教授．和歌山大学特別主幹教授．専門はスポーツツーリズム．主な著書に *Sport Tourism and Sustainable Destinations*（共編，Routledge，2018年）や *Tourism and Indigenous Peoples*（共編，Elsevier，2007年）がある．また，*Journal of Sport & Tourism, Leisure/Loisir, Event Management* の編集委員を長年務める．

《訳者紹介》

伊藤央二（いとう　えいじ）［第 1，2，8，9，10，11章］

　和歌山大学観光学部准教授および国際観光学研究センターセンター長代理（理事補佐）．専門はスポーツツーリズムと余暇・レジャー学．

山口志郎（やまぐち　しろう）［第 3，4，5，6，7章］

　流通科学大学人間社会学部准教授および和歌山大学国際観光学研究センター客員研究員．専門はスポーツマーケティングとイベントマネジメント．

スポーツツーリズム入門

| 2020年 6 月21日　初版第 1 刷発行 | ＊定価はカバーに |
| 2020年11月25日　初版第 2 刷発行 | 　表示してあります |

著　者　　ジェームス・ハイアム
　　　　　トム・ヒンチ

訳　者　　伊　藤　央　二
　　　　　山　口　志　郎

発行者　　萩　原　淳　平

発行所　株式会社　晃　洋　書　房

〒615-0026　京都市右京区西院北矢掛町 7 番地
電話　075（312）0788番㈹
振替口座　01040-6-32280

装丁　高石瑞希　　　　印刷・製本　共同印刷工業㈱

ISBN978-4-7710-3365-8